공명조共命鳥 사유事由

김 경 식 제2평론집

공명조

호脈

> 서문

기억의 눈금 마주보며

  피부에도 뇌가 있는지, 거짓은 넋 서리해 본능에 충실하며
고통을 기억하며 몸을 보호하는 솜털에 소름이 돋고,
산 지켜온 거목도 도끼든 나무꾼 앞에는 정전기가 인다고 했다.
武人도 활로 적진의 나비를 쏘지 말라는 무언의 선문답의 눈금.
  신라의 김지장 보살의 시심, 고려, 조선의 선지식의 족적足跡을 탐미하며,
  근 현대에 이어 발표한 서평을 묶어서 「공명조의 사유」이 외출의 빗장을 민다.
  꿈꾸려면 미래를 보려면, 흐리고 잊어진 선지식 발자취에 다가가,
독서삼매로 교감을 나누며 도반이 된 독자의 叱正을 바라며,

                        푸른 뱀해 夏 사패산 下 목연산방에서
                                        김경식

목차

■ 서문/ 김경식

1부　아득히 고요한 밤

우리나라의 최초 차시를 남긴 김지장　6
진각국사(眞覺國師) 차와 선의 황금기　20
이제현/ 竹林堂에 피어오른 차 향기　35

2부　푸름이 요요할 때

민족의 궁지인 직지심경의 다인 백운경한　42
소요산을 시로 최초로 기록한 태고보우　52
은거해 생을 마감한 목은 이색　66
호불에 앞장선 함허 기허 詩僧의 다시　83

3부　차향 바람에 날리며

영수각 서씨/ 현모양처의 슬기로움을 시로 풀어낸 양주의 여인　90
김삿갓/ 몰락한 반가의 천재시인 해학적 孤節　112
유한당 홍씨/ 양주의 매화향기가 피워낸 詩脈　129

4부　세상사 흘려보내니

임정희/ 시문학 이면에 임정희의 그림자　148
정재섭/ 멍에를 지고 속앓이 한 실향 시인　172
심연수/ 기행시조에 조명된 조국의 정경 핀 역사의식　187
신동엽 기지촌에 노을 속 서경의 시심　202
고석규/ 실향과 『청동의 관』에 핀 시심　219
이창년/ 금리 시인은 왜 간이역을 사랑했나　241
다운 견오/ 몽땅 연필 삽화(揷話)가 스칠 때,　262
수월 스님 시집에 핀 묘(妙)하고 묘한 화두에 부처　272

■ 평론 발표 지면 연월일　284

1부
아득히 고요한 밤

우리나라의 최초 차시를 남긴 김지장
진각국사(眞覺國師) 차와 선의 황금기
竹林堂에 피어오른 차 향기/ 이제현

우리나라의 최초 차시를 남긴 김지장

1. 진리는 자존심이 동반되지 않는다.

　육바라밀을 실천하는 지관(止觀)으로 지장스님의 행적을 살피어보면, 714년 18세 중경은 숙위학생으로 2~3년간 유학 중에 현종의 부름을 받기도 하여, 견당대감(遣唐大監)직을 받는 등 두각을 나타낸다. 또 한 당나라 사찰인 백마사(白馬寺)와 소림사(少林寺) 등을 돌아보고서 불교에 깊은 관심을 갖으면서, 그렇게 4년 여 쯤 지났을 때 어머니의 급보를 받고 서라벌로 돌아오니 이미 어머니 성정왕후가 폐위된 뒤였다. 왕자의 신분을 잃었으며 동생이 태자로 책봉되는 등 왕실은 갈등의 연속을 뒤로하고, 24세 때인 개원(開元) 7년(719년)에 서라벌에서 출발 양자강 河口을 통한 뱃길로 도착한 절강성, 남경, 안휘성 무호시(芙湖市 : 우후시) 남령현 광제사를 거쳐서 구화산 구십구 개의 능선을 넘는다. 천왕봉 화성사에 있는 구화산지 기록에는 교각스님이 고향에서 당나라에 올 때 가지고 온 금지차(金地茶)인 '차 종자와 황립도(黃粒稻-볍씨), 오차송(五叉松 : 과일의 일종) 그리고 애견 외뿔 체청, 선청(善聽)이란 삽살개를 데리고 왔고' 그곳에서 성불할 때까지 스님을 수호한 삽살개도 구화산(1352m) 수호신으로 동상이 세워졌다. 수많은 불사와 포교로 족적(足跡)을 남기고 혼이 가죽 주머니를 빠져나간 뒤 육체가 지방을 밀어낸 육신불(肉身佛) 법신을 통해 1500년이 지난 21세기에 신라 대각 김지장전 낙성식을 갖고 한·중·일 삼국의 다인(茶人)들이 모여 헌공다례를 올리는 등 차에 대한 기록은 개옹다사(介翁茶史), 의 저자 유원장(1669년경), 기암으로 이루어진 구화산에 공경차(空梗茶)가 있는데 이는 김지장이 심은 바이다(是金地藏所植). 지덕(至德)연간 바다를 건너와 인적이 드문 구화산에 많은 세월을 수행한 고배경대(지장동굴)에서 백토로 곡기를 연명하며 수행한 지역의 유지 민궁(민형화(閔讓和)의 아들이 사냥 하다 호랑이에게 죽을 고비에서 구해준 인연이 되어 시주 물을 청하니 가사를 필 땅이 필요하다니 산을 시주받아 척박한 땅을 농지를 개간하고 진리를 추구하며 이 차나무를 심었다(植此茶). 또한 〈구화산지〉(九華山志), 중화민국 67년 영인본. 금지차(金地茶)는 나무줄기가 속이 비어 작은 대나무와 같다(梗空如). 전하는데 신라로부터 가져온 차 종자였다고 한다(相傳金地藏携來種). 〈전당시〉(全唐詩 : 당나라시집), 팽정구(彭定求)의 1703년 저작물에. 동자를 보내며(送童子下山/ 돌샘 물 길으며 달님 찾아 올리 없고, 차 끓이면서 꽃놀이도 마지막이 되겠지만(烹茗中罷弄花). 기타 〈청양현지〉에 '금지차란 서역으로부터 가져온 것이다'고 하였는데 '김지장이 서역(인도 등)에 간 기록은 찾아볼 수 없다. 이는 동쪽(신라)의 오기로 판단된다. 이 외에 구화지남〈九華地南〉, 속다경〈續茶經〉등에 기록이 있다. 현제도 차(茶)와 술이 유명한데 그 찻잎은 스님이 신라에서 가져와 전통재배방법으로 키운 것을 지금에서도 그 방법 그대로 전래 된다고 하니 중국 속의 신라문화라 할 수 있겠다. 현 지장차는 차로 상등급에 속해 다인들의 많은 사랑을 받고 있다니,

그 먼 여정 뒤에 꽃피운 우담바라가 아니면 무엇이라 설명할 수 있을까, 당나라시집〈唐詩集〉에 김교각 스님의 두 편의 시와 게송 중에 차와 관련된 차시(茶詩)한 편이 실려 있다. 동자가 절에서 살다 적막함을 못 이기자 시 한 수를 지어 마을로 돌려보내는, 茶詩라고 할 수 있는

가야(伽倻)의 허황후의 차 기원설과 자생설과 김대렴의 설이 있었지만, 문자(文字)로 기록된 우리나라 최초의 차인 신라의 금지차가 숨 쉬고 있는 시라고 할 수 있어 더없이 소중하고, 세계 최대의 차 생산지에 심은 많은 우리의 자랑할 만한 차라고 할 수 있음이다.

염제(炎帝) 신농(神農)의 발견에 이어 5,300년 전에 해독약에서 음다안락(飮茶安樂)에 기여한 가야차(伽倻茶)에 무게를 둘 수 있는 기록이 된다.

산업 개발로 식수(食水)가 오염되고 차가 세계화로 열풍이 불던 15~16세기에서 1745년에 난파된 스웨덴 무역선인 예테보리호을 1989년 인양 작업을 해 보니 2백 년 이상 잠자던 검은색 기름종이로 밀봉이 잘 된 사각 차 뭉치에서 나온 반 발효인 육안차는 원형의 맛과 향을 유지되어 다인들과 호사가들에 사랑을 받았다.

> 절이란 적막하여 먼 산 바라보고 옛집 그리더니
> 방에 들어 인사하고 구름과 구화산을 내려가네.
> 난간에 뛰어 올라 죽마 타기를 좋아하던 아이야
> 의욕 없는 땅 金地茶 숲도 너에게 금모래이어서
> 돌샘에 물 길으며 달님이 찾아 올 일 없고
> 차 끓이면서 한 꽃놀이도 마지막이 되겠지만
> 잘 가거라 뺨 위에 눈물일랑 흘리지 말고
> 노승은 안개의 벗이며 노을은 노승의 벗이니.

送童子下山(송동자하산)

空門寂寞汝思家(공문적막여사가)　禮別雲房下九華(예별운방하구화)
愛向竹欄騎竹馬(애향죽난기죽마)　懶于金地聚金沙(나우금지취금사)
添瓶澗底休招月(첨병간저유초월)　煮茗甌中罷弄花(자명구중파농화)
好去不須頻下淚(호거불수빈하루)　老僧相伴有煙霞(노승상반유연하)

- 『동자를 산을 내려 보내며』 전문

관음성지에 으뜸 차인 관음차와 철관음은 더불어서 상급차로 지구상에 가장 오래된 다반사는 유럽에 건너가 茶會와 파티로 왈즈와 탱고를 추며 마시는 것은 하루에 7차래 이상의 차회(茶會)와 30가지의 차 품종을 섞어 병배(법제)한 반 발효 홍차의 시대를 열었다.

삶의 근원이 목마름처럼 치열한 구도의 길에서도 솟아나는 영성과 해탈의 길을 걷고자 육바라밀 행을 실천한 지관으로 바라본 세상은 아리아식으로 인식되어 지었고, 성자의 세계에도 헤어짐의 여운에 자유를 속박할 수는 없음을 알아차리고, 노승과 아이의 심성을 묶어 둘 수 없는 시간처럼 만남은 언제나 이별을 동반되는 이치로 구체적인 사물을 끝없는 연결법칙, 인연이 어찌 되었든 사문에 들어온 동자의 번뇌가 아니며 아이의 참 마음인 것을 간파한 스님은 적응할 수 없는 현실을 직감하고 즉사이든 간접이든 동사섭의 마음이면 실질에 있어서 통하는 즉 자선불성이라 하지만 법주(法主)외 적인 상이는 내재 될 가능성이 매우 깊다. 그 인격에 소멸의 현상을 느끼고 판단하는 아이의 행동반경의 관찰에 의해 답을 구하는 지장은 해탈의 경지를 수 없이 만들어지는 인연의 끈을 끊어 버리는 인연법, 자비는 결박으로 묶을 수 없는 것처럼 역사의 수레에 수많은 의문 부호들이 뛰어들어도 갈등과 고뇌(苦惱)의 질곡의 허허로움, 명나라 때 무하스님의 육신불은 백세궁에서 교각스님의 화신인 응신불(應身佛)과 아홉 분의 등신불을 모신 산이며. 명나라 무하선사의 등신불은 교각스님의 응신보살, 또는 화신설로 김동리의 소설 「등신불」의 소재이었다.

석지장(釋地藏) 또는 김지장(金地藏). 신라 성덕왕(691~737)의 5남 중 첫째 아들(추정)로 출가, 신장은 7척에 40센 치의 집신이 보관되어 있으며 수행처에는 족적이 바위에 파여 있다. 속명은 중경(重慶), 법명이 교각(喬覺)이며, 696년 효소왕(孝昭王5년)~794년 음력 7월 30 元

聖王 10년) 701년 夫는 김흥광(수충 : 성덕왕(聖德王 재위 702~737))과 성정왕후(후에 폐출된 후 신라의 기록은 없다) 사이에 태어났다고 추정되어지며, 한학(漢學)에 조예가 있어 그의 시가 〈전당시〉에 실릴 정도였다. 나이 5세 때인 32대 효소왕을 대신하여 섭정을 한 심목태후가 암살되고, 몇 년 후 효소왕이 후사 없이 세상을 떠나자 흥광大君 효명이 왕위에 오르니 33대 聖德王이다.

이후 동생 중경이 화랑이 되었을 때 성정왕후와 성덕왕 사이에 후궁 문제로 갈등이 일어나 세속의 생활에 환멸을 느낀다. 선덕여왕의 시기를 지나 신라가 삼국을 통일하고 얼마가 지난 후에 즉위한 성덕왕 시절 구화산 최초의 수행인으로 텃밭을 개간하며 성지의 길을 열었다.

719년 당나라 고종 영회4년(653년) 24세의 나이로 당나라로 건너가 출가하여 교각이라는 법명을 받고 불교에 귀의하였으며 이후 주화산(九華山, 구화산) 화성사(化城寺)를 불사하고 근원에 목마른 치열한 구도의 길에서 솟아나는 구도에 정진하며 불법을 설교하였다. 명성이 높아져 중원 각지는 물론 신라에서까지 불법을 들으러 몰려드는 승려와 불자들에 의해 구화산은 불교의 관음 성지가 되었다. 794년 9월 9일 99세의 나이로 제자들을 모아놓고 사바(娑婆)의 연이 다했음을 설파하며, 다비(茶毘)하지 말고 시신을 석(石)함에 넣고 3년 후에도 썩지 않으면 등신불로 만들라는 유지(幽志)를 남기며 좌탈입망(坐脫立亡)으로 참선 중 열반에 든 후에는 산이 울면서 사태가 났으며 온산에 천둥소리가 났고 종을처도 울림 없었다 한다. 3년 후에 열어보니 부패하지 않아서 신도와 승려들이 지장보살(地藏菩薩)의 화신으로 인정하고 육신에 금을 입혀 월신 불로 봉헌하였으며 이로 인해 구화산 구십 구개의 봉우리에 1만여 부처님을 모신 사찰은 지장보살 도량이 되어 현재에 이른다.

2. 지관으로 바라본 세상

황금 수레 버리고 거친 베옷 걸치고 권력에 자유롭게 머리를 깎고 파도를 헤치며 바다 건너서 승려가 되어 수행하며 양즈강 이남 지방에 있다가 안휘(安徽)성 지주(池州) 청양(靑陽)현 노존 오촌인 오씨 집성촌 지나며 행각승으로 만행하며 지내다 화성사(化城寺)에 머물었던 산속 석굴 금선동(金仙洞)에서 곡기를 걸으면서 각고의 수행하던 중 시주받은 은혜로운 쌀을 받고 문 두드려 미처 다른 감사 인사도 못 해 시심으로 시주(施主)의 공덕에 답을 하는 시심이다.

> 비단옷을 버리고 거친 베옷 걸친 후
> 수행하려 바다 건너 구화산에 왔네.
> 이 몸 원래 신라왕의 아들이었지만
> 도를 닦다 오용지란 사람 만났다네.
>
> 가르침을 주는 것만도 고맙거늘
> 어제는 쌀을 보내주고 새벽밥 지어줬다네.
> 반찬을 준비해서 저녁밥까지 먹었으나
> 배부른 것 잊고서 지난 주린 날들 생각하리라.

- 『은혜로운 쌀에 감사하며』 전문

酬惠米(수혜미)

棄却金鑾納布衣(기각금란납포의) 修身浮海到華西(수신부해도화서)
原身自是酋王子(원신자시추왕자) 慕道相逢吳用之(모도상봉오용지)
未敢叩門求他語(미감고문구타어) 昨叨送米續晨炊(작도송미속신취)
而今飧食黃金飯(이금손식황금반) 腹飽忘思前日飢(복포망사전일기)

-(鑾 : 방울란, 乍 : 갑자기 사, 叮 : 정성스러울 정,)

구화 마을에서 바라보면 아홉 송이 연꽃 모양이라 석비(石碑)에 「수혜미」 시가 전해져. 2천년 흥망성쇠의 역사의 뒤안길에 이어지었다.

지덕(至德, 756-757) 연간에 김교각 스님에게 감동한 불심 깊은 노전 오촌(오씨 집성촌)의 농부 오용지(吳用之)에게 쌀 시주(施主)를 받았는데 그 고마움에 써 주었다는 '수혜미'(酬惠米-은혜로운 쌀에 감사하며)의 석비와 수혜미 시가 음각되어 지장동굴 가는 길에 남아서 전한다. 시심에서 '스님이 신라의 왕의 아들'이라는 시 3연에 전한다. 베옷 걸친 후 수행하려 바다 건너서 해우소(解憂所 : 금심을 푸는 곳) 가기 전과 가고 난 후의 심성 배부르면 황금도 부러울 것 없지만 지난 허기짐을 잊지 않으려 가슴에 담고 글로 남기는 선지식,

3. 자비는 결박으로 묶을 수 없는 것

피패해진 땅에 몸을 숨기는 지(地)장의 뜻처럼 몸소 행동하며 정진하지만 시국은 안사의 난(安史之亂, 영어 : An Lushan Rebellion)은 755년 12월 16일부터 763년 2월 17일에 걸쳐 당나라의 절도사인 안록산의 무법천지와 고난으로 난세의 시기 이었다.

삼국시대에도 신라와 당나라의 외교는 활발한 교류의 문을 연 시기인 7세기 중반부터 원효(元曉 617~686), 는 고구려 국경인 초성리에서 길이 막혀 소요산에서 유하며 기회를 엿보다 유학을 미루었고 의상(義湘(相) 625~702, 혜초(慧(惠)超 704~787) 등 수많은 유학생과 승려들이 당나라에 가서 유학했다.

용맹정진 중에 스님을 찾아온 어머니(혹자는 애인)가 울다가 눈이 멀자, 눈을 뜨게 해서 봉양하고, 그를 찾아온 숙부들에게도 불법을 베푸

는 등 신념을 잃지 않았다고 한다. 신도와 승려들이 그를 지장보살(地藏菩薩)의 화신으로 인정하고 육신보탑(月身寶塔)에 모셔져 있으며 화성사는 구화산 역사박물관을 겸하고 있으며 박물관에는 스님의 일대기를 그린 그림이 사방으로 둘러져 있다.

교각(喬覺) 스님의 행적은 813년 동시대인 츠저우시(池州市, 지주시) 칭양현(靑陽縣, 청양현) 사람으로 시인 비관경(費冠卿)이 스님의 입적 후 19년 뒤에 기록한 구화산 화성사기(九華山化城寺記)와 이용(李庸)이 편찬한 구화산지(九華山志) 등에 기록되어 있다. 김교각 스님은 신라 어느 왕의 자손이라는 기록은 없으나 비관경의 기록에 있는 출생 연대 및 삼국사기의 기록으로 유추해 보면 스님은 서기 697년 신라 32대 효소왕 4년 서라벌 궁궐에서 태어난 김중경(重慶), 이며 부친은 후에 제33대 성덕왕이 된 신문왕의 둘째 아들 흥광대군인 효명으로 파악되고 있다. 한중 양국 불교계는 수교 15주년을 맞은 2007년 한중교류의 해를 기념하여 김교각 스님 입상 좌대와 불신, 광배를 포함 2.5m 규모로 조성하여 2007.11.20 안후이성(安徽省) 츠저우시(池州市) 구화산(九華山, 구화산) 육신보탑(月身寶塔)에서 '김교각 지장보살 한국 봉안'을 위한 중국 정부 차원의 공송(恭送) 법회를 봉행하였고 다음날 한국으로 운송되어 2007.11.23. 서울시 삼성동 봉은사에서 '김교각 지장왕보살 입상 한국 봉안 한중합동법회'가 개최되었으며 입상은 동국대학 정각원에 모셔졌다.

스님의 행적은 813년 등에 기록으로 동시대를 살았으며, 입적 후 19년 뒤에 쓰인 당나라 시인 비경관(費冠卿)의 저서가 가장 정확한 것으로 파악되었고 구화산이 있는 지주시 청양현 사람으로 학문이 뛰어났으며, 구화산 소미봉에 은거한 것으로 나타나 가장 객관적으로 구화산과 김교각을 관찰한 사료로 평가되고 있다.

당의 기록에는 신라의 왕자란 기록만 있을 뿐 그 계보는 전하지 않는다. 명 숭정제는 물론이고 청의 강희제, 건륭제 등도 편액을 내렸고, 위 시는 대천세계로 나서기 전에 지장보살의 부족함을 제자들에게 설한 게송을 탐미해 마음에 새겨 가면서……

   중생을 모두 제도하는 것이
   깨달음의 완성이니
   지옥이 텅 비기 전에는
   결코 성불하지 않으리

   偈頌(게송 중에)

   衆生度盡(중생도진)   方證菩提(방증보제)
   地獄未空(지옥미공)   誓不成佛(서부성불)

    - 위 게송은 전당시(全唐詩)에 실려 전한다.

사람이 죽는 시간이 다가오면 주변이 고요하고 구름위에 걷는 느낌을 든다고 했다. 같은 종자에서 파생되어 땅의 기운과 잡은 터에 따라 씨앗과 열매는 꼭 같지 않고 제각각 모양이 다르지만 과거로 돌아가면 하나의 유전자임을 암시하는 것처럼, 지장스님은 시선 이태백과 교유하였고 함께 차를 마시고 시를 지었다. 그 중 이백(李白)의 지장보살을 찬한 시 세 편 중 한 수이다.

   이태백의 찬시

   보살의 자비로운 힘
   끝없는 고통에서 구하나니
   하해와 같은 그 공덕
   世世孫孫 빛나리로다

삼국사기(三國史記), 김부식, 1145년
구화산화성기(九華山化城寺記), 비관경(費冠卿), 813년
구화산지(九華山志), 이용(李庸)
지장보살전집

나어금지 취금사(懶於金地 聚金沙)

이 부분의 해석은 여러 가지로 전한다.
금지에서 금사를 모으기를 게을리했다.
"곧 부처님의 경전을 열심히 읽고
부처님의 큰 뜻을 알기에는 게을리했다."고 해석하기도 한다.

 * 金沙 : 진리를 뜻함.

 김교각 스님 연구에 있어 중국 최고의 전문가이며 '김수충(金守忠)' 이라는 이름을 최초로 발표한 중국 안경 사범학원 중문과 사주전(謝澍田) 교수는 스님의 생몰연대를 서기 696-794년으로 최근 발간된 〈구화산 지장성지와 동아시아의 지장신앙〉(2001·영명사)에서 밝히고 있다. 그러나 이 책에서는 성덕왕의 장자라고만 밝히고 '김수충'이란 이름은 사용하지 않으며, 또 〈구화산화성사지장전〉(九化山化城寺地藏傳)을 비롯, 988년에 저술된 〈송고승전〉과 동국역경원에서 편찬(1961)한 〈불교사전〉에는 입적 년도를 706-803년으로 기록은, 앞 책의 기록보다 9년 늦게 태어난 것으로 기록되어 있다. 그리고 이를 기준으로 출생년 대를 산출해 보면 김교각 스님의 세속 수명은 서기 704년(聖德王 3년) 출생하여 99세인 803년(哀莊王 2년)에 열반하였음을 알 수 있고 99개의 사찰 구화산 등에 진 99미터의 보살상 그리고 1500명의 승려의 기원정사1419년에 저술된 〈신승전〉(神僧傳)에는 '개원(開元) 16년(75세) 7월 30일 밤에 성도(成道)하였다'고 기록되었는데 개원 16년은 728년으로 입적연대를 산출한 결과 752년이 되어 많은 차이를 보

이고 있으며, 한편, 우리나라 최고의 역사서로 꼽히고 있는 〈삼국사기〉를 비롯, 〈삼국유사〉 등 우리 문헌에는 김교각 스님에 대한 기록이 보이지 않는다. 다만 「삼국사기」 성덕왕 13년(714)조에 "왕자 김수충을 당에 보내 숙위케 하자 당현종이 그에게 제택(第宅)과 비단옷을 내렸다"고 쓰였다. 또 성덕왕 16년 조에는 "견당대감(遣唐大監) 김수충이 돌아와 문선왕(공자) 10철 72제자의 그림을 바치자 이를 대학(大學)에 안치 했다"고 기록되었다. 그러므로 김교각 보살과 김수충이 동일인이라는 증거에는 거리가 있는 셈이다.

・김교각 스님(697-796) : 신라 33대 성덕왕의 큰아들, 속명이 김중경(重慶)으로 신라 제32대 효소왕 4년인 서기 697년 서라벌의 왕궁에서 태어났다. 아버지는 신문왕의 둘째아들 흥광대군 효명으로 후에 제33대 성덕왕이 되었고 그의 이복동생 김승경과 김현영은 제34대 효성왕과 경덕왕이 되었다.

김중경의 아버지인 효명은 어머니 신문왕비가 반역에 연루되어 퇴출되자 오대산에 들어가 북대에 암자를 지어 수행 정진하였다.

32대 효소왕이 어린 나이에 즉위하고 후사가 없는 상태에서 왕족인 효명에게서 아들 김교각이 태어나자 암살의 위험을 피해 어미인 엄정과 김중경은 궁에서 나와 은신하였고, 효명은 서라벌 北악(지금의 경주 금강산) 백률사를 찾아 효암스님을 만나 득남의 소식을 전하였다. 효암스님은 김중경이란 이름을 지어주며 이 아이가 3개의 이름을 가질 것이며 큰 인물이 될 것을 암시해 주었다.

김중경의 나이 4세 때 32대 효소왕의 섭정 심목태후가 암살당하고 몇 년 후 효소왕이 후사 없이 세상을 떠나자 화백회의를 열어 오대산 중대에서 수행중인 보천세자(효명의 형)를 찾아 왕위를 권하였으나 세속을 떠나 있기를 고집하여 北대의 흥광대군 효명이 왕위에 오르니

33대 성덕왕이다. 김중경이 성장하여 화랑이 되었을 때 성정왕후(중경의 어머니 엄정)와 성덕왕 사이에 후궁 문제로 불거진 갈등이 증폭되어 성덕왕의 퇴진 문제가 거론되고, 배후에 성정왕후가 왕세자 중경을 왕으로 올리려는 복잡한 문제에 연루되게 되었다. 김중경의 중재로 왕과 왕비 왕세자가 얽힌 갈등을 풀었으나, 중경은 궁중의 암투와 남녀 간의 질투 등에 큰 실망을 하게 되었다.

이러한 연유로 중경은 24세에 출가하여 신라를 떠나 당나라로 가게 되었다. 당나라 고종은 영휘4년(唐高宗永徽四年, 653년) 지청(地聽)이라는 하얀 독각(獨角, 외뿔)의 개를 타고 바다를 건너 불도를 구하기 시작했다.

24세 때인 개원(開元) 7년(719년)에 이후 소재에서 행각승으로 지내다 화성사(化城寺)에 머물렀다. 산속 석굴 금선동(金仙洞)에서 각고의 수행을 하며 최초의 육신보살로 기원정사 육신보전 건물 내 7층 석탑 안에 3층 목탑 이후 구화산의 개산조사(開山祖師, 처음으로 절을 세운 사람)로 추대받았다. 그의 교화(敎化)로 인해 화성사는 신도가 늘어 대찰이 되었고, 신라인들이 많이 찾아와 그를 따라 승려가 되었다고 한다.

그 중에는 당에 사신으로 왔던 김교각의 외숙부인 소우(昭佑)와 소보(昭普)가 있었는데 교각스님의 불심에 감동하여 돌아가지 않고 산기슭에 암자를 짓고 머물렀다고 한다. 훗날 두 사람이 세상을 떠난 후에 사람들이 그들이 거주한 곳을 이성전(二聖殿)으로 만들고 그들의 조상(彫像 : 조각상)을 만들어 공양했다고 전한다.

어머니는 돌아오지 않는 아우 소우와 우보를 기다리다 교각스님을 직접 찾아왔는데, 모자가 서로를 보고 만감이 교차한 어머니가 그만 눈이 멀었다고 한다. 이에 교각은 매일 화성사 앞의 샘물을 떠다 두 눈을 씻겨주었고 얼마 후에 눈을 뜨고 세상을 보았다고 하니, 사람들이 이를 기념하기 위해 탑을 쌓고 '낭랑탑(娘娘塔)'이라고 하고, 샘물을 '명안천(明眼泉)'이라고 불렀는데 지금도 그 유적이 남아 있다.

어머니가 돌아가신 후 교각을 찾아온 신라인이 "언제 신라로 돌아갈 겁니까? 하고 물었더니 "1,300년 후에 돌아갈 것이다" 라고 답을 하였다. 1997년 지장 교각의 탄신 1,300년이 되는 해에 화성사가 경주 불국사에 그의 입상을 기증하여 불국사 무설전(無說殿) 모셔져 있다.

해마다 수 백 만 명의 참배객을 맞이하고 있다. 특히 그의 입적일인 7월 30일에는 구화산 일대가 참배객으로 인산인해를 이룬다고 하니, 그 보다 힘센 한국 사람이 달리 있을 것 같지가 않다.

구화산은 지장보살의 보현보살의 성지인 아미산과 문수보살의 성지인 오대산, 관음보살의 성지인 보타산과 함께 중국의 4대 불교 성지로 꼽히게 되었다.

참고문헌

당(唐)나라·오대(五代) 시대 고승의 전기를 집대성한 책. 30권. 송나라 찬녕(贊寧)이 편찬했다. 옹희(雍熙) 4년(987)에 완성되었다. 이 책은 혜교(慧皎)의 〈고승전〉, 도선(道宣)의 〈속고승전〉에 이어 찬집된 것으로, 〈삼속고승전 三續高僧傳〉 이라고도 불린다. 내용은 역경(譯經)·의해(義解)·습선(習禪)·명률(明律)·호법(護法)·감통(感通)·유신(遺身)·독송(讀誦)·흥복(興福)·잡과(雜科)의 10과로 분류되며, 각 과의 말미에 사론(史論)을 실었다. 정전(正傳) 533인과 부록 130인이 실려 있다. 〈대정신수대장경 大正新修大藏經〉 50권에 수록되어 있다.

3) "'新羅國王之支屬也' 김교각은 신라 국왕의 친족이다." 傳 : 송고승전

4) "김지장은 신라 사람이다."

김지장은 한시 2편과 임종게 후세에 남겨놓은 시인이기도 하다.

주1. 공문(空門)은 사찰(寺刹)
주2. 운방(雲房)은 승방(僧房)
주3. 금지(金地)는 사찰(寺刹)
주4. 금사(金沙)는 진실하여 집착 없는 경지

진각국사(眞覺國師) 차와 선의 황금기

1. 들어가며

진각국사의 휘는 혜심(慧諶 : 1178 명종 8년~1234 고종 21년) 고승, 다인 속성(俗姓)은 최(崔)씨, 속가 이름은 식(寔), 법자(法字)는 영을(永乙), 法號를 무의자(無衣子)라 했으며 나주(羅州) 화순현(和順縣)에서 부친은 향공진사 완(琬)이며. 모친은 배씨(裵)이다. 꿈에 세 번이나 벼락을 맞는 꿈을 꾸고서 임신하여 열두 달 만에 낳았는데, 그 태(胎)가 몸에 감겨 마치 가사를 입은 것과 같았다고 전하며, 태어나자 두 눈이 뜨이지 않다가 7일이 지나서야 눈을 떠서는 젖을 먹은 뒤에는 몸을 돌려 어머니를 등지고 누우니 아기를 묘하다고 여겼다고 한다.

아버지를 일찍 여의고, 어머니 모시고 살다 출가하기를 청했더니, 허락하지 않고 유학(儒學)에 힘쓰게 하나, 내외 경을 외고 주문을 읽다가 신유(辛酉) 1201(신종 4년 3월) 진주의 민란과 합천의 반란은 정방의(鄭方義)가 1년 만에 죽어 평정되고, 24세에 사마시(司馬試) 진사에 합격하고 태학(太學)에 들어갔으나, 홀로된 어머니가 병들어 누웠다하여 고향에 돌아와서 외가 사촌형 배광한 집에서 병수발을 하면서 정신을 모아 관불삼매(觀佛三昧)의 경지에 들어서니, 어머니의 꿈에 제불(諸佛)·보살이 사방에서 보이는 꿈에서 깨자 지병이 나았다 한다. 배광한의 부부도 이와 같은 꿈을 꾸었다 하나, 다음 해에 소천을 하였다. 연기

법, 인연법 또는 인과법이라고 하는 것으로서 모든 만물은 독자적으로 존재하지 않고 관계 속에서 존재한다는 상대성 진리에 지눌(1158~1210년)의 선의 부흥과 수선사를 새로 짓고 복숭아꽃이 만발하고 고즈넉이 해오름 등지고선 모습이 되니 급히 가서 정성으로 재(齋)를 올려 어머니의 극락왕생을 비니 외삼촌은 누님이 하늘에 올라가는 꿈을 꾸었다 한다.

재를 마치고 속세의 인연을 정리한 1205(희종 1)년에 머리를 깎고 지눌 : 1158~1210)스님에게 찾아가 중이 되기를 청하니, 가평 운악산 현등사 재건 불사 중 설두중현(雪竇重顯)이 꿈에 나타난 길몽 후에 일이니 "내 그대를 얻으니 죽어도 여한이 없다고 하며" 허락하니, 26세에 불문에 들어선다. 승려의 길을 가려면 승과에 급제해서 승선, 선사, 대선사, 수좌 왕사, 국사에 이르는 불도 걷는다.

1208년 보조지눌은 법통을 혜심에게 전하려 하자 사양하고 산으로 들어가나, 1210년 지눌이 열반하니 조계, 천태종을 통합의 공으로 보조국사에 추증되고, 문도들이 건의하여 왕명으로 수선사에 들어가 조계종 2세가 되어 문호를 개방하니, 수행자들이 구름처럼 모여들어 가람은 비좁았다.

강종이 소식을 듣고 관리에게 명하여 증축하게 하고, 불사를 공정하게 감독하였고 사신을 보내어 만수가사(滿繡袈裟)와 마납(磨衲 : 법복의 하나) 각 한 벌과 향·차·보병(寶甁)을 내렸고, 또 법요(法要)를 지키는 혜심은 왕에게 〈심요(心要)〉를 지어 올렸다. 그 뒤 그의 도(道)를 사모하여 문하로 모이는 수많은 사람은 불가로 귀의하였다. 1212년(강종 1년) 경남 남해 화방사(花芳寺)를 창건, 1213(강종 2년 6월)년 지겸(至謙)선사가 왕사가 되고, 혜심은 9월 승려가 된지 8년 만에 선사에 이어 대선사에 오르니 승과를 거치지 않고 바로 벼슬에 오른 첫 번째 승려이다.

소요산 해발은 587m이고, 삼봉(三峰)의 최고는 백운봉(白雲峰)이며 동남방에 의상대(義相臺)이다. 서울서 3번 국도나 경원선 북으로 44km, 동두천 시청에서 동북쪽으로 약 5km 지점, 왕방산(王方山), 국사봉(國師峰)의 내맥이며, 남으로 도봉산이 북으로 종현산(鍾懸山)이, 서로는 감악산(紺岳山), 마차산(磨叉山)이 호위하며 옥류폭포와 백운암 폭포물이 만나서 원효폭포로 떨어져 공주봉에서 흐른 물줄기가 하나 되어 세심교를 지나 신내강(辛川)과, 열두개울(十二川)이 한여울(大灘 지금의 한탄강)에 함경도 두륜산 지류가 합류되어 임진강(臨津江)되어 하나로 이루어 고려 오백년 도읍지 장단석벽을 돌아들어 한강 하류와 만나 서해바다로 이른다. 그 산세는 장대하지 않지만 산세가 수려하고 단풍이 아름다워 경기의 소금강(小金剛)이며 개성의 천마산의 풍광이 평지에서 오르는 거리나 박연폭포, 관음사와 관음굴도 김씨, 송씨가 난을 피했다던 금송굴(金宋窟)도 너무나 많이 닮은꼴이다.

소요산은 원효대사의 유적과 영천이 물맛이 유명하며 고려시대 고관대작들의 휴식처이자 은둔지로 도성과의 반나절 거리이기에 더욱 더 고승 시인 묵객들의 정신수양지이며 휘감아 도는 골짜기에 숨어 숨쉬는 역사 속에 박제된 시심을 포착해서 더듬어 보려한다.

    큰 봉황도 바람이 도와야 萬리 나를 런지
    지적 메추리는 숲속 둥지가 근본이고
    길고 짧음이 달라도 함께 머물지 못 하네
    여윈 대지팡이 누더기 장삼은 당연함이요

逍遙谷(소요곡)

大鵬風翼幾萬里(대붕풍익기만리)　斥鷃林巢足一枝(척안림소족일지)
長短雖殊俱自適(장단수수구자적)　瘦筇殘衲也相宜(수공잔납야상의)

    -『소요산 골짜기』전문

조물주는 장난하기를 좋아하는 습성을 가졌는지 봉황의 고사를 살펴어 봐도 가족을 거느리지 못하였고, 날지도 못하고 못난 메추리는 가족을 거느리며 자식을 보호하는 모성본능이 남다르다. 권력자와 서민의 비유법을 4연 절구의 함축됨으로 관조한 시심의 섬세성 손뼉을 치게 한다. 밀려가는 속세에 권력과 물질도 대지팡이와 헤진 수의만 못함이다.

여울소리 실개천을 어루만지고 바람소리가 가파른 세파를 짊어지고 발가락 끝자락에 힘주어 밟히는 발 거름이라도 봉황의 기상을 따를 수 있고 날지도 못하는 메추리도 둥지를 틀 뿌리 깊은 나뭇가지 하나면 종족번식과 보호 양육을 할 수 있다.

봉황은 왕사인 화자요, 메추리도 화자로 비유할 수 있는 소요산에서 바라본 세상, 길고 짧은 인생의 희노애락(喜怒哀樂)도 한순간 낮 잠 같은 것이요 꼬부러진 지팡이에 누더기 가사 한 벌이며 한 세상 살다감을 어찌 탓 할 수 있으랴. 잘나고 못나도 꼭두쇠 놀음이요 장단 없는 무반주는 자연의 생동하는 숨소리이다. 수심을 품고 녹이는 심연의 계곡에서 청빈한 삶을 제시하는 시심

경기소금강 정상인 백운대를 오르다보면 원효폭포(일명 청량폭포(淸凉瀑布)라고 불리며 높이는 약 14m이다. 이 지대를 하백운대(下白雲臺, 500m)이며, 그 오른쪽에 원효대(元曉臺)가 솟아 있고 원효가 수도한 곳이라고 전하는 옥로봉(玉露峰)을 넘어 북동쪽으로 나한대(羅漢臺, 510m)·의상대·비룡폭포가 나온다. 또 원효대에서 약 30m쯤 되는 절벽 위를 상(上)백운대이며, 그 밑으로 선녀탕(仙女湯)이 있다. 자재암 앞에 있는 독립봉(獨立峰)은 약수봉이라하며, 옥류폭포(玉流瀑布)가 수직으로 떨어지고 석굴에서 몽실몽실 솟아나오는 원효정(元曉井)은 만병통치 약수는 유, 불, 선을 망라한 이미지 다도의 성지인 다천(茶泉)

의 샘솟음을 금강삼매경(金剛三昧經)으로 법문하는 일심지원(一心之源)과 삼공지해(三空之海)로 모든 샘물이 모여 바다를 이루는 의미구조이며 소요산 실개천의 오묘한 질서이다. 자신의 길을 가며 시류에 따라 질수 있을 만큼의 업보의 짐을 지고 겸손하게 족적을 남긴 선지식의 발자취 시인의 눈빛이 교감신경을 자극한 푸른 이끼들 물보라를 만나 번식해 존재에 흔적은 역사의 이정표이며 하나의 그림자 되어 모닥불 위에서 무희의 춤사위가 된다.

빠른 물 쏟음은 두려움 쌓이고
맑은 물소리 되돌아 온 골짜기
비단실 한 점 티끌 갓은 세상사
머물 곳 없어 쉬어 가려 머무네.

瀑布(폭포)

迅瀑落危層(신폭락위층)   冷聲聞還壑(냉성문환학)
纖纖一點塵(섬섬일점진)   無處可棲泊(무처가서박)

— 「폭포에서」 전문

  수많은 입자가 모였다 깨어져 불안정 한 것 같지만 허공에서 치려지는 것은 세월이 무거워서도 아니요 삶이 버거워도 아니며 자연에 동화가 되는 평범함은 장엄함이 내려앉으면 산에 가면 산이고 싶고 폭포 앞에 폭포가 되고 싶어 하나가 되는 의식의 제사장, 날개 없이 낙루하다 솟아오른 폭포수의 물 씻김 소리는 내면에 꿈틀거리는 메아리이기에 장마철이나 폭우가 솟아지면 물 구경 나가는 심리인지 돌아오지만 폭포수 앞에 서 있으면 애벌레꽁지에서 빠져나오는 비단 실 같은 물보라에 한 점의 티 끝 같은 생성과 생멸의 실상으로 다가와 잡을 수 없는 흐름 속에 존재의 가치와 대자연의 윤회와 굵직함이 한걸음 떨어져서 관조하는 고수의 詩心에서 장중함을 깨닫게 하는 소소함이다.

계절과 시간여행의 끝자락을 따라 변화무상한 대장정이다. 아래로만 흐르는 운명의 계곡물은 수많은 실개천의 돌과 바위에 부딪치며 강물에 도달하기 위해 수 없는 아픔을 감수 하며 절벽아래 소(沼 : 웅덩이)로 뛰어드는 장엄함이 실안개 탑을 흔들어 허물고 있다. 좌심방 우심방의 박동소리가 온몸으로 다가온 물보라 살아 있는 것에 경의를 표하는 산사 음은 양을 찾아 오행을 순회하는 명멸(明滅)의 파편들이 엷은 미소 뒤 허공에 피는 미광(渼光)의 잔영이 된다.

다도 성지(聖地)인 다천약수(茶泉藥水)가 샘솟는 자연석굴은 필자와 동무들이 붉은 바위굴에서 약수를 떠 마시고 천장에서 떨어지는 물방울 맞으며 몸을 움츠리며 더위 피해 놀았던 유년이 있었는데, 지금은 나한을 모시는 불당이 되었다. 다천 위에다 대리석으로 제단을 만들고 그 위에 불상을 모셔 놓았고 그 뒤쪽에서 흐르는 석간수는 1300년 전처럼 넘쳐 흘려서 그 바닥 밑으로 설치한 물길로 약수가 흘러 나한전 입구 약수정 용두의 입에서 떨어져 세파에 찌든 탐욕을 씻어 내여 준다.

   소나무 뿌리는 늙은 부소나무로 뻗어 있고
   샘물의 단꿈은 영천(靈泉)에서 깨워나고.
   상쾌함은 쉽게 얻어지기 어려우니
   몸소 조주(趙州) 선(禪)을 알 듯 도 하지만.

    -「차 샘에서」전문

다천(茶泉)

松根去古蘇(송근거고소) 石眼迸靈泉(석안병령천)
快便不易得(쾌변불이득) 親提趙老禪(친제조로선)

당나라로 가려다 발목을 잡힌 원효대사가 명당을 찾았으나 식수가 귀해서 스님들이 머물지 못함을 깨닫고 지팡이를 돌에 꽂으니 샘물이 솟아 나온 차 샘은 지겸선사, 서하, 미수에 이어 혜심국사가 소요사에 유하며 점다(點茶) 삼미의 조주선사(778~897년)가 던진 끽다거(喫茶去 : 차나 한 잔 마시게) 소나무 뿌리를 뽑아내니 나오는 영천의 시심에 담은 조주선사의 끽다례(차나 한잔 미시고 가게)를 양각한 시를 돌아보게 하는 여유로움을 같게 한다.

생의 햇살을 피해서 숨은 석굴 속에 茶泉은 석존의 무한 자비를 우주의 심오한 석간수이며 목마름으로 숲속을 헤매다. 오아시스로 만나는 영험한 동굴 속에 약수로 솟아오른 샘물의 달콤함에 붉은 돌 속에서 몽글몽글 뿜어져 나오는 원효의 법문인 화쟁思想이 무심히 무심천을 찾는다.

고려시대는 차를 관제(官制)로 다스리며, 왕궁내의 다방(茶房 : 술, 채소, 과일, 꽃, 약을 관리하는 곳)이 있었다. 왕궁 외에는 다촌(茶村 : 차를 재배하고 법제하는 곳)과, 행노다담군(行爐茶擔軍 : 궁에서 왕이 공식적으로 행차할 시기나 도중에서 왕이 대접하는 인력으로 4~20명)이 보조하는 의식으로 (1), 연등회다례(燃燈會茶禮 : 음력 2월 15일), (2) 팔관회다례(八關會茶禮 : 음력 11월 15일), (3) 왕실의 여러 다례, (4) 동지와 원정(元正)의 조하다례(朝賀茶禮), (5) 군신의 연회(宴會)인 궁중다례가 있었다. 그리고 불가, 유가, 민가나 제사를 올린 때 차를 올리는 풍속에 이여 전해온 것은 불가와 다인들의 의해 명맥이 유지되며 명절 때 지내는 제사를 차례를 지낸다고 하는 어원인 것이다.

다소(茶所)는 경상도에 13개, 전라도에 8개 전국에 21개소 정도가 유지 관리 되었다. 다소란 다원(茶園)에서 차 잎을 따서 제다(製茶)를 거쳐 소출되면 법제해 왕실에 공납(公納)과 각 공찰(나라에서 관리, 지원하는 절)에 시주하며 다인과 일반 사가에 해열제 약으로 매매하기도 했고, 다예(茶藝)의 근본으로 망형(忘形)의 경지로 가는 수련법을 배우며 깨우치는 방법을 터득해 내는 곳이다. 현제에도 그 흔적은 양산군 하북면 동을산(冬乙山)에 일부 유적이 남아 있음)에 그 분표를 살피면 평교다소(坪郊茶所 : 언양 4만 7천보)의 차밭은 사방 50리며, 그 규모가 얼마나 컸던가를 백운거사 이규보의 유다시(濡茶詩)와 장의순의 동다송 그 외 전해지고 있다. 하동의 화개다소(花開茶所 동복)이다. 자장율사가 심어놓은 평교의 차는 통도사와 각 사찰에, 화개, 밀양은 나라에 공납되었다.

고려는 중기에 이르려 질 좋은 차를 만들었고 사대부와 귀족들 상시로 마시기를 유행했다. 그 유형을 나열하면 유차·남전차·연고차·용단승설차·자순차·납면차·뇌원차, 백차 등도 기록에 보여진다.

2. 백운암에 꽃피운 다향(茶香)

11세기 후에 들어 불가의 한시 발달과 배경으로 유행된 선시는 혜심을 필두로 우리나라의 선시의 세계가 열리며 고려 후기에 꽃피우기 시작해서 현재에 이르고 있다.

지겸 대선사가 백운암에 주석할 때 신라시대부터 이름났고 동시대의 백운 이규보가 어미의 젖 맛 같다고 찬한 다천(茶泉)물로 끓려낸 차(茶)와 향, 선(禪)의 경지를 느끼려 선승 몇 사람과 정인대선사를 뵈려고 소요산에 올라 백운암 절경에 취한 시심으로, 시《백운암에서 하늘을 보는 승(到白雲庵請示衆)》을 짓는다. 방화굴과 암자와의 거리가 8백여 보나 바위에 난 소로 길 아래로 가야되건만, 선사는 암자에서 석굴속의 선사가 보이는지(示衆 혜심)를 부르는 소리가 산 울림으로 들려왔다. 선문답의 시심으로 평정한 심미안으로 묘사하는 차시(茶詩), (1) 《코로 맛보며(鼻味)》, (2) 《허로 맛보며(舌味)》, (3) 《억보산서 시자 부르는데(億寶山侍者之言)》, (4) 《전물암에 살면서(萬居轉物庵)》, (5) 《모고대위에서(妙高臺上作)》, (6) 《인월대(隣月臺)》, (7) 《코(鼻)》, (8) 《차에 감사하고 질문에 답하다》, (9) 《은하수를 길어서 한밤에 차를 다린다》, (10) 《배선사장실자설다연(陪先師丈室煮雪茶筵)》, (11) 《전별정낭중(餞別鄭郞中)》 등의 12수 외 다수가 소요산과의 인연 중 물질적 공백위에 개경 송악, 천마, 감악, 삼각, 소요산 경유지인 백운 암에 유거하며 선학의 시심 따라 시를 짓고 차를 다려 마시며 극찬한 감로수 다천 물과 차와 조화의 은유적 시법(示法)의 시 《백운암에서 하늘을 보는 승》의 '차 한 잔은 곧 참선의 시작이다' 다선일여(茶禪一 如)의 시향을 음미인 것이다.

> 아이 부르는 소리에 솔향기 담쟁이에 퍼지니
> 차 달이는 향기는 돌길에 바람으로 스치고.
> 재인(才人)이 구름산 아래 지나서 들어서면
> 이미 암자 안의 노 선사를 친견하고 있었다.
>
> -「백운암서 하늘을 보는 스님」 전문

到白雲庵請示衆(도백운암청시승)

呼兒響落松蘿霧(호아향락송라무) 煮茗香傳石徑風(자명향전석경풍)
才人白雲山下路(재인백운산하로) 已參庵內老師翁(이참암내노사옹)

정각국사(1145~1229년)는 일찍이 서하(1150~1197년)에게 다예의 신묘함을 전수했다고 서하의 시 《겸상인에게 차를 보내며》 기록되어 전한다.

위 시는 노 선사는 감악산 정각승사, 신암사와 소요산을 오가며 참선에 든 선사는 고려 유일 선종의 왕사이며 혜심보다 27세 연장자이며, 조계의 창시자 목우자보다 법랍이 10년 높은 49년이며, 많은 선지식들이 개경과 이웃에서 선으로 팽주(차를 다리는 주인)의 진수를 전한 지겸 왕사에게 친견해 풍기는 다례와 선의 도태법으로 나누는 무아(無我)와 현성(賢聖)을 이른 묵객들이다.

자재무애(自在无涯)의 산에서 화두 받으려 백운대 밑에서 이미 노 선사를 뵈었다하니, 만나지 않고 교감을 나누는 두 선사는 깨달음에 해탈의 경지인 자유자재로 오르고 내리는 교감의 정서가 아닌가 싶다.

나무 위에 꾀꼬리 노래는 맑아
누대 앞에 제비는 춤도 가벼워
차 다리고 술을 사는 것을 대신하고
즐기는 잔치 그대를 보내는 정이요

- 「정 낭중을 보내며」 전문

餞別鄭郎中(전별정낭중)

樹上鶯歌淸(수상앵가청) 臺前燕舞輕(대전연무경)
煎茶當沽酒(전다당고주) 聊以餞君行(료이전군행)

백운암 누대로 추정되는 정자 누각은 2층이며 누대는 사방이 탁 트인 곳으로 정의한다. 이별은 혈연과 연인, 벗이 나눈 다는 것은 만남이 있기 때문에 우연히 만남을 위해서 그 아련함을 반으로 줄이기 위함이다. 손가락으로 영혼을 잡고 있는 것과 같고 꽃피는 봄날의 정경이다. 나무위에 울어 되는 꾀꼬리의 노래 정자 앞에는 먼 귀향을 마치고 돌아온 제비의 군무(群舞) 차를 다리는 팽주가 조주선사의 화두에 헤어지기 섭섭하니 끽다거(喫茶去) 끽다례 차향을 피우는 정자에 차향이 흐르며 정담이 피어나고 그 아쉬움이 뒤에 술을 받아와 술잔을 따르니 권주가가 흐르는 단출함의 정경 정낭중(정 5품)과의 송별연을 다주론(茶酒論)으로 즐기며 차도 한잔 술도 한잔 정도 한잔을 나누니 승속을 떠나서 넉넉하고 따뜻한 송별회 속에 정감어린 인간미 넘치는 교류와 시심이다.

700년 시간의 울렁거림을 잊은 듯 추억을 밀고나와 만개한 아름다음 혈연을 초월하는 벗이며 지기와 나누는 정서이다.

강과 산은 솟아오른 그림과 통한 듯
바위 병풍에 이어진 높고 가파른 산
일찍이 가르치신 선사님 말씀들
보이는 길에 삼키고 토해며 올랐네.

- 「백운대에 올라 선사를 그리며」 전문

白雲臺上憶先師(백운대상억선사)

江山如畵出(강산여화출)   巖嶂似屛開(암장사병개)
曾向先師口(증향선사구)   幾經呑吐來(기경탄토래)

멋들어진 풍광인 강과 산에 솟아오른 한 폭의 산수화가 사방으로 시야로 들어온다. 심장소리 다독이며 육신과 한방에서 산 영혼의 비밀 다 벗어 놓고 푼 곳 미지의 영역인 정상에 올라서면 하늘아래가 신선의 궁전이며 도솔천을 발아래로 두고 세상을 바라보니 가물거리며 부러움도 사심도 없다. 선사로 처음으로 왕사가 된 지겸선사가 유유자적 소요하며 해거름에 속 던지는 하늘의 법문이며 석존의 가르침이다. 해는 지면 다시 뜨고 영생물인 바위산 가파른 인생사 모르는 척 하는 것 같고 선사의 법문이 뒤 느낀 깨달음에 욕심을 토해내며 정상의 맑은 공기를 힘 것 마시며 느낄 수 있는 그리움이 몰입으로 꿰뚫어 보는 해안이다. 권력의 흥망성쇠가 소요산 계곡을 돌아치며 죽음의 그림자는 죽어서도 가는 곳도 알지 못하며 지 죽는 줄 모르고 사는 이들, 바위의 날카로움에 산의 너그러운 양면의 의미가 피어난 선사의 법문이 조화로 고독에 맞서서 피고 지는 탐, 진, 치 일상을 뒤집는 사유 영토인 정신세계로 보듬어 않는다.

>오래토록 앉아 피로하던 긴긴 밤에
>차를 달여 갖추니 은혜가 무궁함을 느낀다.
>차한잔에 먹구름 사라지듯 해(마음이 맑아진다)
>뼈에 사무치듯 淸寒하여 번뇌가 空虛해진다.
>
>- 「차를 선물받고」 전문

惠茶兼呈觀客之(혜차겸정관객지)

久坐成勞永夜中(구좌성로영야중)　煮茶備感惠無窮(자차비감혜무궁)
一盃卷却昏雲盡(일배권각혼운진)　徹骨淸寒萬慮空(철골청한만려공)

　철야정진의 어둠 속에서 차를 다려 마시면 법제한 茶 잎이 몸을 풀어내니 은혜를 느낄 수 있고, 번뇌와 청정심이 사라지니 뼈골에 힘이 돌아서 나누는 차와의 선문답 삼라만상의 팽객과 다예삼매 든 팽주 홀로마시며 여명(黎明)을 기다리며 다선일여의 시심들.

>크게 혼혼한 곳에 잠 이룰까 두려우니
>향기로운 차 자주자주 끓여야지
>오늘 차 마시는 시간은 원래 꿈속에 있었고
>신통의 분부를 네가 전하리라
>
>- 대흔스님이 차를 달라고 하기에 이로 인한 시」 전문

大昏上人因焉茶求時(대혼상인인언다구시)

大昏昏處恐成眼(대혼혼처공성안)　須要香茶數數煎(수요향다수수전)
當日香嚴原睡夢(당일향엄원수몽)　神通分付汝相傳(신통분부여상전)

용맹정진 중 눈꺼풀이 무거워짐을 알음알이하자 잠을 멀리 하고자 향기로운 차를 끓이고 또 끓이면서 마시는 맛은 꿈속에서 느낄 수 있는데, 유체이탈을 했는지 몸이 가벼워짐을 느끼는 육우의 일곱 잔의 신통함을 茶人들에게 전하는 고승 茶道三昧이다.

1234(고종 21)년 궁궐 남쪽 동네 수천호가 불이 나고 봄이 와서 월등사(月燈寺)로 옮겼는데, 하루는 제자들에게 "나는 오늘 고통이 매우 심하다."고 하였다. 그 까닭을 묻자 "어떠한 고통도 느낌이 없는 한 곳이 있다. 묻노니 그곳은 고요한 열반의 문이니라(衆若不到處別有一乾坤 且問是何處大寂涅槃門)." 하며, 얼마 뒤 열반할 것임을 암시하였다. 6월 26일에 불가의 문도들을 불러 훗날 여러 가지 일을 부탁한 뒤 상자 마곡에게 말하기를,

"이 늙은이가 오늘은 너무 바쁘다." 하였다. 마곡이 그 까닭을 묻자, 다시 "이 늙은이가 오늘은 너무 바쁘다." 하였다. 마곡이 멍하니 있을 때, 빙그레 웃으며 가부좌한 채 앉아서 열반하니, 나이 56세, 법랍 32세였다.

이튿 날 월등사 북쪽 봉우리에서 다비식을 하고 사리를 모아 수선사로 가져갔다. 왕은 슬퍼하여 진각국사(眞覺國師) 시호를 내렸고, 부도의 이름 원소지탑(圓炤之塔)이라, 사액(賜額)해 송광사 광원암(廣遠庵) 북쪽에 있다. 이규보(李奎報 : 1168~1241)가 지은 '진각국사비(曹溪山第二世故斷俗寺住持修禪寺主贈諡眞覺國師碑銘)'는 엽전모양의 돈차(錢茶), 백운옥판차(白雲玉版茶) 등 발효차를 만들던 강진군 성전면 월남리 평지인

월남사에 각각 세워졌다. 국사의 법통은 몽여(夢如 : 조계 3세)·청진(淸眞)·진훈(眞訓)·각운(覺雲)· 마곡(麻谷), 무신정권의 실세 최우(崔瑀)와 서련의 장남 만종(萬宗 : 1258년), 만전(개명 : 崔抗 1247 고종 4년 아버지 명으로 환속) 등을 배출했다. 편서, 혜심의 초본은 강화천도 가져가지 않아 분실된 〈선문염송집(禪門拈頌集)〉 30권, 수선사 주지 만종이 주관 347칙 더하여 아버지 최우의 무운장구(武運長久)와 국태민안을 기원하려 이승광(李勝光)으로 시주케 하여 경남 남해분사(南海分司)에 새기게 한 것도 혜심과 몽여다. 〈심요〉 1권, 〈조계진각국사어록(曹溪眞覺國師語錄)〉1권, 〈구자무불성화간병론(狗子無佛性話揀病論)〉1편, 〈무의자시집(無衣子詩集)〉 2권, 〈금강경찬(金剛經贊)〉 1권, 〈선문강요(禪門綱要)〉 1권 등이 있다.

불교학자 김호동씨는 진각국사와 만종의 관련을 이렇게 말한다.

"지눌은 공산 거조사에서 정혜결사를 일으켰다가 최충헌이 집권한 무신정권 시대에 그 중심을 전라도로 옮겨갔다.

만종이 수선사주 혜심에게 머리를 깎고 들어가 단속사 주지로 있으면서 대장경 사업을 주도해 나가자 경상도 지역의 불교계는 수선사와 깊은 관계를 맺고, 나아가 최씨 정권과 연결될 수 있었다고 보아야 할 것이다."

혜심은 최충헌 정권의 비호를 받으며 불교의 토착화에 진력하였던 것으로 보인다. 혜심이 조계산 수선사에 머물 때 최씨 정권의 최고실력자인 최우(崔瑀)는 차와 향, 가사 등을 하사하였다. 한국인은 이상하게도 사대적(事大的) 문숭상 전통에 의해 무신정권에 대해서는 부정적인 입장에 서는 경우가 많다. 그러나 무신정권이 세계 최대의 제국 몽

골에 수 십년 간 저항한 사건은 세계사에서도 보기 드물게 자주정신을 선양할 수 있는 예이다.

('무의자시집 下권)

단속사에서 각성(刻成)되었다. 선문염송집의 발문은 당시 무신정권 실세였던 정안(鄭晏 ?~1251)에 의해 쓰여 졌다. 단속사 주지는 무신정권의 최고 실력자 최이(崔怡)의 아들 만종(萬鍾)이었다.

竹林堂에 피어오른 차 향기
익제 이제현

1. 지평선 넘어가는 노을 빛

　무신정권이 물러가니 고두배(叩頭節 : 왕이나, 남자가 땅에 머리를 치면서 하는 절)로 나라를 지키는 왕실의 존립과 높은 이상을 접어두고 평범하게 사는 것이 선비요 군자의 길이지만, 절계의 의지로 산림처사가 되어 죽향(竹香)에 취해 탁탁 부딪치어 맑은 음향인 대나무의 속 빈 소리에 망기(忘棄)로 차를 다루고 즐기면서 귀한 차는 곱게 숨겨 두였다. 절친한 벗에게도 보여주지 않으며, 깊이 간직하고 있다가 그 멋과 차를 마시며 그 품격을 알아주고 시를 논할 수 있는 망년지우가 오면 정자가 없어도 요산요수의 바위에서도 정을 담아 나누는 것이야 말로 茶人이라 했다.

　이제현 1287년 12월 경진일(충렬왕 14)~1367년 7월(공민왕 16). 본관은 경주(慶州). 초명은 지공(之公). 자는 중사(仲思), 호는 익재(益齋)·실제(實齋)·역옹(櫟翁). 부는 검교시중(檢校侍中) 진(瑱), 모는 대능직 박인육의 딸, 두 사람 사이에서 2남으로 태어났다. 익제는 남달리 글을 잘 짓는데 있어서도 비범한 기운을 지니고 있었다. 1301년(충렬왕 27) 성균시(成均試 : 시로 진사)에 1등에 이어 병과에도 합격. 당시 시관이었던 권보(權溥)의 딸과 혼인, 여러 관직을 거치며 1314년(충숙왕 1) 충선왕은 왕위에서 물러나 원나라에서 만권당을 짓고 서사(書史)를 즐졌다. 이때 원나라의 유명한 학자· 한족의 문인들이 드나들었고, 그들과 교류를 익제가 담당했는데 그 식견(識見)과 시 다례(茶禮)가 연경(連境)에 자자했다고 한다. 송광 화상이 해마다 햇 차를 보내주어 그 고마움에 화답하려해도 동암(東菴;아버지)의 詩가 없으나, 시집 4권에『송광화상이 햇 차를 보내준 은혜에 대해 붓 가는대로 적어 방장실 부침(松廣和尚寄茶新茗順筆亂道奇呈丈下)』를 남겼다. 차를 보내준 만항 스님은 아버지의 벗이며 화자에게도 항상 차를 보내준 인연으로 익제가 지은 혜감국사(1249~1319)의 비명에 수선사 제10세로 되어있으며, 수선사 다소(古茶所)를 관리한 것으로 여겨진다. 익제의 화답 시 1, 2, 3연에 "술 마셔 불붙는 뜻한 창자를 식혀주고/ 안개서린 듯 흐린 눈을 맑게 해주니/ 그 무엇이 두 가지 병 낫게 하는 가"라고 차의 효험을 극찬한 화자, 아버지와 무외국사의 문하에 있으며 제자이며 조카인 순암법사와 교류 중「묘련사 중흥비」, 6권에 차 유적인「묘련사석지조기(妙蓮寺石地竈記)」와 차향 그윽함이 아로새겨 전해지는 시 5수 중 익제난고 3권에 실린「우연히 읊으며」의 시심에 들어가면서,

   쇠잔한 술기운 흰 눈 가득한 머리에 이고서
   차 끓어오르는 소리에 해는 서남쪽에 있고
   근심 걱정 없는 어린 소녀 아름답게
   손으로 연한 뽕잎 다듬어 누에치기 배우니.

    -「우연히 읊으며」전문

偶成(우성)

殘酒僧騰雪滿簪(잔주등증설만잠) 煮茶聲裏日西南(자차성리일서남)
最憐稚女無愁思(최인치여무수사) 手剪柔桑學餃蚕(수전유상학뇌천)

유희의 본능에서 깨어나면 다가오는 현실 반복되는 일상에 벗과 어울려 주거니 받거니 나눈 곡차에 酒毒을 내몰려 차를 끓이다 떠오르는 시상, 정계은퇴 후 장단 자남산 동쪽자락에 죽림당(竹林堂 : 익제의 정자)에서 근동에 가까운 벗들과 수처작주(數處昨週)에 음다안락(飮茶安樂)으로 교유하면 남겨진 시심에서 화자의 지난날을 뒤 돌아보며 화로에 차 끓는 소리도 지는 해를 찾아 가는지 천진난만한 어린 소녀도 세상사는 이치를 알쯤에는 인생무상을 알 것이란 메시지, 쉴 여유도 없이 지나온 뒤안길 서쪽으로 지던 해도 나이가 들으니 남쪽으로 진다는 권력의 비유법 시간은 잡을 수 없다는 가장법의 철학, 저 멀리 아롱지며 지평선 넘어가는 노을빛에 두런두런한 다향이 정담으로 피는 정겨운 風光이라.

2. 일만 5천리의 여정

원나라 생활과 관련해 특이한 것은 세 번에 걸쳐 중국 내륙까지 먼 티베트까지 여행을 했다는 사실이다. 1316년에는 충선왕을 대신해 서촉(西蜀)의 명산 아미산(峨眉山; 마전 현 연천 숭의전)에 치제(致祭)하기 위해 3개월 동안 그곳을 다녀왔다. 1319년에는 충선왕이 절강(浙江)의 보타사(寶陀寺)로 강향(降香)하기 위해 행차할 때 시종하였다. 마지막으로 1323년(충숙왕 10) 유배된 충선왕을 위로하기 위해 감숙성(甘肅省)의 타사마(朶思麻)에 다녀왔다. 이 세 번에 걸친 여행은 그의 견문을 넓히는 데 크게 기여하였다.

1320년(충숙왕 7)은 그의 생애에 있어 만권당에 머물며 활동하는 동안에도 수시로 고려에 와서 관리로 성균제주(成均祭酒)·판전교사사(判典校寺事)·선부전서(選部典書)를 역임하였다. 이해에는 지밀직사사(知

密直司事)가 되면서 단성익찬공신(端誠翊贊功臣)의 호를 받았고 지공거(知貢擧)가 되어 과거를 주재하였다. 그런데 겨울에 충선왕이 참소를 받아 유배됨으로써 자연히 그의 원나라 생활도 6년 만에 끝나게 되었다.

충선왕의 유배로 인한 정세변화는 고려의 정치상황과도 밀접한 관련을 맺었다. 고려의 국가적 독립성을 말살시키고 원나라의 내지와 같은 성(省)을 세우도록 주장하는 입성책동(立省策動)이 강력하게 일어났다. 충숙왕을 내몰고 왕위를 차지하려는 심왕고(瀋王暠)와 그 일파의 준동도 격화되었다.

그는 1321년 아버지의 상을 치른 다음 1323년 원에 들어가 입성 반대상소를 올렸는데, 그 내용이 그대로 전해지고 있다. 이어서 토번(吐蕃: 티베트)으로 유배되어 있는 충선왕의 방환운동도 벌였다. 오래지 않아 입성책동이 저지되고 충선왕이 타사마로 옮겨진 데에는 그가 벌인 활동의 영향이 적지 않았을 것으로 추측되고 있다. 1324년 밀직사를 거쳐 1325년 첨의평리(僉議評理)·정당문학(政堂文學)에 전임됨으로써 재상의 지위에 올랐다.

3. 자성을 정재하며 다선에 든 지식인

그 뒤 충숙왕(忠肅王)과 충혜왕(忠惠王) 부자가 중조(重祚 : 왕이 거듭하여 즉위하는 현상)하는 어지러운 때를 당했을 때는 그의 활동이 크게 드러나지 않았다. 1339년 조적(曺頔)의 난이 일어난 끝에 충혜왕이 원나라에 붙잡혀가자 그를 좇아 원나라에 가서 사태를 수습하고 왕이 복위되는 데 중요한 역할을 하였다. 그러나 그로부터 수년간 조적의 여당(餘黨)에 눌려 두문불출했는데, 이 기간 동안에 『역옹패설(櫟翁稗說)』 전 2권 후 2권을 정리해 펴낸다.

그가 다시 정치의 표면에 나타나 중요한 역할을 하는 것은 1344년 충목왕(忠穆王)이 즉위한 직후 판삼사사(判三司事)에 임명되면서부터이다. 이때 문란해진 정치기강을 바로잡고 새로운 시책을 펴는 데 참여해 여러 항목에 걸친 개혁안을 제시하였다. 1348년 충목왕이 죽자 원나라에 가서 왕기(王祺 : 훗날의 공민왕)를 왕에 추대하기 위한 운동을 벌였으나 실패하였다. 1351년 공민왕이 즉위해 새로운 개혁정치를 추진하려 할 때 정승에 임명되어 국정을 총괄하였다. 이때부터 네 번에 걸쳐 수상이 되는 기록을 세웠다. 1353년 계림부원군(鷄林府院君)으로서 두 번째로 지공거 : 과거를 주관하는 시험관)가 되어 이색(李穡) 등 35인을 등과자(登科者)로 선발하였다.

1356년(공민왕 5) 기철(奇轍) 등을 죽이는 반원운동이 일어나자, 문하시중(門下侍中)이 되어 사태의 수습에 나섰다가 다음 해에 치사(致仕)하였다. 그 뒤에도 국가의 중대사에 대해서는 자문에 응했으며, 홍건적이 침입해 개경이 함락되었을 때에도 남쪽으로 달려가 상주에서 왕을 배알하고 호종(扈從)하였다.

막내딸은 공민왕의 혜비(정업원 : 동대문 밖 주지)로 부원군이요, 손녀는 기철의 2남 기인걸(개성부윤)과 혼인하니 기황후의 사돈으로, 6대왕을 섬기며, 문학에도 업적을 이루었는데 시는 전아하고 웅혼하다는 평을 받았고 많은 영사시(詠史詩 : 역사적 사실이나 인물을 제재로 詩)를 저술했다는 특징을 가지고 있다. 사(詞)의 장르에서도 독보적 존재로 일컬어지고 있으며, 고려의 한문학을 한 단계 높게 끌어올렸다는 점에서 한국문학사에 대학자의 위치를 유지하고, 유학자로 성리학의 수용·발전에 중요한 역할을 하였다. 우선 그는 고려에 성리학을 처음 들여온 백이정(白頤正)의 제자로 『사서집주(四書集註)』를 간행, 성리학의 보급에 크게 노력한 권보의 문생이요 사위다. 이색이 묘지명에서 "도덕의 으뜸이요, 문학의 종장이다(道德之首 文章之宗)."라고 말한 바와 같이 후세에 커다란 존경을 받았다. 또한 제자 이곡(李穀)·이색의 학통(學統)으로 볼 때도 유학지식과 문학적 바탕으로 사학(史學)에도 많은 업적을 남겼다. 민지(閔漬)의 『본조편년강목(本朝編年綱目)』을 중수(重修)와, 충렬왕·충선왕·충숙왕의 실록과 『국사(國史)』를 편찬, 기년전지(紀年傳志)의 기전체를 계획해 백문보(白文寶)·이달충(李達衷)과 진행하나 완성하지 못했다. 저서로 1363년 자손이 간행한 『익재난고(益齋亂藁)』 10권 『역옹패설』 4책을. 합해 『익재집(益齋集)』이라 한다.

2부
푸름이 요요할 때

민족의 궁지인 직지심경의 다인 백운경한
소요산을 시로 최초로 기록한 태고보우
은거해 생을 마감한 목은 이색
호불에 앞장선 함허 기허 詩僧의 다시

민족의 궁지인 직지심경의 다인 백운경한

1. 견성성불의 빛

인연이란 참 묘한 것이다. 백운암은 고려 말 석옥청공(石屋淸珙 : 1272-1352), 지공, 태고 보우(1301-1382), 나옹혜근(1320-1376) 등과 고려 말의 대표적 선승들이 머물며 푸른 산 흰 구름의 군무가 경이로움과 선객의 묵향과 차 유적이 옛 멋이 숨 쉬는 영천의 옥수로 천년 세월을 흘려보내는 넉넉함의 운치로 산도 물도 푸르다. 자연 그 모습 그대로 한 티 끝도 없이 자비와 진여(眞如) 법문이다. 먼 사상의 구현을 위해 자유적 지위의 대안으로 한 출가, 세속의 삶에 스치고 간 흔적은 무덤을 만들지 않는 새의 교훈으로 남겼다.

1351년 석옥과 백운이 서로 뜻이 통하자 석옥이 손수 필사한 직지심경 한 권을 내어주는 선지식의 그 가르침을 널리 전하도록 한 인연으로 선사의 사후 2년 뒤에 1377년 7월(北元, 昭宗 7년) 비구니 묘덕의 직간접으로 관련된 시주로 청주 흥덕사에서 14,203자로 인쇄한 직지심경이다. 어디 있는 곳만 알려주어도 3억원을 준다는 광고가 수 없이 많이 나오며 우표로 발행되었고, 고려 말의 고승 3분 중에 크게 알려지지 않은 고승이나, 1377년 주자본(鑄字本)인 그의 《불조직지심체요절(佛祖直指心體要節)》 2권이 알려지며 유네스코 세계 기록 유산으로 등록되나 고려 말 태고와 나옹의 그늘에 가려져 있었다.

백운경한(白雲景閑)(1299~1375), 전라도 고부(古阜 : 井邑郡) 출생. 법

호는 백운(白雲), 백운화상, 법명은 경한(景閑). 속가나 출가 전 행적에 대해서는 전하는 바가 없고, 1346년 5월 47세로 출가하여 충정왕 3년 1351년 5월 원(元)나라 江南 하무산에 태고가 다녀간 4년 후에 들어가 거장인 석옥(石屋, 臨濟의 18대)을 찾아 법을 묻고, 아침, 저녁 화두를 품던 어느 날, 마음에 맺혔던 화두가 얼음처럼 풀리고 무심무념의 참뜻을 깨닫자, 대오(大悟)를 인정한 석옥이 찬탄을 하면서 마음(心法)을 전하며 인가를 받고, 지공(指空)에게 게송을 올리고 7개의 게송으로 화답 받는 법(法)을 얻고 석옥화상의 마지막 제자가 되였다.

이듬 해 1352년 정월 단좌사념(端坐思念) 끝에 깨달음의 전기를 맞으며 3월 22일 귀국 경기도 개풍의 보법사에서 태고화상과 인연이 시작된다. 태고, 나옹의 은사인 임제종 석옥은 상좌인 법안선사(法眼禪師)에게 부탁해 천호암에서 임종 시에 白雲景閑스님에게 법을 부촉(附囑)하며 지은 게송인 사세송(辭世頌)》과 전법게(傳法偈)를 전하려 해주의 안국사로 찾아와 전한다.

> 흰 구름 팔아서 맑은 바람 사니
> 살림이 바닥나 뼈 속이 시리고
> 남은 건 두어 간 초가집이며
> 떠난 뒤 불 속에 던져버리게
>
> -「말로 세상을 기리며」전문

辭世頌(사세송)

白雲買了賣淸風(백운매료매청풍)　散盡家私徹骨窮(산진가사철골궁)
留得數間茅草屋(유득수간모초옥)　臨別付與丙丁童(임별부여병정동)

경한은 제자들을 불러 사세송과 전법게를 되 세기고 재를 올리면서

화상을 추도하며 시 『석옥화상 '사세송'을 받고』를 지었다. 그 때 가뭄이 심했는데 의외로 비가 많이 내렸다고 한다. 1365년(임진년) 가을 나옹(惠勤)의 천거로 신광사(神光寺)에 주지로 종풍(宗風)을 떨친다. 1357(공민왕 6년)에 왕이 궁궐에 입성을 명하나 이를 사양한다. 1365년 영면한 노국공주의 원당으로 화려하게 세워진 홍성사 주지, 1370년에는 공부선(工夫選)의 시관(試官)이 되어 불교계를 지도하며 수행정진 하며 머문다.

2. 무념무상(無念無想)의 가르침

무심(無心) 무념(無念), 무위(無爲)의 선(禪)수행을 방법을 제시를 강조하면서 마음공부란 반드시 화두를 통해서 하는 것도 아니고 참선에 들은 것도 아니며, 반드시 논(論)이나 소(疏)를 연구해야 하는 것도 아니며 만행을 하는 것도 아니요, 다반사로 나누는 차향의 은은함 뒤에 도달하여 느끼는 다선일여인 것이다. 백운화상이 남긴 다시 『어록중(語錄中)』, 『직지심경(直指心經)』, 『산거(山居 25)』의 詩 중에 깨달음 가르치는 것이 아니라는 산거 4수와 12수 은사의 법 방망이로 목마르면 시어 차나 한잔 마시게〉로 목 젓을 적신다.

> 산은 푸르고 물은 초록색인데
> 새는 지저귀고 꽃은 우거져 있네
> 이 모두가 무현금의 곡조이거니
> 눈동자 파란 호승(지공)도 싫증 없이 바라본다.
>
> - 『산에 살면서·4』 전문

山居(산거·4)

山靑靑水綠綠(산청청수록록)　　鳥喃喃花簇簇(조남남화족족)
盡是無絃琴上曲(진시무현금상곡)　碧眼胡僧看不足(벽안호승간불족)

　　위시는 산에 살면서 25수 중 4번째 시심인데, 새의 노래 꽃이 우거짐은 불법의 실상과 세상 이치의 법문이다. 줄 없는 거문고 진여(眞如)의 단조로운 곡선에 올라앉은 초록물결에 자리매김한 생명들이 무수한 비밀을 간직한 채 물레처럼 털컹이지만 정겨운 곡조의 심오함 세상의 비애를 토해내는 육감을 잠재우고 싶은 자장가로 실체 없는 것을 쫓다가 몽환에서 깨어나 60세에 지어진 시심이며, 무릇 마음속에 있기만 하면 시심은 정갈하며 고농도로 감정이입을 시키는 오묘함의 시심이다. 인생을 뒤 돌아보며 신분에 얽매임 없이 그 법열(法悅)의 멋스러움을 음계로 노래하고 만다라의 울타리에 꽃을 피워 불생불멸의 윤회로 전해진다.

　　　항상 방법이란 말할 것이 없는 이치이며
　　　졸리면 편히 눕고 목마르면 차를 마시네
　　　임제의 산 같은 덕은 남의 미혹됨을 아니
　　　헛되이 방편을 쓰면 방망이로 호통 쳤다네

　　　　　－「산에 살면서 12」 전문

山居(산거)

向上機關何足道(향상기관하족도)　困來閑臥渴卽茶(곤래한와갈즉다)
臨濟德山特地迷(임제덕산특지미)　枉用功夫施棒喝(왕용공부시봉갈)

　　1연은 스승이 화자인 禪客을 깨달음으로 이끌기 위해 던지는 선문답의 道이며, 일출 등에 업고 선명하게 키 재기 하던 숲속이 월출을

민족의 궁지인 직지심경의 다인 백운경한　45

배터지게 먹고 나면 산 아래 경계와 산위의 경계에 갈림길을 보며 삶과 죽음의 인기척 듣고 있으면 높고 멀게만 느끼어 지던 것도 언제나 코앞에서 동고동락하는 것이 아닌 단조로운 곡선에 올라앉은 무수한 비밀을 간직한 채 가뭄의 눈물 흘리며 물이끼를 둘려 쓰고 물살에 밀려서 느리지만 쉬지 않고 신성한 초록물결에 자리매김한 윤회의 생명들이 시간을 돌리고 있는 몸짓의 시심에서 "향상 방법이란 말할 것이 없고 피곤하면 편히 눕고 목마르면 차 마시라 했다"

무릇 마음속에 있기는 하지만 내어서 보여주지 않으면 죽은 법문이기에 꺼내어서 풀어놓은 시심은 정갈하며 고농도로 감정이입을 조화시키는 오묘함이 시심이다. 인생을 뒤 돌아보며 신분에 얽매임 없이 석옥이 천호암에 손수 심어놓은 차나무가 750여년 넘은 고차수가 되어 석옥 茶로 깊은 맛은 현제의 다인들에게 그 맛을 음미 할 수 있게 이어지게 하였다.

전해지며, 그 맛을 음미 할 수 있다. 가득 망상을 헛된 방편에 치우치면 꽃 봉우리도 시들고, 불법의 음으로 노래하고 꽃은 불법의 꽃을 피운다.

임제는 석옥을 지칭하는 것이며, 무지로 청정법계로 얻은 참된 자아(自我)의 깨달음, 필자도 고독을 돕질 하며 홀로서 시를 갈무리할 때 구음조(謳吟調)로 나직하게 중얼거리면 마무리를 다 짓고 나면 소리 내어 전 후음의 조화로움과 비유의 의미 깊이를 생각하며 살핀다. 산은 거짓이 없듯이 진리를 넘어 사술(詐術)을 가까이 두면 하늘과 법 방망이 피하기 어렵다고 했다.

그러니 정은 선의 세계로 인도하니 헤아릴 수나 깊이를 모른다. 자연을 벗 삼아 농사를 지으며 교감을 주고 받을 수 있는 영생하는 자연의 소리는 삼라만상의 언어이며, 서양에선 카오스(chaos)이다. 자연 그대로의 소리(聲)를 버거운 세상에 헤아릴 수 없는 소용돌이도 음양의 이치인 손벽으로 무엇을 치는 거에 따라 선율을 만들듯이 개인의 이해와 기준은 인식과 습에 따라 표현되는 것이다.

밤이 와도 달빛이 환하게 밝은 우주의 순행이 보름날 달로 비추는 것처럼, 이해의 대상이 되고 감상의 대상이 되는 것이다. 계곡에 떨어진 낙엽이 본연의 뜻이 아닌 실개천의 물 수위에 따라 움직이듯 물살 따라 흘러가는 것은 우기(雨氣)의 강수량에 따라 장강에 이어 바다에 다다름은 바다의 무역풍을 만나기 위함인 것이다. 세상인심과 권력이란 연인의 情도 변함이 아니다. 꽃이 피면 지기에, 오는 것 막지 않고, 가는 것 잡지 않음은 선지식이 삶을 관조하는 사랑법이라 했다.

인생의 무상함을 깨달으면 풍전등화 같은 명(命)을 탄식해도 먼 유년은 초속(秒速)을 등에 진 화살에 실린 것이다.

3. 산은 그 자리에 푸름 찾는데

번거로움을 등지고서 고요함과 일심동체가 되어야 산중에서 마음을 움직여 밖을 비추거나 마음을 맑게 하여 안을 비추는 것도 아니다. 참된 공부는 하루 종일 걷고 서고, 앉고 눕고 하는 가운데 생사의 대소사의 생각과 분별을 떠나 성인들이 걸었던 길을 가고자 하는 것이다. 생각은 잡지 못하지만 있다. 의지할 데가 없어 의심할 수 없는 자리가 茶자리에 있다. 자연의 이치를 백운경한어록에 사족(蛇足)에 밝힌 바와 같이 마음공부는 어떤 정해진 수행 방법도 없다. 선학 후학도 없이 먼저 도달하는 대도무문(大道無門)이라고 했다. 하늘 아래, 땅위에 어디에도 도(道)가 아닌 것은 없고, 길이 없는 곳은 없지만, 이것을 찾고 있는 동안에는 어떤 문도, 어떤 길도 지나갈 수가 없다. 마음길이 끊어진 곳에서 참다운 길을 만나게 되니, 적어도 눈 밝은 선지식이라고 하면, 범부들의 분별이나 헤아림을 양단(兩斷)으로 끊고 맺음을 아는 지혜라 할 것이다.

1352년 3월 원나라에서 귀국길에 성각사에 머물다 정진 중인 현각 스님의 증도가를 듣던 중 "망상을 버리려 하지도 말고 진실을 구하려 하지도 마라. 무명(無明)의 실성(實性)이 곧 불성(佛性)이요, 환화(幻化)의 공신(空身)이 곧 법신(法身)이다."는 구절에 한 생각도 일어나지 않고 전과 후가 아주 끊어져 조금도 의지할 곳이 없어 망연한 경지에 이르게 되었다.

화상은 "선(禪)과 교(敎)는 이름만 다를 뿐 평등한 한 몸"이라는 "선교일체설(禪敎一體說)"을 주장하였다.

1374년 삼천대천세계가 자신과 둘이 아니고 한 몸임을 깨닫게 되니, 3연으로 된 임종게 중 제 3연 "내 몸은 본래 없는 것이요/ 마음 또한 머무는 곳 없나니/ 재를 만들어 사방에 흩고/ 시주의 땅을 차지하지마라"/을 남기고 열반에 드니, 나이는 77세에 법랍 30에 천녕(川寧: 여주)의 취암사(鷲岩寺)에서 아래의 임종게 한수를 남기며 칠십 칠년 만에 태어난 곳으로 돌아갔다.

> 인생 일흔까지 산다는 것은
> 옛날로부터 드문 일이며
> 칠십칠년 전에 왔다가
> 칠십칠년 뒤에 돌아가나니
>
> 곳곳이 다 돌아갈 길이요
> 머리두면 바로 고향이거늘
> 무엇하러 배와 노를 장만해
> 특히 고향에 돌아가고자 하리.

내 몸은 본래 없는 것이요
마음 또한 머무는 곳 없나니
재를 만들어 四方에 뿌리고
시주(施主)의 땅을 범하지 마라.

- 임종게(臨終偈) 전문

臨終偈(임종게)

人生七十歲(인생칠십세)　古來亦希有(고래역희유)
七十七年來(칠십칠년래)　七十七年去(칠십칠년거)
處處皆歸路(처처개귀로)　頭頭是故鄕(두두시고향)
何須理舟楫(하수리주즙)　特地欲歸鄕(특지욕귀향)
我身本不有(아신본불유)　心亦無所住(심역무소주)
作灰散四方(작회산사방)　勿占檀那地(물점단나지)

　응지에서 벗어난 유리알처럼 고운 고드름은 햇살이 제 몸을 태우는 것을 어찌 알았으랴, 몸속에 탁한 것을 씻어내 버리고 청정으로 하는 수행의 여정을 접은 돌아가는 시심, 타다 남은 신음소리 깨우려는 소리가 태풍에 눈에 들어 시속을 넘어 초속으로 달리면 무명초만 못한 것, 어제만 해도 봄이었고 날이 밟으니 가을이고 세월이 더디다 하지만 냇물처럼 흐르니 백년도 꿈결 같은 잠간이요, 무리를 이루고 살다가도 떠 날이 다가오면 제각기 돌아가는 이치인 것이며 근원에 대한 묵 마름을 느끼기 전에 마감되는 의식의 밑바닥에서 죽었다 깨어나는 것이고 아쉬움인지 선사는 피안의 세계에 이치를 임종게를 빌려 법문으로 남겼다.
　소요산에 머물며 1351년 시《신묘년에 지공화상에게 올린 게송》,《또 十二頌을 지어 指空화상에게 올림》, 나옹, 태고보우와《백운암 검 선객이 게송 3수 보내오》,《사자 수공이 강동의 백운으로 옮긴다는 말을 듣고 찬하며》의 시가 전해여지지만 회암사 삼대화상 들지 는 못해 아쉬움 남기였다.

저서로《백운화상어록(白雲和尚語錄)》, 주자본(鑄字本)《불조직지심체요절(佛祖直指心體要節)》, 2권이《불조직지심체요절》초간본(初刊本:)은, 1377년(고려 우왕3) 7월 청주목(清州牧) 교외의 홍덕사(興德寺)에서 금속활자로 찍어낸 것이다. 이 책은 1234년(고려 고종 21)에 간행된《상정고금예문(詳定古今禮文)》보다 143년 늦게 나왔으나, 1450년 이후에 출판된 독일인 요하네스 구텐베르크(ohannes Gutenberg, 1397~1468)의《천문력(天文曆)》이나《면죄부(免罪符)》《구텐베르크 성서》서적보다는 최소한 73년이나 앞섰다.

그것도 중앙 관적점(貫籍點)이 아닌 기록으로만 전해 오던 고려의 활자본 서적들 중 유일하게 현존하는 서적이며, 세계 최고(最古)의 문화유산으로서 한민족(韓民族)이 세계에서 가장 먼저 금속활자를 창조 발전시킨 문화민족임을 입증할 수 있는 자료로 그 가치가 높이 평가되고 있다. 1975년 프랑스 국립도서관에서 동양문헌 사서로 근무하던 박병선씨가 베르사유별관 패지창고에서 버려지기를 기다리고 있는 외규장각 도서 191종 297권을 발견하고 주 프랑스 한국대사관에 알리며 그 실물존재가 알려지였다고 하나. 1972년 프랑스 국립도서관에서 책의 역사 종합전시장에서 발견되 세계적으로 공인되었다는데?, 병인양요 때 강화도에서 가져간 장서점검표와 형지안(形止案: 조선시대 중요한 국가기록의 관리의 기록)에 직지의 기록이 없는 것을 보면 직지 :「십칠사찬고금통요」를 프랑스로 가져간 사람은 주한 프랑스 조대 공사 빅토로 꼴랭드쁠랑시(Victor Collin de Plancy, 1888~1891년)중국어 통역관 출신으로 3년간 근무하고 이후 1896~1906년 10년을 포함해 13년간이며 두 번에 걸쳐서 조선에 머문다. 1911년 3월 27~

30일 사이에 조선, 중국, 일본 관계의 뿔랑시의 소장품은 883점에 대한 수집품 경매가 있었는데 조선의 서책이 주를 이루어 그 양이 700점이나 달하니 몇 권을 제외하고 프랑스 국립도서관에서 구매 하였다. 직지심경의 경우는 골동품 수집가인 앙리베베르(Henry Vever, 1854~1943년)가 경매번호 711번을 180프랑에 구매해 2차 소장자로 보관하다가 도서관에 귀증 된 것을 1972년 5월 29일 제1회 세계도서의 해와 1973년 제29회 동양학 국제학술대회의 두 번의 전시회를 통해서다. 이 또한 한국에 최초로 소개한 분도 박병선 박사이다. '2001년 9월에 《승정원일기(承政院日記)》와 함께 유네스코 세계 기록 문화유산으로 지정되었다. 베베르가 1943년 사망하자 유산 상속자들이 유언의 따라 1952년 프랑스 국립도서관(리슐리외)기증하였으며, 도서번호 109번, 기증번호 9832번으로 프랑스국립도서관 동양문헌실(Department des Manuscrits Orkebtauf)에 지금까지 보관되어 있다.

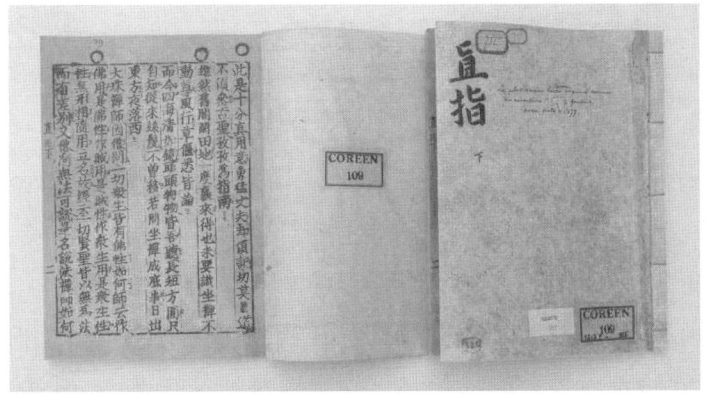

소요산을 시로 최초로 기록한 태고보우

1. 소요산의 노래

　태고보우(太古普愚), 1301년(충렬왕 27) 9월 21일 경기도 양근(현 양평)~1382년 12월 17일(우왕 8)에서 본관은 홍주(洪州), 속명은 보허(普虛). 법호는 태고(太古). 법명은 보우(普愚). 익화현(益和縣 : 경기도 양평군 용문면 대원리)출생. 아버지는 판사병부사홍양공(判史兵部事洪陽公, 증직) 홍연(洪延)이며, 어머니는 삼한국대국부인(증직) 정씨(鄭氏)이다.
　13세에 출가하여 회암사(檜巖寺) 9세 국사인 해소(예종의 아들) 상자인 광지(廣智 : 1102~1158)의 제자가 되었고, 가지산(迦智山)에서 수행하였다. 19세부터 만법귀일(萬法歸一) 화두를 참구하였고, 26세에 승과(僧科) 화엄선(華嚴選)에 합격한 뒤 선(禪) 수행정진에 몰두하였다.
　1330년(충숙왕 17) 용문산 상원암(上院庵)에서 관음기도를 하고, 1333년(충숙왕 복위 2) 성서(城西) 감로암(甘露庵)에서 사생결단으로 7일간 용맹정진하였으며, 1337년 가을 불각사(佛脚寺)에서《원각경(圓覺經)》을 읽다가 모든 이치의 알음알이를 타파한 뒤, 양근(楊根)의 초당에서 어버이를 봉양하며, 1,700칙(則) 공안을 점검하던 중인 1338년 1월 7일 크게 깨달음을 얻고 1339년 소요산 백운암(白雲庵)에서 수행 중《백운암가》를 지었다. 1341년(충혜왕 복위 2) 북한산 중흥사(重興寺)에서 후학들을 지도하면서 중흥사 동쪽에 태고암(太古庵)을 창건하여

5년 동안 머물 때 《태고암가》을 지었다.

　1346년(충목왕 2) 원나라 연경(燕京) 대관사(大觀寺)에 2년간 머물며 순제와 기황후의 아들(후에 소종) 두 번의 법회와 황자 생일의 축원 기도할 때, 황궁에서 《반야경(般若經)》을 강설하였다. 1347년 7월 호주(湖州) 천호암(天湖庵)에서 석옥(石屋)선사에게 마음으로 심계(心契) 도를 나누며 인정받고, 《태고암가》의 발문과 가사(袈裟)를 받았다. 1348년 귀국하여 중흥사에 있다가 미원(迷源)의 소설산(小雪山)에서 4년 동안 깨달음 뒤의 수행을 하였다. 1352년(공민왕 원년) 《산중자락가(山中自樂歌)》를 지었으며 궁중에서 설법하였으며, 왕이 청하여 경룡사(敬龍寺)에 유석(留錫)하고 있었는데, 홍건적의 난을 피해 소설산으로 옮겼다. 1356년 왕의 부탁으로 봉은사(奉恩寺)에서 설법하였고, 그 해 4월 왕사(王師)로 책봉되어 광명사(廣明寺)에 머물렀다. 1362년 왕은 그를 희양산 봉암사(鳳巖寺)에 있게 하였고, 1363년 가지산 보림사(寶林寺)로 옮기게 하였다.

　공민왕의 1356년 4월 23일 왕사로 5년을 지냈고, 1371년 7월 국사로 되고, 공민왕에 이어1374년 우왕이 국사로 삼으니 9년 간 나라와 불교에 그 족적을 크게 남기였다.

　태고보우는 여러 차례 재상을 역임한 세도가인 중암거사 채홍철(蔡洪哲 1262~1340), 최하중(蔡河中 ?~1358)부자와 김문귀 등의 기성세력의 지지와 공민왕의 비호아래 국사가 되어 귀족적인 수행(修行)관과 승정(僧政)장악하려 원융부(圓融府)을 설치, 이를 통해 선종 교종 주지스님의 임명권을 행사하며 불교를 통합하고자 노력하나 권문세가와 이해관계가 개입되며 성과를 크게 거두지 못하였다.

　고려시대에는 소요산이란 기록이 찾아보기 어려웠고, 왕방산 북록 지맥에 속 해 있었다. 양주군지와 동두천 시사에는 조선시대 매월당,

남추강, 서화담, 양봉래 등 시인 묵객이 소요해서 소요산이라 이름 했다고 전하지만, 태고보우의 족적을 살피어보면 13세인 1313년 천보산 회암사에서 광지선사(廣智禪師)를 은사로 하여 출가하였고, 1337년 중암거사의 간곡한 청에 따라 장단의 전단원(栴檀園)에서 무자(無字) 화두를 참구하던 중 38세인 1338년 1월, 25년 만에 크게 깨달아 득도한 뒤 기묘년 1339년 봄 소요산 백운암(白雲庵)에 와서 3년간 정진 중의 첫 작품이며 백운암을 감싸고 있는 풍광을 시심에 농축해 7언으로 된 8연시로 된 《백운암가》를 지었다. 그 첫 연에 소요산이 두 번이나 화자 되는 기록으로 소요산이란 지명이 667년 전에 문자로는 처음 기록되어지며, 마지막 연은 석암(방화굴의 이명)에 흐르는 영천(靈泉) 약수로 갈무리되어진다.

2. 백운암의 서경과 옛 구도(構圖)을 탐미하며

소요산에 오르는 저 많은 흰 구름은
언제나 소요산 위의 달과 친구되니
때로는 맑은 바람 좋은 일이 많고
다른 산보다 기묘한 경치 알려주네

허공엔 흰 구름이 무심히 떠 있으니
큰 화로에 한 점 눈처럼 살아지는데
사방에 비를 주어 좌우는 구별 없어
보이는 곳 모든 사물들이 다 기뻐하지

어느 사이 이 산에 되 돌아와서
산 빛이 더 짙어서 물소리 더욱 크니
뭉게구름 사이 옛 암자는 의연하고
하늘 닿은 험한 길에 이끼만 푸르다

이리 기울 저리 기울 쉬었다 오르는 길

뉘라서 侍者인가 지팡이 하나뿐일세
길이 동으로 난 암자 문에 닿으니
주인도 손님도 말없이 마주 앉았네

逍遙山上多白雲(소요산상다백운)　　張伴逍遙山上月(장반소요산상월)
有時淸風多好事(유시청풍다호사)　　來報他山更奇絶(내보타산갱기절)
白雲無心編大處(백운무심편대처)　　其如烘爐一點雪(기여홍로일점설)
行雨四方無彼此(행우사방무피차)　　是處是物皆欣悅(시처시물개흔열)
刹那歸來此山裏(찰나귀래차산리)　　山光着色水咽明(산광착색수인명)
古菴彼俙非箱間(고암피희비상간)　　運雲畏道蒼苔滑(운운외도창태골)
左傾右傾往復行(좌경우경왕복행)　　誰基侍者性櫛栗(수기시자성즐률)
路窮師門尙東開(로궁사문상동개)　　主寶同會無言說(주보동회무언설)

- 「백운암가」 1~4연 전문

　　신라 원효대사의 창건도량이며 영험한 영천(감로수)이 정서의 샘이 샘솟는 바위굴이 있어 고려의 고승과 문인들의 발길 끊이지 않은 명승지며 고려의 오악(五嶽) 중에 백악, 감악이 개경의 오부방리(五部方里)이기에 감악산은 수호산으로 속해있었다.
　　소요산 백운암(白雲庵)에서 7언 8연의 《백운암가》를 지은 3년간의 시기는 태고보우의 문학이 왕성히 꽃피운 곳이며 산실인데, 현제도 있는 듯 없는 듯 자리 잡고 있으며, 지역의 난다하는 사람과 불자들도 소요산에 백운암이 존재한다는 것을 감지하지 못하니, 등산객들도 고개 한 번 돌리고 스치듯 지나쳐 가는 것이 현실이다.
　　소요산에 오르는 저 많은 흰 구름 둥실 떠 있고/ 언제나 소요산 위의 달과 항상 친구 되니/ 때로는 맑은 바람 좋은 일이 많고/ 다른 산보다 기묘한 경치 알려주네.
　　위 시심에 자연의 오묘함을 바라보며 현실과 이상은 늘 공존하는 백운암의 정경들, 태고스님 시심에는 백운암은 암자로서 부족함이 없었고, 암자 문 또한 동쪽으로 있었는데, '구름사이 오래된 암자는 의연하다고 했으며, 험한 길은 이끼만 푸르다.' 노래한 것은 태고스님이 주석 할 때에도 백운암은 건제했음이다.

현재에 백운암에 들어가는 문이 남향으로 나 있으니 세월의 풍파와 화마의 소실된 암자의 지형과 좌 향은 복원할 때 변형이 된 것으로 추정되어진다. 인간이 소요하는 산은 중천은 뜬 구름이오, 대천은 달이 노니는 삼라만상의 우주이다.

산은 말없이 푸르고 물은 졸졸 흐르는데
돌 여인이 말을 하니 나무 사람이 혀를 찬다
서천서 달마대사에 어찌 그리 급히 와서
이런 일을 발설하여 부처님 법을 숨겼는지

조계의 밥그릇 전해 받은 혜능대사는
이르기를 '한 물건도 본래 없다' 하니
우습구나 예나 이제나 천하의 사람들
눈썹을 부라리며 봉으로 치며 소리를 친다.

나는 이제 무엇으로 사람을 위해볼까
봄, 여름, 가을, 겨울 어느 때고 좋은 때지
더우면 물에 가고 추우면 불을 쪼며
한가한 구름 속에 밤늦도록 참선을 하다

피곤하면 백운루 누각에 한가로이 누우니
솔바람을 우수수 자연의 음률(音律)일세
그대들 이곳에 와서 남은 여생 보존하소
배고프면 나물 먹고 목마르면 샘이 있으니

山點默默水屑潺(산점묵묵수설잔)　　石女喧嘩木人出(석녀훤화목인출)
汲汲西來碧眼胡(급급서래벽안호)　　漏洩此意埋佛日(누설차의매불일)
傳至曹溪盧盧手(전지조계노노수)　　又道本來無一物(우도본래무일물)
可笑古今天下人(가소고금천하인)　　不惜眉毛行棒喝(부석미모행봉갈)
我今將何爲今人(아금장하위금인)　　春秋冬夏好時節(춘추동하호시절)

56　2부/ 푸름이 요요할 때

熱向溪邊寒向火(열향계변한향화)　　間說白雲衣半結(간설백운의반결)
困來閑臥白雲樓(곤래한와백운루)　　松風蕭蕭聲浙浙(송풍소소성절절)
請君來此保餘年(청군래차보여년)　　飢有蔬兮渴有泉(기유소혜갈유천)

-「백운암가5~8연」전문

　　원효대사에게 득도란 남녀의 격이 없고 신분의 차이도 없는 시방세계의 인연이 행동과 말에 맞아 깨우치던 폭포와 백운봉 그림자가 시심에는 정자에서 마음을 표현하고 생각을 이야기 하는 각설이 타령인 게송문학의 절정이 고조되는 아름다움이다. 화엄경에는 심여공화사이니, 조종종 오음이라는 말씀이 있으니, 곧 마음은 화가와 같아서 갖가지 형상을 다 그려낸다는 뜻이기도 하다.
　　돌부처가 돌아앉지 못해 말을 하니 木佛도 혀를 다시는 현실세계 해가 지는 서천의 달마는 참선에 들지 못하고 불법의 진리를 숨기어도 소귀에 경을 외워도 통하는 축생과의 교감이요, 길이 아니면 돌아가는 물의 철학, 원효와 사복이 내린 화두 잿밥에 눈이 먼 불제자에게 치는 호통소리 6조 혜능의 한 물건도 본래 없다는 것과 원효와 사복의 선문답 '나지마라 죽는 것이 고통이다' '죽지마라 나는 것이 고통이라'하니, "사복이 말이 너무 번거롭다 하고 생사가 모두 고통이라고 했다."
　　사계의 윤회와 인간사는 청춘기의 열정을 다 누리지 못하고 아무리 높은 계곡의 물도 환경에 따라 그 강약을 스스로 다스리며 대해로 향하고 있지 않은가, 길이 막히면 돌아서 피곤하면 쉬며 바라보는 여유로움 배고프면 나물먹고 목마르면 물 마시는 사물이 내는 소리를 들으면서 교감을 할 수 있는 대승적인 지견(知見)의 연상 작용인 이미저리 군인 백운암을 설정해 관념과 은유로 의해 변하는 시대가 수반되는 언어로 삶의 세계를 바라볼 수 있는 곳이다. 모든 화두가 그렇듯이 의도

하는 것 중 맞고 그름이 없는 이분법에서 걸어 나가는 것이다. 밝은 화두를 얻을 때는 수많은 찰나가 흐르고 시시각각 변화무상한 진리이기에 화두에는 정해진 답이 없다고 전해지고 있는 백운암에서 간파한 자비의 우주관이 접목된 문학세계의 육체는 부재하는 현존이며, 현존하는 것은 살아지는 것에 지켜볼 뿐이다.

백운암 폭포를 등지고 앉아 바라보니 원효폭포에서 피어나는 운무(雲舞)는 소요산을 감싸 않으니 도원이며 선계(仙界)이며 평생을 머물 도량으로 여기가 시심,

> 흰 구름 구름의 속내와 푸른 산은 무겁고
> 푸르고 푸른 산 중 백운대와 하나가 되어
> 햇볕은 구름산과 오랜 인연에 친구되니
> 편한 몸으로 베풀면 집 아닌 곳 없으라
>
> 白雲雲裏靑山重(백운운리청산중)   靑山山中白雲多(청산산중백운다)
> 日與雲山長作伴(일여운산장작반)   安身無處不爲家(안신무처불위가)
>
> -「雲山(운산)구름 산에서」전문

문헌상으로 『백운암가』에서 소요산을 처음으로 기록되어 남겼고 천지인 달, 구름, 산을 노래했고, 『구름 산에서』은 구름, 산, 암자(유거지)를 시심에 담았다.

주변국 원의 쇠퇴와 명의 승승장구의 시대상황이 변화무상한 기운을 감지함인지 흔들리는 마음(구름)이 푸른 산에 의지해 수행에 드니, 푸른 산 중 백운대에 오른 구름도 사방이 트인 곳인데도 바람에 굴하지 않았고, 억년의 세월 흐름 뒤에도 언제나 변함없이 인연을 유(忘形)지하는 해와 산봉우리는 자연섭리이며, 그 믿음이 있기에 삼라만상의 번뇌를 다 지우며 망형에 들면 머무는 곳이 극락이다.

3. 차 달이는 연기

茶道가 추구하는 것을 고려의 시인 시심에 농익어 피어나는 것을 시인의 견지에서 바라보면 옛 시인들이 음각해 놓은 詩에 그림자같이 등장하는 망형(忘形)의 경지이다. 산업사회에 살아가는 현대인은 망각(忘却)을 예를 들어보면 유행가 가사처럼, '세월이 약이겠지요'란 노래 가사는 흥얼거려도, 무의식 세계로 들어가는 망형의 정점인, 저절로 형체를 잃네(江邊放浪自忘形), 지겸선사에게 차를 전수 받은 서하(西河 1148~1186)임춘의 시 《찻집에서 이 낭중과 다점에서 낮잠을 자며(李惟誼茶店晝眠午睡)》2수에는 봄날 다점의 평상에 누우니 살아지듯 형체를 잃네(頹然臥榻便忘形)라 노래해 최초로 시에 남기였다.

낭중은 6부에 소속된 정5품인 이유의는 의학과 시에 뛰어나며 미수 이인로의 큰아버지(伯父)의 아들이니 미수와 사촌지간이다. 김구용(1338~1384) '취후에 지안이 나에게 벽간에 글을 짓게 하다'에서 망기의 시심이 있고, 이숭인(李崇仁 1349~1392)의 《신효사 감스님 방에서 적는다(題神孝寺湛師房)》에는 갈포 옷과 고깔 차림에 이미 형체를 잊고(蘿衣白衲己忘形) 등과 김시습 시「고풍(古風) 망물아와 이덕무(1741~1793) 스스로 얻는 자망(自望)과 백운과 목은 등에 글에 전한다.

망형이란 자신의 형체를 잊고 무위자연의 도(道)를 깨치는 것으로서 망기(忘機) 또는 좌망(坐忘)이라고도 한다. 좌망이란 단정하게 앉아서 잡념을 떨쳐 버리고 무아에 들어가는 것이다. 이러한 망형의 다도정신은 고려다인과 조선의 다인들의 시심 투영되어 전해지고 있다.

> 남쪽 성 밑에 집 한 칸 빌려 살며
> 얼근히 술 취해 시골에 누워있는데
> 갑자기 황제의 부름을 받고서

축원을 마치고 빈 항아리 마주하니

싸늘한 추위는 뼈 속까지 스며들고
날리는 눈발은 창을 두드리는데
밤 깊도록 화로에 불에 차를 다리니
차를 끓이니 온 병이 향긋하다.

借屋南城下(차옥남성하)　陶然臥醉鄕(도연와취향)
忽聞天子詔(홀문천자조)　祝罷對殘缸(축파대잔항)
凜凜寒生骨(늠늠한생골)　蕭蕭雲打窓(소소운타창)
地爐深夜火(지로심야화)　茶熟透瓶香(차숙투병향)

　　　　－「게송(偈頌)」중에서

　　1347년 11월 24일 황제의 특명으로 영녕사 주지로 임명되어 법석 끝자락에 개당(開堂)과 축원 법문을 축약(縮約)한 게송(偈頌)인데, 성 아래에 집 한 칸 빌려서 도성을 떠나 쉬면서 취중에 흥이 돋아나는 시골이라도 별천지인데, 원 황제의 부름이라도 낡은 빈 항아리가 정겹고, 뼈 속까지 스미는 추위라도 소소한 눈발이 손님으로 깊은 밤 화로불은 구도의 정진이며, 달이는 차 향기로 다관을 새어나오는 것은 법문의 향기이고, 먼 이국의 법석이지만 거리와 시차를 넘나들어 감악산 초가집의 정경이 겹치어진다. 영(靈)과 육(肉)이 분리되는 유체이탈을 넘는 시공은 차관(茶罐)에 빠져나가는 茶 향기에 차와 선이 둘이 아닌 느낌과 맛을 비유함이 든다.

　　무문관의 길목에서 빗장을 더듬으며

　　모든 세상에 벽 빠짐없고
　　사방 어디도 그런 문 없어
　　부처 스님도 가서 못 닿아

한가히 보이는 누운 백운대

十方無壁落(시방무벽락)　四面亦無門(사면역무문)
佛祖行不到(불조행불도)　閑眼臥白雲(한안와백운)

-「證庵(증암) 깨닫는 암자」전문

　백척간두에 하화중생에게 부처를 버리고 부처를 찾는 암자에서 일주문 빗장만 보이니 깨우침을 주는 시방세계에 있고 없음에 떨어지는 이치요, 사방을 바라봐도 없는 문도 문이지만 부처와 조사도 어쩔 수 없는 길이 있고 한가한 눈으로 누워서 보는 백운대는 늘 그 자리에서 영혼을 빗질하는 울력과 정진으로 들어설 수 있는 문 일주문은 빗장도 문덕도 없는데 어찌 오고가지 못하는지 묻는다.
　감악산 제1경인 은계폭포는 경기도에 유일한 비경으로 675m에 정상에 오르다 보면 산 중턱에 20m의 높이다. 고래시대 5악으로 정상에 오르면 개경의 시가지까지 살펴볼 수 있어 고려 말 불사이군의 지조 있는 충신들의 은거지로, 광수원과 지겸국사의 절 정각승사와 징심당, 신암사와 남선굴 서하 임춘 초옥과 아기자기한 계곡에 낙루하는 은계폭포의 또 다른 이름 비룡폭포는 영생(永生)물로 인걸은 간곳없어도 이정표로 길마중하며 우리나라에서 최고로 긴 출렁다리 놓아 한목을 더해주는 명소이다. 사라진 우리의 불교문화재로 신암사, 봉황암, 부도사, 진불암, 성암, 사자암 재를 지냈던 감악사는 문헌으로만 전해진다. 폭포는 거의 수직으로 떨어지니 겨울이 되면 빙산을 오르는 산악인들과 원정대의 훈련장이며 김인걸의 『한국의 비경 130』에서 한 자리를 잡고 있는 폭포이다.

흐르는 물 밤에 귀를 씻어 무엇하리

입 없이 먼저 먹는 고사리 화살촉이며
세상 틈에서 다투지 않는 난초로
날마다 청정도반 달 아래서 비질만 하네.

耳莫洗穎川水(이막세영천수)　　　口莫食首陽簇(구막식수양족)
世間是非都不管(세간시비도불관)　一興淸流掃明月(일흥청류소명월)

- 「은계(隱溪) 폭포에서」 전문

　권모술수와 악담이 듣고 살아야 하는 왕사지만 신라천년의 靈山에 빼어난 내가에서 흐르는 물을 보며 세상일을 잊으려 해도 뜻대로 안 되는 것이고, 화살촉 같은 세월을 두고 다투지 않는 蘭향의 미묘함은 잡념이 사라지게 만들며 날마다 밤마다 달을 벗 삼아 청정 도량 가꾸며 비질로 쓰는 것은 마음에 오염을 쓰는 것이기에 낙루하는 물줄기도 허공으로 오르는 오색물보라도 붙잡을 수 없는 진리를 깨우는 것이 아닌지.

가운데는 아무것도 없이 원래가 맑아서
온 세상 속이 빈 물건 없어 넘볼 수 없다
봉의 노래에 용의 울음은 선으로 들어서고
한 줄기 밝은 달 강 마을에 그득하다

中無一物本來淸(중무일물본래청)　　擧世無人窺戶庭(거세무인규호정)
鳳嘯龍吟破禪寂(봉소룡음파선적)　　一竿明月滿江城(일간명월만강성)

- 「죽암(竹庵) 대나무 암자」 전문

　사찰에 누각에 매달려 있는 木魚가 시사하는 바가 크다. 어느 곳에서도 살아남으려면 속내 비워두고 살아한다는 의미지만 대나무의 속을 들여다 볼 수 없어 깊이도 들여다 볼 수가 없다. 어디 마음을 비우고 버리고 산다는 것은 말이나 글처럼 쉽지는 않다. 버리고 던짐을 아무리 반복해도 심장을 감싸듯 竹實의 외유내강 곧은 대나무로 엮은 초막은 절계와 변하지만 부러지지 않으며, 속이 비었다 하여 바보가 아니며 속이 꽉 차도 단단하지 않는 것은 관념과 이상적인 나무와 돌 쓸모없는 것 같지만 버릴 수 없는 동병상련의 암시한다.

1371년 공민왕은 그를 국사로 봉한 뒤 영원사(瑩原寺)에 머물기를 청하였으나 사양하였다. 1381년(우왕 7) 양산사(陽山寺)로 옮겼는데, 우왕은 다시 국사로 봉하였다.

태고보우는 조용히 남긴 《임종게》 사람 목숨이 아무리 모질고 질겨도 물거품이요, 팔십 여년 쓰던 가죽주머니 내던지니 붉은 해가 서산을 넘는 것이라 하였다.

1382년 소설산으로 돌아와서 12월 17일 입적하니, 나이 82세, 법랍은 69세였다.

태고암가 등이 수록된 『태고화상어록』은 시자인 설서(雪栖) 스님이 편찬한 것이다. 이해대한 논란으로 인해 보우 태고화상어록의 치열한 정진과 682~683쪽에 실려 있다.

그러나 신돈의 횡포가 심하므로 보우는 "나라가 다스려지려면 진승(眞僧)이 그 뜻을 얻고, 나라가 위태로워지면 사승(邪僧)이 때를 만납니다. 왕께서 살피시고 그를 멀리하시면 국가의 큰 다행이겠습니다."라는 글을 올렸다.

4. 석굴에 샘솟는 영천 뒤로하며

임제종 석옥청공에게 법을 이어 받아서 18대 법손(法孫)으로 1346년(충목왕 2) 봄에 원나라 연경(燕京)의 대관사(大觀寺)에 머물며, 11월

24일 기황후 아들 소종의 생일 법문으로 궁중에서 《반야경(般若經)》
을 강설하였다. 1347년 11월 24일 황태자 생일 법문 후 기황후에게
금란가사(金襴袈裟) 받음. 호주(湖州) 천호암(天湖庵)에서 석옥(石屋)에게
태고암가를 보이고 도를 인정받고, 《태고암가》의 발문과 가사(袈裟)를
받고 임제종의 시조가 되었다. 1348년 귀국하여 공민왕에게 총애 받
던 신돈(辛旽)을 경계하는 글을 올리고, 1366년 10월 왕사소임을 사
직하고 도솔산으로 들어가 머물다.

1368년 여름 신돈의 모략으로 속리산 속리사(법주사)에 1년간 유폐
감금되었는데, 이듬해 3월 공민왕이 이를 뉘우치고 다시 돌아오게 하
였다. 소요산 백운암(白雲庵)에서 지은 《백운암가(白雲庵歌)》, 《산중자
락가(山中自樂歌)》, 《석굴(石庵)1》, 《운산음(雲山吟)》, 《운산(雲山)》,
《석계(石溪)》, 《석굴(石庵)2》, 《은계(隱溪)》, 차시《상수미암》, 《태고
암》 등을 남겼다.

그는 왕도의 누적된 폐단, 정치의 부패, 불교계의 타락 등에 대하여
개혁의 필요성을 절감하여 공민왕에게 서울을 한양으로 옮겨 인심을
일변하고 정교(政敎)의 혁신을 도모하기를 주장하였으나 받아들여지지
않았다. 공민왕이 나라를 다스리는 일을 묻자, 거룩하고 인자한 마음
이 모든 교화의 근본이자 다스림의 근원이니 빛을 돌이켜 마음을 비추
어 보라고 하였고, 때의 폐단과 운수의 변화를 살피라고 하였다. 또한
선문구산(禪門九山)을 통합하여 종파의 이름을 '도존(道存)'으로 할 것
등을 건의한 기록과 조계종의 종조(宗祖)로서 불교계의 통합과 정계(政
界)의 혁신을 도모하였다.

1382년 12월 17일 열반에 들었는데, 25일 후인 1383년 1월 12
일 다비하니 수많은 사리 중 100과를 수습해 왕에게 올리니 유사에게
명령해 시호는 원증(圓證)으로 내린다. 2월 남경에서 개경으로 환도(還

都) 후인 10월 유창이 행장을 짓고, 중흥사 동쪽 봉우리에 탑을 세워 탑호를 보월승공(寶月昇空)하여 영골을 모셨으며, 사리는 양산사, 사나사(舍那寺), 청송사(靑松寺), 태고암에 분장하였다.

부도 높이 4.0m, 보물 제749호, 원증국사탑비, 보물 611호, 1385년 1월 10일 우왕의 교지로 비문은 이색이 짓고, 서예가였던 권주(權鑄 ?~1394)가 썼다. 정도전이 지은 원증국사석종비, 양촌 권근이 지은(소설암 원증국사비)가 전한다.

제자는 혼수(混修), 찬영(粲英), 조이(祖異) 등이 있다. 저서는 《태고집(太古集)》에는 그의 사상과 경지를 알게 하는 법어와 시 등이 수록되었고, 서문에 목은(牧隱) 이색(李穡)과 도은(陶隱) 이숭인(李崇仁)이 발문은 포은(圃隱) 정몽주(鄭夢周)인 고려의 삼은이 남겼다, 《태고화상어록(太古和尙語錄)》2권과 『태고유음(太古遺音)』6책 등과 문도 달심이 사리10과 안치한 석종은 척불에 앞장선 정도전《미지산 사나사원증국사석종명》찬한 비명이 전하며, 사리는 양산사, 청송사 태고암 분장하고 부도는 송광사 남암 옛터 북쪽에 안치하였다.

태고보우

소요산을 시로 최초로 기록한 태고보우

은거해 생을 마감한 목은 이색

1. 삶의 진행 방향은

지구상에 한반도처럼 사계절이 분명하고 시시각각 그 기절(奇節)이 변화무상한 풍토는 드물 것이다. 우리 민족은 지구촌 어느 곳에 가서 살더라도 잘 적응하는 민족이지만, 그러지 못한 대쪽 같은 성정에 어쩌지 못하며, 부귀영화가 보장되어 있어도 절개를 지키며 역사의 한 페이지에 발자취을 남긴 인물들을 탐구해 들어가면, 고려 말 삼은 중에 으뜸인 목은이다. 이색 1328년(충숙왕 15)~1396(태조 5, 5월 7일), 본관은 한산(韓山), 자는 영숙(穎叔), 호는 목은(牧隱)이다. 포은(圃隱) 정몽주(鄭夢周)·야은(冶隱) 길재(吉再)와 함께 삼은(三隱)의 한 사람이다. 아버지는 찬성사 곡(穀)이며, 어머니는 함창군부인(咸昌郡夫人) 金氏이며, 이제현(李齊賢)의 문인이다.

1341년(충혜왕 복위 2)에 진사(進士)가 되고, 1348년(충목왕 4) 원나라에 가서 국자감(國子監)의 생원(生員)이 되어 성리학을 연구하였다. 1349년 혼인을 하고, 1351년(충정왕 3) 아버지 상을 당해 귀국하였다. 1352년(공민왕 1) 전제(田制)의 개혁, 국방계획, 교육의 진흥, 불교의 억제 등 당면한 여러 정책의 시정개혁에 관한 건의문을 올렸다.

1253년 5월 이제현의 지공거시 진사시 이어 정동행성(征東行省)의 향시에 1등으로 합격해 서장관(書狀官)으로 원나라에 가서 1354년 제과(制科)의 회시(會試)에 1등, 전시(殿試)에 2등으로 합격해 원나라를 오가며, 사관편수관(史館編修官)·중서사인(中書舍人)과 한림원에 등용, 귀국해 지제교 겸 병부낭중(知製敎兼兵部郞中)이 되어 인사행정을 주관 개혁을 건의해 정방(政房)을 폐지했다.

1357년 우간의대부(右諫議大夫)가 되어 삼년상 제도를 건의하여 시행하도록 하였다. 1361년 홍건적 난으로 왕이 남행할 때 호종해 1등 공신이 되어, 좌승선(左承宣)·지병부사(知兵部事)·우대언(右代言)·지군부사사(知軍簿司事)·동지춘추관사(同知春秋館事)·대제학(大提學) 및 판개성부사(判開城府事)에 이어 1367년 대사성(大司成)이 되어 성균관의 학칙을 새로 제정하고, 김구용(金九容)·정몽주(鄭夢周)·이숭인(李崇仁) 등을 학관으로 채용해 성리학 발전에 공헌한다. 1373년 한산군(韓山君), 지춘추관사 겸 성균관대사성(知春秋館事兼成均館大司成)에 임명되나 병으로 사퇴, 1375년(우왕 1) 왕의 요청으로 벼슬에 나와 정당문학(政堂文學)·판삼사사(判三司事)를 역임, 1377년에 우왕(禑王)의 사부(師傅)가 되었다.

1388년 철령위문제(鐵嶺衛問題)가 일어나자 화평을 주장하였다. 1389년(공양왕 1) 위화도회군(威化島回軍)으로 우왕이 강화로 쫓겨나자 조민수(曺敏修)와 함께 창왕(昌王)을 옹립하고, 7월 판문하부사(判門下府事)로 창왕의 명나라 입조시켜 이성계(李成桂)을 견제하였다.

1389년 12월 6일 차남 종학이 파직되어 장단에 유배(새 집)시 공양왕이 즉위하자 하례한다. 1390년 왕실 내시부는 다방(茶房)을 2부 맞교대를 실시하나 오사충(吳思忠)의 상소와 모함으로 거주지 유배 3급 장단 임진강변 집에 위리안치된다. 이듬해 함창(咸昌)으로 옮기나 이초(彛初)의 옥사에 연루되어 청주의 옥에 갇혔는데, 천재지변으로 함창으로 옮겨 안치(安置)되었다.

1391년 정도전은 부녀자 사찰 금지령에 이어 배불이 시작될 쯤 12

월 종학과 도은이 석방되서 복권되어 한산부원군(韓山府院君)이 되나, 1392년 4월 정몽주의 피살에 연루되어 금주(衿州 : 시흥), 여흥(驪興 : 여주)·장흥(長興)에 유배 중인 7월 고려조가 망한 뒤, 두 아들을 잃고 왕방산(동두천, 포천)에 삼신암이란 초막을 짓고 은거하니, 1395년(태조 4)에 한산백(韓山伯)에 봉해지고 옛 친구인 태조의 부름에 왕방거사 성여완과 잔치에 나가니 출사(出仕)를 종용하나 고사하고 시골로 돌아갈 것을 구걸해 왕방산에 숨어 은거하던 중 1396(병자)년 5월 7일 맏며느리에 이어 부인을 잃고, 여강(驪江 : 여주)으로 가서 신륵사 앞 연자탄(燕子灘) 배안에서 술에 취해 의문사하니 10월 삼남 종선이 한주(충남 서천)로 모시고 와 11월 갑인일 기산 영모리 선영에 장사하였다.

화자는 1336년 가을 감악산과 인연의 시작을 문집에 "견주(見州)의 감악산(紺嶽山)은 그해 가을에 있었던 곳이며, 감악산은 높이 솟아 장단마을을 다 내려 볼 수 있네/ 감악고압장단촌 : 紺嶽高壓長湍村)" 남겼다. 개성부 자지도 고호팔경이 바라보이는 아래 고랑포 적성면 장좌리 122번지(장좌못 : 지금은 임진강변 고랑포 적벽 위 5, 898평 해방 후 기록) 민간인 통제지역으로 민간인은 살지 않고 군 초소만이 있다)에서 개경(낙성동(落星洞) 양온동(良醞洞)에 이색, 한수의 집터와 미수 허목의 양온동 고적기와 고유섭 『송도의 古蹟』 부근이 일치한다.

장단 집과 도성을 오가며 개성부사에 이어 판삼사사로 있을 때, 보개산 심원사 말사 지장사의 자혜스님은 스승인 이제현의 임종을 지킬 정도니 출가한 아들로 추정되는 자혜(慈惠)스님과 20년 지기로 원나라의 내탕금(內帑金)을 시주받고 연천이 동향이며, 이익제의 사돈(기인걸 손녀사위)인 기황후와 고려 왕비의 시주와 지원을 받아내서 고려의 최대사찰 심원사의 말사인 지장사는 1361년(공민왕 11년) 홍건적 난으로 3/ 2가 불에 소실된 보개산 지장사(地藏寺)을 1376 우왕 3년 4월 15

일 낙성한 자혜스님이 중창불사 중수기와 오언율시, 지순스님이 청하여 짓은 석대암 지장전기는 문집과 동문선에 남아서 전해진다.

동대문 밖 장단 성거산 아래로 흐르는 임진강

1062(문종 16년) 장단현을 개성부에 예속시키니 그 가운데로 임진강이 흐르고 있어 현 장자리 위치가 양온동이다. 고유섭 저서 『송도의 고적』에 이색과 한수의 집터와 미수의 『패암기』, 『양온동기』가 일치함이 고증되어진다.

목은의 회암사 주조기에 보광전과 262칸의 중창불사 한 나옹 1379년(우왕 4년) 지공(指空)선사 부도비(浮屠碑) 1380년 6월 다비를 한 나옹혜근(懶翁 惠勤)선사 비명(보물 제387호)과 왕명으로 1485년 9월(우왕 11년) 태고보우 비명을 세우다. 소요산, 왕방산에 삼신암이란 암자에서 개경을 바라보며 은거한다.

2. 원·명 교체기의 명을 지지한 운명

늙고 병든 지 오래인지라 매번 벼슬을 그만두고자 했으나 그 뜻을 이루지 못하고 유배지를 떠돌다 망국의 서러움을 지고서 화전 밭이 있고 숲이 있는 왕방산으로 들어와 삼신암에서 차로서 술을 끊으려 노력해도 마음만 공허해짐을 달랜다.

　부자(父子)가 원나라에 가서 벼슬을 하여 정치적 기반을 잡았지만 당대에 들어 원나라도 몰락하고 고려의 신흥세력으로 명나라를 지지한 업으로, 고려 말 신유학(성리학)이 수용되고 척불론(斥佛論)이 대두되는 상황에서 유교의 입장을 견지하여 불교를 이해하고자 한 흔적이 전한다.

　1500년의 왕실과 민중이 공존하며 이어온 불교를 저무는 역사적 소산으로 보고 유·불의 화합을 통한 태조 왕건 때의 중흥을 주장하지만, 불교의 폐단을 시정하는 것을 목적으로 하는 불교개혁론을 주장, 따라서 도첩제(度牒制 : 승려의 자격심사)를 실시 승려 수의 제한과 지배세력이 자식 중 하나를 스님으로 만들어 과다한 불사를 내세워 규합하는 파당의 개혁으로 정치와 종교를 빙자한 병폐를 바로 잡고자 했지만 저무는 나라 국운을 어찌지 못하는 무능함의 자책하는 시심을 보면,

　　　학이 쪼아서 맑은 샘물이 나오니
　　　서늘한 기운이 마음까지 와 닿고
　　　마시면 몸은 신선이 되려하고
　　　좋은 농사꾼을 생각하게 한다네.
　　　어찌 詩로서 오장만을 씻으랴
　　　죽을병도 물리칠 수 있는 것
　　　평생 티 없이 맑은 사랑이야기
　　　생각 이어지는 (다보茶譜)를 내고 싶어
　　　내 손수 차 끓일 돌솥 갖고 가서
　　　소나무 끝에 오른 흩어짐 보리라.

　　　　　-『신령한 샘물』전문

靈泉(영천)

鶴啄淸泉出(학탁청천출)
冷然照肺腑(냉연조폐부)
飮之骨欲仙(음지골욕선)
令人想玄圃(영인상현포)
豈惟洗詩脾(기유세시비)
可以却二竪(가이각이수)
平生愛淸事(평생애청사)
有意續茶譜(유의속다보)
當虧石鼎去(당휴석정거)
松稍看飛雨(송초간비우)

목은 선생 유택에서(필자)

300년 전 소요산 영천 석굴

풍치를 달래고 몸에 꽉 찬 주독을 빼려면 차는 하루도 없어선 안 되고, 시는 하루라도 그만 둘 수 없지만 시를 지으려 해도 못 짓는데, 암벽사이로 잔잔히 흐르는 석굴에 들어서면 속삭이듯 샘솟는 신령한 샘물인 영천(원효샘의 이명)을 마시면 시심이 절로 나오는 곳이다. 원효성사가 개산한 이래 고려조정의 세력에 밀리거나 은태이후 개경의 천마산과 꼭 같은 왕방지맥의 소요산 석굴에서 샘솟는 영천의 약수로 녹을 먹던 정승으로 어찌 하루라도 권력에 찌든 마음은 선비이면 병들은 오

은거해 생을 마감한 목은 이색 71

장육부의 깊은 병도 다 치료될 수 있다는 것이 선계(仙界)의 일만도 아니고, 평생 소나무 끝에 지고지순한 환희와 희열들, 좋은 물에는 차잎이 고수의 장단에 풀어지듯 한 춤사위가 피는 순수 차를 다려내는 팽주, 목마르며 차 한 모금이면 되는 이치를 너무나도 늦은 깨달은 것 회한이며, 뭉치면 흩어지는 삶의 파편들 정치적으로 볼 때 친명, 친원파로 양분된 외교의 시점에 현실에 맞물린 세계관이 뼈에 사무친 역사의식과 유·불과 갈등 속에 언재나 자비를 베푸는 신령스런 샘물 나이도 셀 수 없는 긴 세월 앞세우고 변함없는 지조의 상징이다.

3. 스스로 치유하는 산은

인간은 선천성 보다는 후천적인 환경에 따라 그 성정이 형성되어진다고 정신분석학자들의 견해로 정의 되어지는 실정이다. 폭군과 악처도 종이 한 장의 차이이며 자기 주변에서 일어나는 환경적 요소에서 야기되어진 어쩌지 못하는 자기결단의 미성숙의 소산인 것이며 일이었다. 그러나 힘없는 선비가 할 수 있는 것은 동료와 가족에게 경학의 大家지만 늙은 서생의 시심의 공허한 메아리일 뿐이다.

> 그윽하게 사는 들 흥취는 늙을수록 더욱 맑아
> 맞춘 듯 한 새 시가 눈앞에서 지어지네.
> 바람이 멎자 남은 꽃잎 저절로 떨어지고
> 구름은 걷혔으나 보슬비는 모두 개지 않았네.
> 담 머리의 하얀 나비는 가지에서 날아가고
> 지붕 모퉁이에서 날아간 비단 비둘기는 깊은 숲에서 우네.
> 사람과 신이 노니는 소요산은 나의 일을 아는지
> 거울 속의 내 모습처럼 아주 밝은 파장들.
>
> － 「바로 짓다」 전문

即事(즉사)

幽居野興老彌淸(유거야흥노미청)　恰得新詩眼底生(흡득신시안저생)
風定餘花猶自落(풍정여화유자락)　雲移少雨未全晴(운이소우미전청)
墻頭粉蝶別枝去(장두분접별지거)　屋角錦鳩深樹鳴(옥각금구심수명)
齊物逍遙非我事(제물소요비아사)　鏡中形色甚分明(경중형색심분명)

인생은 고뇌의 바다를 헤치고 나가며 살다보면 좋은 일 나쁜 일도 연속적이지 않기 때문에 늘 희망과 꿈이 있는 것이다. 천명인지 인간 질서의 순응해야 하는 기로에 망국과 개국의 수레바퀴의 정치 변화 뒤에 아무리 화려한 꽃이라도 꽃이 아닌 것처럼 생사여탈권 신선한 수사(修辭)의 여운을 부덕의 소치인 자책으로 보면,

3연 "바람이 멎자 남은 꽃잎 저절로 떨어지고" 선비의 처세와 행동 반경 적 파당을 극복하려해도 먼 나라 일 같은 상황들,

4연 "구름은 걷혔으나 보슬비는 모두 개지 않았네."

4, 5연의 권력을 등지었지만, 복잡한 정치세력 멀리하고 야인의 삶을 사는 산림처사의 불안한 내면들,

5연 "담 머리의 하얀 나비는 가지에서 날아가고"

6연 "지붕 모퉁이에서 날아간 비단 비둘기는 깊은 숲에서 우네."

5연은 나비는 무덤을 만들지 않으나, 시신도 가두지 못한 요절한 자식의 비유이고,

6연은 두문동으로 은거한 선비의 슬픈 노래이다.

7연은 "사람과 신이 노니는 소요산은 나의 일을 아는지"

7연 전조에서 세력에 밀리어 유유자적 할 때 백운암에서 영천의 약수로 다주(茶酒)삼매에 젖은 시선(詩仙)이며,

8연은 "거울 속의 내 모습처럼 아주 분명하구나."

억불숭유정책에 앞장섰다가 감당해 내지 못하고 영신암이란 암자를 짓고 왕방산에 은거한 왕방거사(성여완 : 1309(충선왕 1)~1397(태조 6)와 소일하지만 집안과 나라에 변화를 겪으면서 자기 이상과 힘이 미치지 않는 곳에서 일어난 현실들, 걸림이 없는 미학 자연관을 관조하며 부정도 궁정도 할 수 없는 격변기 현실의 양면성 의미를 표착해 시심에 담아내는 심오한 소박함들 나는 살아 있고 사색이 깊어 말년에 시심에 젖어보는 자연의 조화무궁함을 시대의 변화를 은유적 표현에 담아 후학들에게 지혜로운 자산으로 남겨져 전해지며, 24절기에 따라 변하는 산이요, 일이 있어도 너무나 큰일을 겪어낸 노시인의 공허함들……

조그마한 병에 샘물 길어다
깨어진 귀 솥에 노아차를 끓이니.
귓속의 울림들이 밝아지고
코로 그 향기를 맡으니 통한다.
잠시 지나니 흐림이 사라져서
밖의 경치 허물도 보이질 않네.
혀로 맛본 후에 목으로 내려가니
기골이 강해져 정히 평온해지네(몸이 마르지 않고)
영대(원효대)는 좁은 곳에 불과하지만
밝고 깨끗해 생각에 사악함이 없네.
어찌 세상일 관심을 둘 것 인가
군자는 마땅히 집안을 바르게 해야지

－「차를 마신 후에 읊다」전문

茶後小詠(차후소영)

小甁汲泉水(소병급천수)　破鐺烹露芽(파당팽로아)
耳根頓淸淨(이근돈청정)　鼻觀通紫霞(비관통자하)
俄然眼瞖消(아연안예소)　外境無纖瑕(외경무섬하)

舌辨喉下之(설변후하지)　肌骨正不頗(기골정불파)
靈臺方寸地(영대방촌지)　皎皎思無邪(교교사무사)
何暇及天下(하가급천하)　君子當正家(군자당정가)

  차는 물과 하나가 되어야 오묘한 조화가 이루어지는 포법(泡法 : 차를 끓이고 내리는 것)은 느림이며 자간의 미학이 팽주의 청정심(淸淨心)이며 화정사상(和靜思想)이다.
  화자의 시심을 감상해 보면 손수 물을 길어서 차를 내린다. 샘물을 길어 화우법(火候法) 약한 불로 냉기를 가시어 김이 나면 강한 불에 얹어놓고 소리 내어 끓어오르면 잠시 쉬는 멋, 깨어진 곱돌솥에 물을 끓여서 낸 차를 내리면 마시기 전인데도 이명이 사라지고, 향기를 맡을 수 있고, 눈도 맑아지니 회춘이라 눈을 감고 명상에 든다. 상처받은 순간 마음속 깊이 각인되는 것은 인지상정이기 마련이다.
  입안에 굴린 차로 목젖에 넘기면 온몸에 기운이 돌아 마른 몸에 수분이 돌아서 고른 맥박에 들어보는 다선삼매니 이기적인 잡생각도 사라지고 세상사 접을 수 있고, 군자는 의(義)에 밝고 소인은 이리에 밝지만 의를 따라 가문과 화기만가춘이요, 희노애락(喜怒哀樂)이 교차되는 회한(悔恨)에 불확실한 미래를 먼 후일 모두에게 주목되는 가문에 명예회복을 비는 간절함으로 홀로 자연을 벗 삼아 차를 마시고 최고의 경지에 올라 명상에 들어 시선이 되어보는 시심.

4. 훈요십조에서 팔관회와 연등회

  팔관회란 신라 진흥왕(551년) 때 시작된 것을 고려의 왕건이 계승한 토속신(土俗神)의 제사이다. 천신(天神) · 산신(山神) · 용신(龍神) 등 여러 신들에 대한 제사도 겸하면서 전몰장병의 명복을 비는 성격을 띠게 되었다. 무신(武臣)의 갈등 시기인 1174(명종 4년 5월)에 국왕이 삼소산(三蘇山)을 명한다. 삼소(三蘇) 개경(開京) 주위에 있던 세 산을 가리킨다. 지리도참사상(地理圖讖思想)에 의한 지리쇠왕설(地理衰旺說)에 따라 국가의 기업(基業)을 연장시키려고 좌소(左蘇)인 백악산(白岳山 : 장단 백학), 우소(右蘇)인 백마산(白馬山 개풍 대성), 북소(北蘇) 기달산(箕達山 신계)에 각각 궁궐을 짓고 왕(王)이 순행 유주(巡行留駐)하며 지내는 주요 행사로 명산(名山)·신(神)을 섬기는 대회'라고 그 성격을 말하고 있다. 하지만 팔관회는 불가에서 말하는 살생·도둑질·간음·헛된 말·음주를 금하는 오대계(五大戒)에 사치하지 말고, 높은 곳에 앉지 않고, 오후에는 금식해야 한다는 세 가지를 덧붙인 8가지의 계율을 하루 낮 하루 밤 동안에 한하여 엄격히 지키게 하는 불교의식의 하나였다.

송악(松岳 : 개경), 남악(南岳 : 사천 감악(紺岳) 등 오악(五嶽)에서 지내는 행사이다.

연꽃 등에 불을 켜서 어두움을 밝게 비추는 보시행의 한 방법이다. 이 날은 많은 술과 음식으로 임금과 신하와 민가에서 즐기며, 국가와 왕실의 태평성대를 빌고 비는 의식이었다.

그러나 민가에서 민속 신의 제사로 나라의 발전과 개인의 복을 빌며, 외국 사신들이 의전행사로 변해졌다. 팔관회는 개경에서 음력 11월 10일과 서경 10월에서 다주(茶酒)와 함께 개최되었으며, 성종 때 최승로의 건의로 잠시 중지되나, 1010년(현종 원년)에 부활하여 고려 전시기에 매년 지낸 중요한 행사였다.

> 팔관회의 성대한 의식 동짓달마다 여는지라
> 해마다 상서를 내려 해동을 보우해 주시도다
> 음식은 지금도 여전히 우리네 풍속을 준수하고

의관은 고풍을 따랐나니 역시 중화의 풍도로세.
하늘에 비는 마음으로 기도하니 보응이 있고
세상의 도가 널리 퍼져 효와 충으로 이어지며
오물오물 씹다 보니 입 안에 달작 지근한 맛이
변함없이 이어지니 옛일들이 아스라이 피어난다.

- 『종덕이 나에게 팔관회에 다식을 보냈기에』 전문

種德副樞送八關會茶食(종덕부추송팔관회다식)

八關盛禮應黃鐘(팔관성례응황종)
歲降禎祥保海東(세강정상보해동)
肴膳今猶守夷俗(효선금유수이속)
衣冠古亦重華風(의관고역중화풍)
有祈有報天心格(유기유보천심격)
惟孝惟忠世道風(유효유충세도풍)
細嚼微甘生齒舌(세작미감생치설)
依俙當日逐諸公(의희당일축제공)

종덕(1350~1388년) : 호는 삼당(三堂). 同知밀직사사, 정조부사로 다녀온 목은의 장자로 위화도회군 때 매 맞아 죽고, 글씨를 잘 쓰고 효성이 깊었으나 부모를 앞서 죽음으로 효자로 남지 못했다. 시중들지 못함으로 차 마시며, 드시라고 팔관회 전에 보내온 다식을 음미하고서 지난날 가족과의 다과(茶菓)를 그리며, 아들의 정을 잊지 않으려는 아버지의 시심으로 추정되어진다.

아들에게 받은 다식(茶食)으로 우리나라 최초의 문헌에 기록됨으로 그 의의가 있으며, 시심으로 보아서 의복은 변했지만 다식의 전통은 고려풍의 맛과 그 형태가 유지되어 전해짐을 알 수 있음이 소중한 우리민족의 유산이다. 요즘의 경조사 상차림에 오르는 것과 다과로 먹는 다식과는 모양과 재료에 따라 거리가 있겠지만 고려의 차 문화가 발달

했던 시대이며, 원나라 상류사회에서는 고려의 모든 풍속과 물품들이 최고의 자랑이며, 뇌원차, 고려병, 개경약과가 유행했다고 기록되어 있고 원나라의 쌍화점은 자리 잡지 못했다.

또한 조선시대 이익(1579~1624)의 『성호사설』이나 정약용(1762~ 1836)의 『아언각비』에도 다식의 기록이 전한다. 차가 귀하게 되자 의례상에 올리던 단차모양의 용단이나 봉병 대신 곡식가루를 틀에 넣어 이와 유사한 형태로 만들어 대신하게 된 것이 다식의 유래가 되었다고 전하고 있다.

고려 말 다식과 6, 70년대 송화다식은 잔칫날 어쩌다 과하게 기름진 음식을 먹고 설사하는 것을 방지로 막는 약이였고, 현재의 다식은 그 가지 또한 다 열거 할 수 없지만, 그 맛에 화분과 씨앗, 곡식 가루와 꿀, 조청의 오묘함이 깃들어 있어 남녀노소의 사랑받는 다과(茶菓)이었다.

나라에선 사신을 영접하는 예빈사(禮賓寺) 접다방자(接茶坊子), 궁중에는 다방내시(茶房內侍), 상다(尙茶), 다감, 다모, 집례관이 있었고, 선비사회에는 茶동, 불가에선 행자 茶동이 있었다.

각 시도 전통음식 무형문화재(다식, 약과, 한과) 등, 폐백, 제사, 경사용 상차림으로 각 대학에서 석사, 박사 학위가 여러 명이 나왔다.

5. 속내를 감출 줄 모르는 茶

470년 역사의 뒤안길에 된서리가 내린 고려의 종묘 돌솥에서 피어오른다는 향기, 산중 시심 벗인 한 사람은 한 나라의 왕이요, 화자는 산림처사에 사돈(이성계의 장남 진안대군 이방우의 큰딸 목은 차자 종학1361~1392 자 숙무와 결혼)은 누추한 초가집에서 시 짓는 시선 신선의 문도가 되어 세상이 다스려지는 것과 혼란스러워지는 것을 하늘의 뜻만 믿고 살아온 인생관에서 피어나던 고뇌의 흔적들.

1349년 안동 권씨 화원군 권적(權適)의 따님과 혼인하여 3남을 낳았다. 큰아들 이종덕(1350~1388 지밀직)은 위화도회군 때, 매 맞아 죽고, 작은 아들 이종학(1361~1392 부재학)은 감악산에 남을진과 은거하다 부자가 두문동 72인에 든다. 1392년 6월 1일 합천으로 유배될 때까지 장단집에 와서 아버지 병수발을 하였다고 인재집 시 91에 전하고, 고려가 망하고 장사(長沙)현에서 무촌역으로 이배 가는 도중 죽임을 당한다.

인간 중심의 진화론, 올라가면 갈수록 존왕주의적(尊王主義的) 유교 사관을 광암사, 회암사, 지장사, 삼신암에서 뒤돌아보며, 회상 적 서술에 임한 해동의 시인 아무리 궁벽한 땅에도 봄의 기운이 발동한다는 철학의 소유자다. 그를 따르는 문하에서 권근(權近)·김종직(金宗直)·변계량(卞季良) 등을 배출해 조선시대의 인제가 주류를 이루었다. 임진강은 우리나라에서 일곱 번째로 긴 강으로 254km로 마식령 산맥의 북한 강원도 법동군 용포리 두류산에서 발원하여 한강으로 흘러 서해로 흐른다. 옛날에는 더덜나루(다달나루, 더덜매'(언덕 밑으로 흐르는 강))라 하였다는데, 한자로 표기하면서 임진강, 한탄강은 분단의 상징이 되어있고 남쪽으로 흐르는 그 길의 반이며, 바다의 간만으로 썰물에 따라 민물과 바닷물이 들고 나는 곳이라 그런지 군적 또한 장단군, 적성군, 연천군, 양주군. 파주군로 5번이요, 적성면 장좌리, 장자울, 장좌울, 장좌동, 장자못 5인칭의 마을에서 고랑포는 임진강 북안(北岸)의 나룻터이다. 한탄강 임진강이 만나는 삼각평야로 얕은 여울이 발달해 고대로부터 교통의 중심지였다. 고랑포에서는 코앞인 남안(南岸)인 장좌리(적성면)까지 도섭(渡涉 : 걸어서 강을 건넘)이 가능한 수위이기에 6·25때

북한군 제1사단은 전차부대를 앞세워 38선을 넘어서 장좌리로 도하했다. 또한 북한의 124군부대 특수훈련을 받고 1.12사태 때(1968년) 게릴라부대의 김신조(金新朝) 일당도 미 제2사단의 방어선과 철책을 뚫고 고랑포에서 걸어서 임진강을 건넜다.

송경의 지도 성외 사천(백학)

임진강 장자울은 장자(長潴) 큰 연못과 버드나무가 있어 붙은 이름이며, 사구(砂丘)는 다그마노스란 미군 훈련장이 되었지만 아직도 '장좌리'란 이름은 버릴 수 없는 행정리(行政里)이기에 현재에도 부른다. 이 지역에 마을이 형성된 것은 삼국시대 이전이며, 호로고루(호로탄)와 이진미성으로 연결 된 격전장이며, 고려 중기의 다인(茶人)이며, 시인 서하(西河) 임춘(林椿)의 집터와 도은(陶隱) 이숭인(李崇仁) 집과 강정(江亭)이 있었다고 한 지포리(芝浦里)이며, 건너편에 동포리(銅浦里)와 관어대(觀魚臺) 터는 목은(牧隱) 이색(李穡)의 집과 정자였고, 그 이웃에 유항(柳巷) 한수(韓脩)의 집이며, 정자 유항루 시(詩)를 남겼다.

고증이 부족한 시인 묵객들의 별서가 밀집해 있었다고 기록한 허목의 미수기언에 기록된 『괘암』기의 실체인 암각문은 2001년 장좌리 122번지 적벽 구간에 음각된 것이 발견되었으며, 암각 된 글자는 허목의 전서체로 쓴 것으로 파악되었다.

미수 허목(1595~1682)은 목은 선생의 외가 후손으로 연천군 미산면 횡산리 출신으로 전서체의 동방 1인자로, 이조참판, 영의정에 오르고, 문장과 그림 글씨에 뛰어나 1654년 임진왜란 때에 도난 되었다 일본에서 돌아온 목은 선생의 영정(影幀)의 찬인 『묵은 화상기』와 강원도 삼척의 『척주동해비』, 시흥의 『영상 이원익비』등의 비문을 썼다. 문집 『미수기언』 제 9권에 "현종 9년(1668) 여름에 이곳을 찾아가 『괘암』이란 글자와 '미수서라' 4자를 바위에 새겨 고적임을 표시하였음."라고 전한다.

1668년 『괘암(卦巖)』두 글자와 우측에 〈미수서(眉?書)〉라 쓰고 음각한 암각문을 처음 보고 60년 만(1728년)에 다시 와보니 괘암 주인 곽처후(郭處厚), 곽처강(郭處江) 형제와는 그 인연을 묵과 할 수 없지 않은가. 처음 와서 보고, 60년 후에 와 보니 300여 년이 지나면서 글씨가 희미해진 괘암(卦巖)을 새로 새기고, 같이 참석한 괘암 주인 곽처후, 곽처강 형제와 13명의 실명과 고려 중기 시인의 집터와 관어대에서 지은 시가 전한다고 적었는데, 경북 영덕에선 관어대(觀魚臺) 정자를 복원해서 관광명소니 향토문화재로 등록한다니 지역의 역사학자나 향토 연구가는 무엇을 하는지 묻고 싶다.

저서, 1396년 5월 『목은집』, 『목은문고(牧隱文藁)』17권, 『목은시고(牧隱詩藁)』35권 등이 있다. 이성계(태조)와 교류한 시 50여 편, 동문선 외 팔관회와 관계된 의식과 69편의 차시(茶詩)와 6,031수의 시가 전한다,

장단(長湍(연천)의 임강서원(臨江書院), 청주의 신항서원(莘巷書院),

한산(韓山)의 충남 서천의 문헌서원(文獻書院), 영해(寧海 : 경북 영덕)의 단산서원(丹山書院) 등에서 제향(祭享)된다. 시호는 문정(文靖), 묘는 서천 주산면 영모리, 연천군 왕징면 노동리 316에 묵은 영당(수송영당 사진 모사한 것이) 있다.

목은의 연구한 박사학위가 6개, 석사15개, 논문이 50여개가 있다.

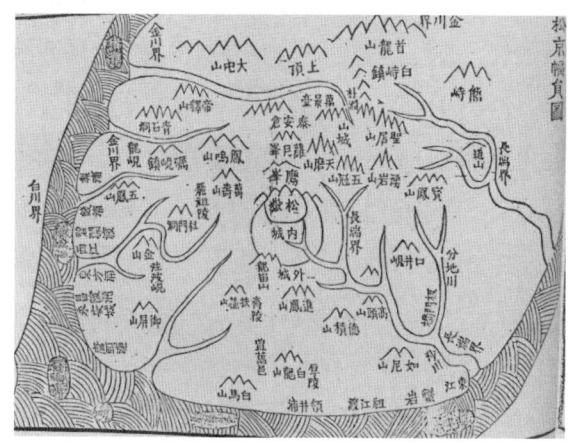

옛 개경지도

호불에 앞장선 함허 기허 詩僧의 다시

1. 땅과 茶는 자신의 일을 확실히 앓고 있다

무문관(無門關)을 지나려는 이에게 조주구자(趙州拘子) 화상은 말했다.

      茶나 마시러 오라(喫茶來 끽다래)
      茶나 마시고 가라(喫茶去 끽다거)
      마음을 두고 간다는(烹客 팽객)
      정신이 빠져 나갔다는(烹主 팽주)

삼백육십 골절과 팔만사천 털구멍이 열리고 닫히는 것은 니가 하는 것이야, 내가 하는 것이냐, 로 화두를 던진다.

저무는 왕조를 불교의 혼돈(混沌)으로 몰아가며, 조선이 건국으로 변화되는 사회 통치이념이 불교계를 덮쳐오는 배불정책의 충격과 불교를 수호한 고승으로 다각적인 활동을 펼쳤던 호불론 자의 수장으로 역사의 수레인 정도전과 신흥세력의 척불정책이란 자체로 지도력의 강화가 대두되는 시점으로 배불에 대응하는 논리의 승려로서 변화를 몸소 겪으면서 사대부와 조정과 왕실로 양분될 때, 함허는 문학과 민속신앙 적 위상을 공고한 종교로서 설정해 포교에 앞장서 불교를 보호하는 의지가 굳고 강하여 세종시대까지 걸어온 진정한 발자취가 크다.

함허, 기화(涵虛, 己和, 1376년 11월17(우왕 2년~1433 세종 15년) : 본관 충주(忠州), 속성은 劉氏, 충주사람, 법호는 득통화상(得通和尙), 당호는 함허(涵虛), 옛 이름은 수이(守伊), 옛 호는 무준(無準). 아버지는 전객사사(典客寺事) 청(聽)이고, 어머니는 방씨(方氏)가 미륵보살에게 기도하여 태어났다고 한다. 어려서 성균관에 입학해서 두각을 드러내며 경서를 배우고, 1387년 21세 때 친구의 죽음을 보고 관악산 의상암에서 삭발하며 출가한다.

이듬해 양주 천보산 회암사에서 무학자초에게 법을 듣고 자초(自超)의 법을 이은 선가(禪家)이지만, 교(敎)에 대한 많은 저술을 남겼고, 교학적(敎學的)인 경향을 강하게 풍기고 있다. 주로『현정론(顯正論)』에 "유교의 人이 불완전한 것에 깊은 회의를 느꼈던 것이 나타나 있듯이", 그의 선사상(禪思想)에는 현실과 일상적인 생활을 수용, 포용하는 특징이 있다. 이것은 조선 초기 유학자들이 배불(排佛)을 주창하면서 문학의 힘을 차용해 호불 이론가로써 '허무적멸지도(虛無寂滅之道)'라고 비판한 것을 반박하기 위한 것이었다.

『반야경』,『금강경오가해』등을 설하며, 여려곳에서 수행 법문 중 왕이 양주 회암사 주지로 임명하나 은둔했다. 태종 4년(1404) 태조는 골육상쟁의 업으로 소요산 행궁에서 송원거사로 불교로 귀의 할 쯤 회암사로 돌아와 좌선에 들어 홀로 크게 깨닫는다. 1406년 공덕산(功德山) 대승사(大乘寺)에서 4년 동안『반야경』을 설했고, 1410년 개성의 천마산 관음굴(觀音窟)에서 선풍을 진작하였다. 1411년부터 절을 중수하고 스님과 속인을 가르쳤다. 1414년 자모산(慈母山) 연봉사(烟峯寺)의 작은 방을 함허당(涵虛堂)이라 명명하고,『금강경오가해설의(金剛經五家解說誼)』를 강의한다.

또한 유, 불, 도 사상을 하나로 융화시키는 삼교일체사상을 제창한다. 배불정책에 대항하기 위한 의미가 내포되어 있었다. 불교를 허무주의라 비판하는 기득권층들의 오류를 시정코자 했던 것이다. 1421년에는 세종의 명으로 개성의 대자사(大慈寺)에 머물렀고, 운악산 등을 두루 편력해 나가며 일승(一乘)의 대승사상인 자비의 가르침을 펼친다.

함허당의 일화도 당시의 그와 같은 배경과 무관하지 않다. 사불산에 머물 때 내용이 다른 두 권의『금강경설의』를 지었다. 제자들을 불러 "하나는 태우고 하나는 땅속에 묻으라"고 이르는 것이었다. 세월이 지나 세조 때에『금강경설의』를 파묻은 자리에서 홀연 상서로운 기운이 뻗쳤다.

그러자 제자 홍예(洪預) 등은 임금께 아뢰었고, 땅속에 묻혔던『금강경설의』는 세종, 세조시대에 종단통폐합과 절 땅과 노비 몰수 등 배불정책이 극에 달하자 그 이치 등 불교의 정법을 밝힘으로서 유학의 불교비판의 오류를 시정시키고자 노력한 고승이다.

불교를 숭상하는 왕을 도와서 불경을 한글로 번역을 간행한 공으로 산문 밖으로 나오게 된다. 조정에서는 불경에 밝은 김수온(金守溫 : 1410~1481)에게 주석을 붙이게 해서 이 책을 세상에 널리 배포시켰다. 함허당은 대중에게 불법을 알리기와 동시에 그의 신통력까지도 가늠해 볼 수 있는 대목이다.

함허가 남긴 시 중 茶詩 3수가 전한다.『옥봉의 각령에게 향, 차, 밤을 올리는 말』,『진산화상에게 향과 차를 올리는 말』,『山中味(산중미)』등이다.

2. 영천 석굴에서 바라보는 구름

5천년 역사를 잉태하며 묻는 것도 산이 보듬은 자비로 이루어진 산의 정기이다.

　소요산 소요사, 왕방산 낙도암, 천보산 회암사를 지름길로 오가며 무학대사의 법맥을 이어받아 소요산 시와 많은 茶詩를 남기며, 지나간 발자취를 거슬러 올라가며, 꿈과 목적이 있으면 하루가 여삼추라는 시차에 성찰의 의식을 담아 茶시를 통하여 내놓은 가치관,

　　　　산 깊고 골도 깊어 찾는 사람이 없고
　　　　하루 종일 고요하여 세상 인연 끊어졌다
　　　　낮이 되면 한가히 산혈서 나는 구름보고
　　　　밤이 오면 부질없이 중천에 뜬 달을 본다
　　　　화로에 피어올라 차 달이는 연기의 힘은
　　　　평지 위에 향기로운 옥도장의 연기이다
　　　　시끄러운 세상일은 꿈에도 꾸지 않고
　　　　다만 선정의 기쁨에 들어 앉아 세월 보낸다.

　　　　　　　-『산중의 멋이란』전문

　　山中味(산중미)

　　　山深谷密無人到(산심곡밀무인도)　盡日寥寥絶不綠(진일요요절불녹)
　　　晝則閑看雲出岫(주즉한간운출수)　夜來空兒月當天(야래공아월당천)
　　　爐間馥郁茶烟氣(로간복욱차연기)　堂上氤氳玉篆烟(당상인온옥전연)
　　　不夢人間喧擾事(불몽인문훤요사)　但將禪悅坐經年(단장선열좌경년)

　아늑한 흐름에 일체를 묻고 가식과 잡념을 떨쳐내려고 선정에 들며 다가오는 망기 소요산에서 수행에 있어서 이론을 넘어 잠자는 지성을 깨우는 선정에 들면 꽃이 필 무렵이면 자기의 숨겨진 색을 더욱더 발하는 것이며, 교종과 선종의 구애됨이 없이 여려 방면에서 조예가 깊은 차 정신 갈차(喝茶 : 차를 마셔 음미함)의 근본인 망형과 망기 수많은 선지식들이 소요하며 머물다 낮에는 영천(靈泉)이 샘솟는 석굴에서 구

름을 보고, 고요를 감싸 않은 어둠이 내리면 요사에서 백운대에 뜬 달을 본다.

화로에는 차 달리는 연기가 정자 위에 춤을 추면 향기로운 옥전에 어리는 수증기는 번뇌 많은 세상일에 꿈도 꾸지 말고 선열(禪悅 : 禪定에 들어선 환희(歡喜)심을 맛보라는 시심, 실체가 들어나지 않게 음다안락(飮茶安樂)이 무르익은 정진에서만 느낄 수 있는 진한 감동들……

3. 배불의 시심을 나오며

진산화상에게 향과 차를 드리어 올리니
-차를 받들고 이르기를

    한 잔의 차는 한 조각 마음에서 나왔으니,
    한 조각 마음은 차에 담겼네.
    이 차 한잔 맛보시게,
    한 번 맛보시면 한량없는 즐거움이 생긴다네.

爲珍山和尙獻香獻茶垂語(위진산화상헌향헌다수어)

- 奉茶云(봉차운)

一椀茶出一片心(일완차출일편심)　一片心在一椀茶(일편심재일완차)
當用一椀茶一嘗(당용일완차일상)　一嘗應生無量樂(일상응생무량락)

이 차 한잔에
옛날의 내 정을 드려낸 것이요
차에는 노스님 풍류를 머금이라네
그대에게 권하노니 한 번 맛보시게
　　　　-「옥봉의 각령에게 향, 차, 밤을 드리며 올리며」 전문

爲玉峰覺靈獻香獻茶獻飯垂語(위옥봉각령헌향헌다헌반수어)

此一椀茶(차일완차)　露我昔年情(로아석년정)
茶含趙老風(차함조로풍)　勸君嘗一嘗(권군상일상)

　나름대로 깊은 고뇌와 구도의 성찰을 탐구를 통해 불도의 진실과 깊이를 텅 비고 고요하며 본래는 한 물건도 없다는 게송으로 불도의 수행을 정리하였다.

　1431년 희양산(曦陽山) 퇴락한 봉암사(鳳巖寺)를 중수하고 머물다가 1433년 나이는 58세 법랍은 38세에 봉암사에서 입적, 비는 봉암사에 있고, 자식을 잉태하지 않는 땅처럼 사리는 다섯 곳에 나누어 부도를 모셨다. 희양산 봉암사, 황해도 현봉사, 정수사 요사 뒤와. 운악산(현등산) 가평 현등사.

　태조 3년까지 자초와 회암사에서 지원을 받던 인봉사는 기록이 유실되었지만 회암사 말사가 아닌지, 억불정책으로 집요하게 불교가 배척당하고 있는 시대적 배경 속에서 문인으로 문수(文秀)·학미(學眉)·달명(達明)·지생(智生)·해수(海修)·도연(道然)·윤오(允悟) 등이 있다.

　저서는 『원각경소(圓覺經疏)』 3권, 1417태종 17년 『금강경오가해설의』 1~5권(보물 제177호), 『금강바라밀다경윤관(金剛波羅蜜多綸貫)』 1권, 『함허득통화상어록(涵虛得通和尙語錄)』 1권, 『반야찰문(般若懺文)』 2질, 『반야경대의(般若經大意)』 1권, 『현정론(顯正論)』 1권, 1482(성종13년) 『금강경삼가해(金剛經三家解)』 등이 있다고 하나 전하지 않는다. 대장경 고승 편에 시와 한국선시 김달진 역 35수가 전한다.

3부
치향 바람에 날리며

현모양처의 슬기로움을 시로 풀어낸 양주의 여인/ 영수각 서씨
몰락한 반가의 천재시인 해학적 孤節/ 김삿갓
양주의 매화향기가 피워낸 詩脈/ 유한당 홍씨

현모양처의 슬기로움을 시로 풀어낸 양주의 여인
- 영수각 서씨론

1. 들어가며

영수각 서씨(令壽閣 徐氏, 1753년 9월 19일 영조 28년~1823년 8월 21일 순조 23년) 조선후기의 여류시인, 영수각은 당호이며 부친은 강원도관찰사와 대사간을 지낸 서형수(徐逈修, 1725 영조1년~1778 정조 2년)딸로서 장성한다. 그 집안은 아우 유망과 이복형제 사이도 남달리 우애가 깊고 다복한 사이라고 화자의 시심 속에 응고되어 있음을 주지하면서 대가족시대의 넉넉함. 이미지보다 도리와 이치를 간결한 일상어로 화자의 신변을 표현한, 시심 속에 언어의 영성(靈性)의 치열함과 외적으로 인한 정서와 외직으로 떠돌며 고향의 상실에 대한 망향의 정이 무형을 뛰어넘어 응고된 암시를 주지시킨다.

조선후기시대의 남존여비 정서(男은 밖 女는 안)는 깊은 사념과 주술적 모정을 형상화된 시심에도 찰나와 영겁이 공존함을 느낀다. 자연의 질서와 인간의 마음을 지배하는 번뇌 망상을 시각적 또는 청각적인 감각을 사회 상황을 융합해 은유 또는 직설의 시로 아로새겨 사랑을 갈구하던 시심은, 개인문집「영수각고」, 부군의「족수당집」, 「풍산홍씨세보」, 큰아들의「연천집」, 막내아들 해가제시초에〈동가십영〉화답시 10편, 「대동시선」(장지연 편), 「여류시선」, 「증보해동시선」 113

명(李圭瑢 편), 중국에서 발행된 「東洋女流詩選」에 朝鮮時代女人 44인의 시로서 전해 내려온다.

어려서부터 책을 가까이 하며 총명해서 글 읽기를 좋아하였으나, 여자가 글을 배우고 논하면 박명하고 복이 없다는 속설에 집안에서 꺼려해도, 어깨 넘어와 침묵 속의 틀을 깨며 배우고 익힌 학구열과 슬기로운 시심은 자식과 후세에게 전해져 온다.

17세의 차이가 나는 남동생은 양주목사, 대사성을 지낸 서유망(1766 영조 24년~1813 순조 13년)에게 귀감이 되어 어머니처럼 따르는 우애로 출가해서도 지내왔다. 가풍으로 인한 남다른 지식과 견문을 아로새겨 그 쌓인 지혜로움을 겸비하고, 문장가요 명문인 홍씨 문중에 영의정 홍낙성(洪樂性, 1740 영조 16년~1777 정조 1년)의 아들 홍인모(洪仁謨, 1755 영조 31년~1812 순조 12년)와 고근체시古近體詩 2천여 편을 남기고, 두 살 아래인 홍인모와 혼인하여 부인으로, 3남 2녀를 낳아서 3남을 정승으로, 큰딸 원주는 시인으로 키워서 永平의 沈宜奭(청송인) 작은 딸은 연안이씨 이정구의 후손 이회여(李晦汝)에게 출가하나 이회여는 아버지 병간호를 하다가 아버지는 살리고 자신은 혼사한 지 6년만인 정축년(1817) 겨울 임지인 의령현감 재직 중 과로사로 죽었으니, 두 딸을 수절시킨 현모양처의 어머니다. 당대의 문장가인 연천淵泉 석주奭周(1774 영조 50년 1842 헌종 8년) · 항해抗瀣 길주吉周(1786 정조 10년~1841 헌종 7년) · 永明위 현주顯周(1793정조 17년~1865 고종 3년) 등 정승반열의 시인이며 대 문장가로 3형제를 역사의 한 페이지에 기록되도록 키워낸 장한 어머니요 정경부인으로서, 규수 시인 유한당幽閑堂 원주原周와 정조의 딸 숙선옹주(1793정조 10년~1836 헌종 2년)의 시어머니로 왕실의 사돈으로 손자 홍우철은 경기감사에 이어 강화유수를 지냈다.

헌신적 모정의 힘으로 염원이 깃들인 정성이 통하여 돌아오는 자식들은 보답과 답신, 노을에 타는 불꽃의 아름다운 어머니의 뜨거운 정, 내제된 잠재의식적 차원에서 죽고 사는 삶의 의욕으로 양주에서 뿌리를 내렸지만, 권불 무상이요, 반가는 언제 어느 때 당파에 휘말릴지 모르는 정치의 수레바퀴를 쉽게 피해 갈 수 없음을 피부로 느끼며, 70수를 살다가 지병인 당뇨병으로 영면해 경기도 장단군 공덕리 선산에 (현재 파주 군남면 송산리) 부군의 묘에 합장되었다.

그 사랑과 애환이 농익은 삶의 여정에 수를 놓고 간 여인의 정서 79편의 작품을 모은 『영수각고令壽閣稿』 활자본 48장(매장 10행, 매 행 20자)와 116편이 전해지고 남편 홍인모의 문집인 족수당집足睡堂集, 제 6권에 부록으로 전하며, 큰아들 좌의정 홍석주 묘표墓表와 정경부인 行狀, 막내아들 시집 속에 「동가십경」이 함께 전한다.

2. 지적이미지와 모정

영수각의 시심 속에 아롱진 여인의 정한과 조선시대 아녀자의 내조로 이어지는 조율의 미와 한시를 탐구한 필자는 객관과 주관적 요소와 생성과 사멸의 과정을 거치면서 대가족시대의 깊은 정으로 농익은 그리움과 사회구조적 모순 속에 꽃피운 향기를 더듬으며 긴 시간 여행 속 시심을 탐미해 들어가면서,

　　　　은하수가 점점 기울어지니 새벽 구름이 많고
　　　　모든 나무의 노을은 푸른 파도와 같구나
　　　　닭이 우니 한양 가는 손을 보내야 하는데
　　　　헤어짐을 해마다 몇 번이나 더 해야 될지

　　　　　　- 〈막내아들을 서울로 보내는 시에 차운함〉 전문

次韻送季兒還京(차운송계아환경)

星河漸落曉雲多(성하점락효운다)　萬樹烟霞煙綠波(만수연하연록파)
鷄鳴裝送漢陽客(계명장송한양객)　此別年年幾度過(차별년년기도과)

　나이어린 아들이 12살 때 8개월 연상인 옹주의 부마가 되어 살아가는 것이 애달프고 신접살림 집은 정이 붙지 않아 서성기리며 어쩌다 오는 집이지만, 영명위의 떨어지지 않는 발걸음을 알고 있는 어미의 심정을 지엄한 왕실의 법도에 어쩌지도 못하는데, 왜 이리 시간은 빨리 흐르는지 아침이면, 또 보내야 하는 이별 일 년이면 수없이 하건만 왜 이리 애절한지 모자지간이지만 긴 이야기 할 시간도 많이 있지 않아서 떠나는 아들에게 시를 읽고 마음에 새기라는 지혜로움 속에 200년 전의 반가의 생활풍습이 하나의 의문부호처럼 떠올라 아스라한 잔영이 되어 숨 쉰다.

동호東湖의 옛 별장이 남성南城에 가까워
아침저녁 오가는 십리의 길이 평탄하다
나그네는 흥이 나면 달빛을 타고 가고
어부는 길에 익어 강물 거슬러 가누나

모랫가 갈매기는 안개 속에서 자고
물속의 어룡은 파도를 만들어 내니
풍진에 머물면서 돌아오지 않으니
늘그막에 고향 생각 더 간절하네.

－〈막내아들 구호에서 유람하며 부쳐 보낸 시에 차운함〉전문

次季兒游鷗湖寄示韻(차계아유구호기시운)

東湖舊墅近南城(동호구서근남성)　朝暮來還十里平(조모래환십리평)
遊子興深乘月去(유자흥심승월거)　漁人路熱搠江行(어인로열삭강행)

沙邊鷗鷺夜烟宿(사변구로아연숙)　水底漁龍傲浪生(수저어룡추랑생)
留滯風塵歸未得(유체풍진귀미득)　白頭添作故園情(백두첨작고원정)

　거북이걸음에 풍요한 균형 이루며, 부마의 신분으로 하루에 십리 낯선 길의 유람을 되풀이하다. 신이 나면 밤이라도 달빛 벗 삼아 강을 타고 오르는 어부와 눈 맞추며 오르면, 모랫가 갈매기는 안개 속에서 꾸벅이고, 물속에 어룡이 사는지 물살을 만들어 파도의 흉내를 낸다. 모자가 간직하려고한 소중한 흔적조차 지우고 인생사 피고 지는 세상 근심에 잠시 머뭇거리다. 기별도 없이 사라지니 구름에 덮어 놓은 고향집은 말년이라 그런지 목마른 감정을 유출하고 있다.

꿈에 지란芝蘭이 핀 방에 들어갔더니
또한 옥수玉樹의 곁인가 의심하더랴
흐르는 구름 흐르며 쉬지 않으며
백발의 마음속은 점점 급해만 지네

늙은 나무라 바람에 울어대고
차가운 별이라 눈빛을 더 하네
오래 이별함을 꺼리지 않노니
오로지 행장行藏을 삼가기 바랄 뿐이네.

－〈막내아들이 보내온 시에 차운함〉전반부

次季兒寄示韻(차계아기시운)

夢人芝蘭室(몽인지란실)　還疑玉樹傍(환의옥수방)
流雲行不息(유운행불식)　白髮意逾忙(백발의유망)

老木風生響(노목풍생향)　寒星雪有光(한성설유광)
不嫌久離別(불혐구리별)　唯願愼行藏(유원신행장)

너를 그리다 또한 잠을 못 이루고　戀爾還無寐(연이환무매)

파란 등불 긴긴 밤을 새워 버린다　靑燈氷夜焚(청등빙야분)
배회하며 북극성 쳐다보고는　排徊瞻北極(배회첨북극)
애달프게 남녘 구름 바라보누나　招悵望南雲(소창망남운)

들녘 저자엔 닭소리 요란하고　野店鷄聲亂(야점계성란)
관아官衙에선 새벽 인사 나누는구나　官樓角語分(관루각어분)
은근히 몇 글자 적어 보내니　慇懃書數紙(은근서수지)
힘써 네 아비께 보답하여라　努力報吾君(노력보오군)
너를 그리다 또한 잠을 못 이루고　戀爾還無寐(연이환무매)
파란 등불 긴긴 밤을 새워 버린다　靑燈氷夜焚(청등빙야분)
배회하며 북극성 쳐다보고는　排徊瞻北極(배회첨북극)
애달프게 남녘 구름 바라보누나　招悵望南雲(소창망남운)

들녘 저자엔 닭소리 요란하고　野店鷄聲亂(야점계성란)
관아官衙에선 새벽 인사 나누는구나　官樓角語分(관루각어분)
은근히 몇 글자 적어 보내니　慇懃書數紙(은근서수지)
힘써 네 아비께 보답하여라　努力報吾君(노력보오군)

　　- 〈막내아들이 보내온 시에 차운함〉 후반부

　인간의 삶은 각도가 없이 진행되어 어중간한 차이 8개월 연상인 옹주와 혼인하여 부마로 살고 있는 막내아들 영명위가 보내온 편지에서 숙선옹주 비밀(질구 미 발육) 장애를 털어놓은 느낌의 시를 받았는지, 이 시에서 그 느낌이 농후하게 있는지 혹시라도 어린 아들이 서투른 행동이 염려되어 노파심이 잉태되고 있는 유사한 발상의 시심, 꿈에 지란芝蘭이 핀 방에 들어가더니 또 한 옥수의 곁인가 의심했고, 세월은 잠시라도 머물지 모르고 매정한데 어미의 마음은 속이 타고 애간장이 녹아도 말할 수 없는 현실에, 치료도 할 수 없으니, 이것이 날벼락 아니고 무엇이랴. 그러나 여인의 따스함으로 성년기가 다가오는 여인이요, 며느리와 아들의 고통을 배려하려는 지혜, 엄격한 언어로 구분된 속사정을 생각하면 아들에게 큰 죄를 짓은 것 갔고 그럴수록 행동과 행실을 조심하라고 당부 잊지 않는 어미의 슬기로움, 연민과 모정으로 아들 걱정에 잠 못 들고 한 번 형성되면 사라질 때까지 한 번도 움직이지 않는 북극성 같은 부마의 삶(부마는 첩도 재혼도 못한다는 국법이 있다) 이 더 애달프고 멀리 있는 아비는 임지인 관아에서 평온하게 맞는 일상에서, 은근히 몇 글자 적어 보내니 힘들고 어려워도 네 아비께 보답하라는 어머니의 의미심장한 당부이다. 남자 특히 부마에게는 바람이 들면 무처럼 버려진다는 속담의 의미를 상기시키는 시 한 수, 가정의 화평을 위해 노심초사하는 일상을 그렸다.

聞舍弟牧楊洲(문함제목양주)

문밖에 나가 서울을 바라보고   出文望京洛(출문망경낙)
또다시 양주 쪽에 고개를 돌리니   回首復東州(회수복동주)
산 빛은 변함없는 그림 같은데   山色揮如畵(산색휘여화)
바람소리에 어느새 가을이 온다   風聲直似秋(풍성직사추)

구름을 보면 구름은 산골에서 나오고   看雲雲出岫(간운운출수)
달빛을 밟으면 달은 누각을 텅 비우며   步月月虛樓(보월월허루)
나무 위에 새는 홀연히 놀래 깨어나   林鳥忍驚宿(임조인로숙)
울면서 날아가며 무엇을 찾으려는지.   飛鳴河所來(비명하소내)
京洛(서울), 東州(동주) 양주(楊洲)

- 〈아우가 양주 목사가 되었다는 말을 듣고〉 전문

뒤 돌아볼지 모르는 시간, 길섶을 지나가 가는 세월에 밀려서, 소멸과 생성을 윤회에 함구하고 그 자리에 서 있는데, 1810년 어수선한 시국에 병약한 동생이 35세의 중년으로 양주목사가 되어 정승반열에 다가서 임지인 양주로 온다고 생각하니 세월의 빠름과 기쁨이 교차되어 회한이 더 한다. 함흥에 1800체, 울산에 500체의 민가에 큰불로 2천 3백 채의 민가 불타고 황해도엔 태풍 피해로 민가 3000호와 인명 피해가 많고 흉년이라 나라에서 금주령을 시행하고 수십만 명에게 곡식〔撒〕 54만석을 풀어 분배하고 이재민을 구호하기 시작했지만, 전국 곳곳에서 폭동이 일어나던 시기인데 그것도 이웃에 목사로 온다는 반가움보다 아녀자로 걱정이 앞서 안타까움에 젖어 쓴 시속에 57세 때의 화자의 집 위치를 가늠하게 한다. 우리 민족은 남향의 집을 선호해 90프로 이상이 남향집이며, 반가 집은 그 확률 더 높다.

이 시 1연에 문을 나가 서울을 보고 머리를 돌려 양주 즉 관아를 생각한다고 쓰여 있다. 막내아들 영명위는 淸凉山房에서 살고 화자의 집은 의정부 사폐산 아래쯤으로 추정된다.

또 한 화자의 57세 작품의 詩 속에선 친정이 성 남쪽이라고 젖고 있는 시가 여러 편 속에 응고되어 있다.

    * 서유망은 1810 순조 10년 4월 부임(1812 순조 12년) 1월 28일 대사성으로 영전 1년도 못 넘기고 47세에 영면한다.

冬夜讀書(동야독서)

해맑고 절절한 거문고 소리   淸切琴聲轉(청절금성전)
창망한 칼의 기운 적막한데   蒼茫1劍氣虛(창망검기허)
매화나무 한 밤중에 눈에 비낄 때   梅橫三夜雪(매횡삼야설)
달은 침상 위의 책 비추는 구나   月照一牀書(월조일상서)

애잔한 불에 차〔茶〕 끓임이 더디고   細火烹茶緩(세화팽다완)
엷은 향기는 술 데울 때 피어나니   微香煖酒餘(미향난주여)
흐린 등불은 낡은 벽에 걸려 있어   疎燈掛古壁(소등괘고벽)
어슴푸레하게 새벽빛 다가서오네   耿耿2曉光徐(경경효광서)

    * 1) 滄茫, 넓고 멀어서 루프고 아득한 것,
       2) 耿耿, 마음이 편안하지 않은 것

    - 〈겨울밤 글을 읽으며〉 전문

동지섣달 기나긴 밤이면 산재한 근심으로 잠이 오질 않아서 해맑고 뜻 깊은 거문고 음율音律, 시퍼런 칼 기운은 힘 떨어지면 허무로 다가오지만, 애상愛想의 공간에서 눈을 털고 꽃을 피우는 매화나무도 긴 겨울잠에 빠졌고 글을 읽으려 해도 잡념이 꽉 차니 서툴고 달빛은 이불과 책에 들어와 앉았는데, 정신은 놀이를 나갔는지 책도 읽을 수 없어 화롯불 뒤적여 찻물 끓여도 김이 더디 오른다. 그 기다림이 지루해 술에 찬 기운을 데울 때 피어나는 은은한 향기에 취하니 낡은 벽에 걸린 희미한 등잔불은 새벽이 밀어낸다. 독수공방의 여인의 다정한 벗, 책과 차와 술을 차려놓고 딸을 불러 음미하며 긴 밤을 사르는 내방內房의 정경에 핀 서정을 그렸다.

次杜韻送庶第有用適舍弟楊洲住所
(차두운송서제유용적함제양주주소)

골짜기의 새들은 잔가지에서 울어대어 　谷鳥啼寒樹(곡조제한수)
숲의 바람은 이별 알려려 불어오니 　林風吹別筵(림풍취별연)
외로운 구름 진수秦樹밖에 떠 있고 　孤雲秦樹外(고운진수외)
잔설은 농산隴山 등성에 깔려 있다 　殘雪隴山邊(잔설롱산변)

어지러운 닭소리에 놀라 일어나 　喚起鷄聲亂(환기계성란)
돌아가려 인사말이 어수선 하니 　催歸角語傅(최귀각어부)
꾀꼬리 우는 들판이 어디메인지 　鶺原何處是(령원하처시)
하루 지내기가 흡사 한 해 같네 　度日強如年(도일강여년)

*꾀꼬리 우는 들판; 형제가 단란하게 함께 사는 것을 비유함.

- 〈두시에 차운해 이복아우가 일로 아우 임지 양주에 가는 것을 보며〉 전문

17살이나 차이가 나는 누나라 어머니 마음과 다르지 않고, 이복동생과 의좋게 지내면 얼마나 좋으랴, 산골짝이에서 불어오는 바람은 뼈 속까지 시리고 소름이 돋는데 철없는 새는 잔가지에서 노래하고 불행한 숲속의 바람이 헤어짐을 재촉하며 불어오면, 잔설은 농산능선가에 녹지 않았는데 질서 없는 닭소리에 잠을 깨니 헤어지는 인사말로 장사진을 이룬다. 세치 혀의 모사로 칼을 가는 궁안 어디에선 권모술수가 하루를 일 년 같이 길고 길게 하는 어수선한 시절 아우 유망이 양주목사로 있는데, 이복동생이 관아로 가는 길에 화자 집에 인사 왔다 간다기에 배웅하는 것을 지은 시, 벼슬이동으로 헤어짐을 노심초사로 애간장 타는 일상을 중국의 두시를 빗대어 지어 놓았다. 사회구조와 권력 위에 난무하는 당파의 대립에 왕의 사돈지간도 불안한데 다른 이는 살얼음판의 곡예로 피가 마른다. 하루 해가 일년같은 긴박감의 1811년 나라 안 정서는 2월은 곡산부에 박대성의 폭동과, 3월 천주교 금지령이 내렸고, 9월은 가산 홍경래 난으로 어수선한 시국에 병약한 아우를 걱정하는 의미심장한 은유법, 1812년 4월 임기 20개월 만에 영전되어 대사성을 지낸 후 세상을 버린다.

3. 꾀꼬리 우는 들판에서

次送鶴楊洲韻(차송학양주운)

학을 타는데 어찌 또 돈을 가져야 할까?
乘鶴寧須更帶錢(승학영수경대전)

창주滄洲에 함께 못 갈까 두려워 하네
滄州惟恐未同還(창주유공미동환)

돌아갈 맘 도리어 구름 속의 새 같은데
歸心却似雲中鳥(귀심각사운중오)

무엇 때문에 새장에 학을 가두어 놓으리
河事樊籠鎖白鶴(하사번롱쇄백학)

돌아갈 땐 산 살 돈이 필요가 없고
歸來不用買山錢(귀내불용매산전)

묘군卯君이 같은 날에 돌아가길 바랄 뿐이네
但願卯君同日還(단원묘군동일환)

길들이던 학을 먼저 보내 주는 건
聊將馴鶴先相贈(료장순학선상증)

가을바람에 흰 새를 놓아 줌이 어떠할까
河似秋風放白鶴(하사추풍방백학)

- 〈학을 양주에 보내라는 시에 차운함〉 전문

친정 아버지의 시에 자식 걱정하는 운을 보고 시의 첫 연부터 벼슬을 유지하려면 돈을 가져야 할까 라는 의문을 남긴다. 宮에 입조할 때 입는 관복에 학이 두 마리 수놓아 있다. 옛 시절에도 자리를 유지하려면 적지 않은 재물이 필요했던 모양이고, 오르면 오를수록 불안함이고 뒤돌아가려도 길이 막히거나 난간이요, 보이지 않는 구름 속이니 어찌 사람에게 벼슬을 씌워서 가두어 놓고 미래라 하는지, 죽은 후에는 선산과 재물이 무슨 소용이며, 가는 날이 부군과 같은 날이면 그 무엇을 더 바랄까, 나이 먹은 학에게 자유를 주는 것은 군왕의 힘으로 어찌하지 못하는지 잔잔한 원망이 깔려 있어 그 시대의 실상이 느껴진다. 창주滄州 신선隱者이 숨어 사는 곳, 부군 홍인모와 친정 아우 유망의 작은 소망을 대변한 수사학적 의미가 있다.

送別兩兒(송별양아)

아침 해가 높은 다락 위로 올라　朝―上高樓(조일상고루)
내 집 앞의 나무숲에 내려앉으면.　照我堂前林(조아당전림)
먼 나그네는 시름겨운 잠을 깨고　遠客罷愁眼(원객파수안)
큰 나무는 짙은 그늘 만들어내고　喬木垂濃陰(교목수농음)
깊은 골짝의 새들은 어울리어　幽禽相和鳴(유금상화명)
서로 정답게 울며 노래하는데.　關關[1]共好音(관관공호음)
이때에 두 아들 보내노라니　此時將送人(차시장송인)
먼 길은 고금에 뻗어 있다　長途橫古今(장도횡고금)
보내는 내 정도 옅지 않지만　離情我不淺(리정아부천)
떠나는 너희 회포 더욱 깊으리　別懷爾更深(별회이경심)
오는 가을이면 서로 다시 만나리니　會面在淸秋(회면재청추)
이제 새삼 어찌 서러워하리.　伺必復傷心(사필부상심)

  * 1) 關關. 새가 우는 소리.

　　　－〈두 아들을 보내며〉전문

　길을 떠나려면 이른 새벽부터 부산함을 떨어야 된다. 해가 담을 넘어와 길을 재촉해도 큰 나무는 빛 그늘 만들어 아쉬움을 붙들고 숲속에서 선잠을 깬 새들은 바람을 가르며 노래 부르니, 보내는 이도 떠나는 이도 다 풀지 못한 정, 가을이 되면 돌아와 만날 수 있으나, 새삼스럽게 섧다하지 말라고 한다.
　달빛 같은 은은함에 애정으로 아들이 임지, 아니면 외국에 사은사로 떠나는 풍경인 집의 구조와 마을 정경이 묘사된 어미의 사랑이 반복되는 이별의 애절함에서 오는 감정이입 형연의 끈으로 맺어진 관계를 위로하는 의도적인 수사법이다.

　次兩兒中寄示(차양아중기시)

앞산을 바라보면 해는 기울려 하고 　前山看向夕(전산간향석)
고개 위에 저녁 구름은 바쁘다 　　　嶺上暮雲忙(령상모운망)
끊임없이 흐르는 빛은 저물었는데 　冉冉¹⁾流光晚(염염류광만)
가는 길은 아스라이 멀고도 멀다 　　迢迢²⁾行路長(초초행로장)
정을 머금은 들판에 풀은 푸르고 　　含情庭草綠(함정정초록)
이별을 아껴둔 들꽃은 향기롭다, 　　惜別野花香(석별야화향)
너희를 보내면 고향산은 더 멀어 　　送汝鄕山遠(송여향산원)
고개 돌려 보니 더욱 아득하여라 　　回頭更杳茫(회두경묘망)

* 1) 冉冉(염염), 세월 가는 모양.
　2) 迢迢(초초), 먼 모양

- 〈두 아들이 도중에서 보낸 시에 차운함〉 전문

　지는 노을의 풍경에 시의 영역을 승화시켜 모자지간의 연속적인 정의 교감, 예나 현재나 자식과 나누는 반복되는 이별이지만 애잔함이 넘친다.
　한 자식이 아닌 두 아들이 떠나가니 너무 아쉬워 도중에서 묻는 안부 편지와 시, 끝없는 기다림과 그리움, 나이 들어 불편한 몸, 그 마음을 알아주는 자식의 심성에서 풀 향기와 꽃향기로 읽는 모정은 시인 가족의 정서가 밀도 있는 정한을 쓸쓸한 곳에 피어나는 그리움이 되어 어머니에게 이어져 숨 쉬고 있다. 앞산에 지는 해는 화자요, 고개 위에 구름은 멀어지는 자식이 가야할 멀고 먼 길이다. 자식이 떠나고 없는 임지에서 인생을 한 번 가면 단절되어 오지 못하는 것인데, 고향은 더 멀게 느껴지고 잊으려 하면 할수록 더 그리운 그리움의 이미지, 장성한 자식과 화자의 병고와 세월의 무상함의 이미지가 농익어서 피어난다.

　億靑潭(억청담)

　깊은 연못가에 내 집 있는 곳 　　潭上有吾廬(담상유오려)

멀리서 그려봐도 신선도 같은데　迢遞似仙居(초체사선거)
　　바위 절벽은 그 빛이 더 영롱하고　巖壁相玲瓏(암벽상령롱)
　　작은 소나무는 우거져 둘러 서 있고　杉松繞扶疎¹⁾(삼송요부소)
　　홍취에 겨운 큰 바위에 앉아 있어　乘興坐盤石(승흥좌반석)
　　작은 물고기를 멋대로 세어 본다　隨意數細魚(수의수어어)
　　거문고를 안고서 달을 희롱해 보니　抱琴還弄月(포금환롱월)
　　흰 구름이 가득 책상에 서려 있네　白雲滿床書(백운만상서)

　*1) 扶疎(부소), 초목의 가지와 무성한 모양.

　　　- 〈청담을 추억하며〉 전문

　화산에 석포천이 있다는 靑潭 기억의 관념에 젖어 정지된 정경이 넉넉히 피어 번쩍이는 언어의 구성들로 현실 속에 뒤엉킨 삶의 해답을 구하려 한다. 남편을 따라 임지를 떠도는 관리의 가족으로 낯선 곳 낯선 풍습에 벗도 없는 곳에서 부군과 함께 현실과 그리움의 이중 구조를 극복해가며 살면서 고향을 먼지 털어내듯 털어 낼 수 없는지,

　수궁도 아니고 신선 세계도 아닌 평범한 집이건만 객지 생활을 해 보니 소담한 내 집이 극락이고 무릉도원 되어 상징처럼 손짓한다.

　물고기도 거문고 소리를 듣고 달과 어울리는 오묘한 연못의 정경에 접근하면 멀리 한 책을 펴들고 독서삼매에 들려고 해도 흰 구름이 가려 보지 못한다는 하소연, 기억 속에 소나무 울타리가 감은 눈 위에 떠올랐다 곧 바로 사라지는, 신선한 추억이 시차의 선상을 넘어서 핀다.

4. 달빛에 띄운 그리움

　　贈贈輩(증증배)

　　집 앞에는 옥나무를 심어 놓고　堂前種玉樹(당전종옥수)

책상머리에는 얼음 병을 걸고서　床頭掛氷壺(상두괘빙호)
생각은 달이 하늘에 가득한 것 같아　襟期月滿天(금기월만천)
문장은 봉황새가 오동나무에 우는 듯　文章鳳樓梧(문장봉루오)
뜰에서 추창할 때는 학이 무리 이루고　趣庭鶴成群(추정학성군)
하늘을 만질 때는 기러기가 서로를 부르네　摩霄鴈相呼(마소안상호)
문을 기대서 가는 길의 먼지를 바라보면　倚門望行塵(의문망행진)
봄날 풍광이 마치 그림같이 다가오네　春光似畵圖(춘광사화도)

　　- 〈아이들에게〉 전문

　이별한 사람과 재회를 꿈꾸는 묘미를 거울 앞에서 통속적인 가족 간의 정의 양면성에 진술적으로 풀어가는 지혜가 모자간의 배경에서 오는 시의 특수성을 집 앞에 옥나무로 외면한 듯 등장하지만 상징적인 옥나무을 심어 집안에 귀감으로 삼고 책상머리에 얼음 병을 걸어 정신을 맑게 추구하려 한 문장은, 역사에 길이 남을 것이고 밖에서 들리는 소문과 칭송으로 선비가 무리지어 따를 것이니, 하늘의 부름을 받을 때가 되면 집에 돌아 와서 인생사 허무함의 나날이지만 남은 이에게는 봄날은 바람으로 다가와 그림처럼 되풀이 된다는. 어머니의 교훈이 아로 새겨진 시가 전하는 이미지 속에 구심점은 욕심 없는 삶에 진수의 요소로 명료하게 숨 쉰다.

　　送別京行(송별경행)

일어나 보면 긴 강은 찬란한데　起視長河爛(기시장하란)
닭이 울자 어느새 날이 밝았네　鷄鳴已曙天(계명이서천)
드리운 버들 밑에 수레를 몰고　驅車垂柳下(구거수류하)
떨어진 꽃 곁에 말이 멈추네　駐馬落花邊(주마락화변)
향긋한 들풀에 이슬이 떨어지고　露滴芳郊草(로적방교초)
푸른 나무에 아지랑이 피우면　雲添碧樹烟(운첨벽수인)
돌아올 그때가 멀지 않음 알거니　歸期知不遠(귀기지불원)

만날 기쁨을 위해 웃으며 지내세   歡樂在團圓¹⁾(환락재단원)

* 1) 團圓, 團欒, 즉 친밀하게 한곳에서 즐김.

- 〈서울로 보내며〉 전문

   상징과 파장의 경계에서 정화되는 언어의 생명력, 반가의 삶 속에서 상반되는 의식구조에서 나타나는 고통과 황홀의 갈림길에서 애간장 졸이며 사는 일상에서 이어진 부군이 먼동이 터 잠을 깨니 닭이 새벽을 알리고 해는 중천이요, 늘어진 버들 길 사이로 말 수레가 지나니 꽃비 내리는 곳에 말을 매어두어 들풀에 이슬이 떨어지니 향기는 날고 청솔가지 연기가 구름에 걸려 만날 날을 점치고 나니 희로애락喜怒哀樂의 서경이 음영으로 묘사되어 소화된다.

歸雁(귀안)

여관에서 빠른 가을에 노라나니   旅館鷺秋早(여관로추조)
하늘가의 기러기 소리 들리네   天邊聽鴈歸(천변청안귀)
바람을 가르며 먼 변방을 넘어   搏風超塞遠(전풍초새원)
기후를 따라 강남으로 날아가네   隨氣向江飛(수기향강비)
줄 지은 깃촉으로 구름길을 열고   正翮橫雲路(정핵횡운로)
차가운 소리는 밤 사립문 흔드네   寒聲動夜扉(한성동야비)
나뭇잎 떨어지고 쓸쓸한 울음은   簫簫鳴落木(소소명락목)
달 밝은 하늘에는 별빛 물드네   星月碧空稀(성월벽공희).

- 〈돌아가는 기러기〉 전문

   노을이 타는 하늘을 지나가는 기러기인 외부적인 정서를 관조하며 의식 속 앙금을 휘저어서 더듬어내는 감각적인 이미저리에서 섬세한 여인의 정한情恨을 그리고 있다.

별도 없는 먼 길에 하룻밤 유하는 여관에서 빠진 상념들, 기러기도 고향으로 돌아가며 기쁨을 노래하며 날갯짓으로 구름길 열라는 시사성이 요구되는 가을밤에 구르는 낙엽소리, 달빛이 너무 밝아서 짐스러워 숨길 수 없이 한 폭에 노안도, 타향에서 극복되는 인고를 감수하며 허용된 정서를 토로한다. 낙엽에게 느끼는 불안한 의식마저도 별빛에 잠재우는 지혜다.

呼韻(호운)

발을 걷고 오랜 안개 바라보다가 　捲簾看宿霧(권렴간숙무)
난간을 기대나니 어느새 맑은 아침 　倚檻已晴朝(의함기청조)
숲이 깨끗해 연기 빛이 엷은데 　林淨烟光薄(임정인광박)
산이 차가워 눈 올 기색 완연하네 　山寒雪意驕(산한설의교)
누구 네가 짧은 베옷을 서러워하고 　誰家愁短褐(수가수단갈)
그 어디서 가벼운 돈피 옷을 그리워하나 　何處戀輕貂(하처연경초)
아득히 하늘 끝을 바라보나니 　沼處望天末(초처망천말)
흐르는 구름조차 얼어붙어 까딱 않네 　流雲凍不搖(류운동불요)

- 〈운자를 불러〉 전문

역사의 뒤안길 삶에 풍습이 진화되며 그 시대가 남긴 흔적마저도 세월이 지우지만, 새벽에 마시는 공기와 몽실한 안개, 정신적 허탈상태를 주지하는 침울한 독백이 내적 의미로 확인되었다 사라지는 안개, 문발을 걷어 올리고 앉아서 보다가 정경에 취해 보니 아침 해가 밀어낸다. 산에는 눈 꽃이 만발해 눈이 올 것 같은데, 권력도 부도 세월 앞에는 수평선 같이 허허로운 것, 인간도 알 수 없는 깊숙한 욕망의 뿌리가 꿈틀거려 홀로서 부르는 운자다.

聽蟬(창선)

누각에 문발을 걷고 매미소리 들어보니
捲廉高閣聽鳴禪(권렴고각청명선)

시냇가의 숲속에서 나는 소리이고
鳴在淸溪綠樹邊(명재청계록수변)

비 온 뒤의 그 소리에 산 빛은 푸르며
雨後一聲山色碧(우후일성산색벽)

가을바람에 나 홀로 저녁볕에 서 있네
西風人倚夕陽天(서풍인의석양천)

- 〈매미소리 듣고〉 전문

  그리움 슬픔도 쉽게 잊어지는 매미의 울음처럼, 뜨거운 태양 아래서 목청컷 소리 높여 우는 것은 임을 부르기 위함이고, 간절한 원이 있기 때문이고 화자도 그 의미를 알기에 늘어진 문발을 걷어 올리고서 애절한 목청을 듣다가 그 소리가 한 곳이 아님을 안다. 시냇가 숲 속에서도 울음이 메아리로 다가온다. 비 개인 뒤라 울음 또한 청명한 하늘을 날아서 떠돌고 있는 가을바람의 재촉도 모르는 낯선 이는 저녁노을 아래서 미동도 하지 않는다는 중간적 입장에 서 있다. 애절함을 모르는 매미 숫놈의 연민이 소리 내어 임을 부르지만 현실에서는 그나마도 할 수 없음에 상기된 얼굴로 가슴을 압박하는 것을 상징적으로 삭인다. 차라리 매미처럼 황홀한 감정에 취함을 위해 외치고 싶음이 내 표둼을 노래하고 있다.

5. 나오며

  인간은 가장 부드러운 곳에서 부드럽게 태어나서 병고와 노화를 거치며 거듭 진화하며 정신이 육체에게 밀려서 71세를 살다 간(1753년 9월 19일~1823년 8월 21일) 명문가에서 나서 명문집에 출가해 왕실과 향반鄕班을 사돈으로 두고 정승 부인에 정승 어머니요, 옹주의 시어미와 정경부인으로 살면서, 만인의 부러움에 대상이 되었던 명가의 며느리로 노심초사한 어미의 사랑과 권력의 주변에서 줄다리기 하는 반가의 규방에서 녹아나는 애간장을 평화 뒤에 숨은 아픔을 시에 남기고 갔지만, 현대 사화로 이어지며 전하는 교육적인 의미가 남다르다.

옛 여인은 마음을 주고받을 줄 아는 것이 가장 큰 선물이고 솔직함은 마음의 꽃이라 여기며 살았는데 현시대의 여인이 가장 싫어하는 것은 마음의 선물이라고 한다.

좌의정 홍현주의 정경부인 행장에 보면, "나의 어머니는 나이가 예순이 되시도록 정신이 맑으셨다. 아버님이 돌아가시자 방에만 계시면서 웃음을 잃고 사시다 병이 들어 걸음을 걷지 못하고 12년을 병석에 누워 지내다 돌아가셨다."라고 적고 있고, 홍길주의 「영수합고」 발문에는 "어머니는 나이가 드셔서 시를 짓기 시작하셨다."고 적고 있다. 그 시기는 현주가 부마가 된 1793년 이후 화자가 52세 전 후에 시작해 126편 시중에 막내아들에 관한 시가 가장 많이 있고 산문을 다수 남긴 것이 여러 책에 전해져 온다.

평화 속에 묻힌 슬픔 뒤에 숨겨진 권력, 힘은 피로부터 나오고 쇠는 불과 망치로 강해진다는 진리의 균형이 금이 가기 시작한 것은 10년을 연이은 역병, 수해, 재화, 흉년에 동반된 폭동에, 사회 불안과 관의 횡포로 송두리째 조선은 병들어 있고, 화자의 집안도 연이어 흉사가 겹친다. 1798년 시아버지 홍낙성의 사망에 나라 안은 흉년과 수해로 인한 민란과 홍경래 난으로 뒤숭숭한, 1812년 두 살 아래인 부군 홍인모 사망, 금주법 시행, 천주교 금지령에, 1813년 친정 아우 서유망

사망, 영명위는 어머니와 부인의 병을 치유하려고 초의선사에게 청해 「동다송」(다도 경전)지어 법보시하려 했으나, 23년 9월 21일 화자도 세상을 버리고 부군 곁으로 뒤따라간다.

한시는 번역도 하지 말고 그대로 음미해야 한다고 하지만, 한문을 전공하지 않고서 현대사회를 살아가는 현대인이 한자를 줄줄 읽을 수 있는 이는 그리 많이 있지 않은 것이 현실이다.

모든 예술은 작자가 있든, 미상이든 예술은 인간과 영성의 교감이며, 그 꽃은 문자이며, 그 으뜸은 시문학이다. 그 이유는 청각으로 전달되는 음악과 시각으로 보는 그림, 서예와 전위적인 춤, 모든 의식을 놓치고 소멸되는 것을 영원히 시심에 담아서 불생불멸의 생명력이 되어 꺼지지 않는 불씨로 인용, 또 다른 작품으로 승화되어 무언에서 몸짓, 언어와 문자로 우리 곁에 삶의 지침의 지혜로 공존하고 있지 않은지?

운명도 팔자라고 규정짓던 조선 후기에 격변하는 사회구조에 불투명한 생의 미로를 헤쳐 나갈 자식들에게 세상지도나 이정표, 나침반도 소용이 없는 불확실 시대, 동물적 직성도 퇴화 되어 방향감각이 무디어서 두리번거린다. 무욕도 탐욕이라고 옛 선인들의 덕담에 꿈도 꿈이요, 현실도 꿈처럼 살고 싶은 여인, 늘 달무리 속에, 늘 그리움을 톱질하고 산을 밀어 내고 정을 곰삭이는 지어미의 길을 걷는 의식구조의 되물림으로 살아간다.

옛말에 처를 고를 때에는 장모를 보고, 사위를 고를 때에는 그 친구들을 보라는 교과서 같은 덕담에 머리를 끄덕일 것이다. 아들은 아비를 닮고, 딸은 어미 닮는다고 하지만 조선시대의 봉건적인 사회 구조와 인습에서 여인은 사석에서 드러내고 질투도 할 수 없는 현모양처로의 규범으로 교육 받으면서 성장해서 그 자리를 지키면서도 아름다운 감성과 여인의 섬세함과 지혜로운 생활에서 수없이 직조되는 고독을 정이라는 보배로 녹여내는 규방의 법도 속에 조선시대 역사의 뒤안길의 여류 문인 려옥麗玉에서 小坡 吳孝媛까지 120여 명 중에 중국에서 발행된 「東洋歷代女史詩選」에서 「朝鮮時代女流女人」 44인 시를 선정해서 소개한 바 있다. 名妓 120명 중 명기인 황진이나 매창같은 여류들의 시는 널리 알려졌지만, 비구니와 여염집 여인들의 고독과 그리움을 한시 문학으로 승화시키며, 그윽함과 신선한 어미의 사랑으로 아내의 감성, 이상주의 꿈을 담아 낸 시는 집안에 보관되어 있어서, 그 시절 내조와 자식교육은 구전과 전해지는 책에 있는 것에 상상을 해 보았지만, 갈 곳이 있는 이는 고독을 이길 수 있고, 시심과 그림자는 땅에 묻을 수 없어 북망산으로 가져 갈 수도 없다.

묵향의 세필로 이상과 꿈, 거짓 없는 여인의 정한과 정직한 어미의 마음에 친정집이 당파黨派라는 불치병인 고열에 시달리는 반가와 왕실의 살얼음판인 삶, 물안개 같은 사랑을 기다리고 사는 여자의 삶, 작은아들 길주에게 과거를 보지 말라고 권유하지만 길주는 과거 양시에 합격하고 벼슬에 나가 군읍을 선정으로 다스리다 그만두고 수많은 저서를 남긴다.

반가의 여인으로 쓸쓸하지 않는 연습으로서 써 내려간 영혼의 꽃씨들, 고민하고 삶 속에 갇힌 본성이 흔들리지 않는 효녀, 열녀, 효부, 마님, 안방마님, 아씨, 군부인, 부부인, 정경부인이라는 작위로 정신적 육체적으로 속박한 규범, 200여년 전의 숨소리로 죽음이 갈라놓기 전에는 그 짐을 벗지 못하여서 억누르는 수동적 삶의 무게는 조선시대 반가의 생활풍습인 시공의 차원을 뛰어넘는 화자는 평범한 삶을 동경해서인지, 큰 딸인 유한당 원주를 영평의 沈宜奭(청송인) 작은 딸(李顯愚)(연안인)에게 출가 시켰는지 모른다. 차와 술맛 중 차 맛과 향은 새

것이 으뜸이고, 술 맛은 묵을수록 부드러운 맛과 향기가 조화롭다고 했다. 茶와 酒도 주와 다도를 줄기며 묵향을 피워 정한을 풀어내는 슬기로움과 멋을 소박한 감정에 실어서 무리 없이 풀어낸 시작품 116편이 영수각고, 홍인모의「족수당집」, 홍석주, 길주, 현주, 숙선옹주, 홍원주「유한당집」, 홍명희, 홍석중으로 이어지는 문향은 남, 북에서 21세기까지 전해져 읽혀지고 있지 않은가. 각종 문헌에서 인용 발굴된 것 중 향토성이 농후한 작품을 선정, 한자에 글자마다 한글로 토를 달아 놓았고, 250년 세월의 시차 속에 변한 정경과 언어의 발달과정에 필자 나름의 심미안으로 역사를 추적해 작품의 정서에 좀 더 다가가 탐구 분석한 평에 다소 오류와 미비한 것은 현명한 독자와 강호제현들의 질정叱正을 바라면서,

몰락한 반가의 천재시인 해학적 孤節
― 김삿갓의 자화상

1. 들어가며

　김삿갓 본명 김병연金炳淵 : 1764년 3월 13일~1812년 3월 29일) 은 자는 성심(性深), 호는 난고(蘭皐)이며, 선조 7년(조선 개국 415년), 1807년 3월 13일 경기도 양주의 회천면 회암리 254-1번지 출생(당시 생가 추정지), 반가인 김안근(金安根)의 4남 중 차남으로 태어났다. 막내아우 김병두(金炳㾏, 1809년~1810년)는 두 살 때에 질병으로 죽었으며 1812년(철종 14년) 3월 29일 전남 화순군 동복면 구암리 초막(현 구암리 노인마을회관 옆) 파란만장한 생을 마감했다. 유랑시인은 문학에 관심이 없는 사람이라도 해학과 풍자의 천재시인 김삿갓의 고향은 그의 행적 같아 시인을 사랑하는 사람들의 궁금증이 더해가지만 '난고의 평생 시' 속의 한 수 이북 삼각산이 보이는 남주南州(지금의 의정부, 권오석의 기록)를 탐독하면 그 의문점은 다 풀린다.

　김병연은 다섯 살 때까지 이곳에서 살던 중, 1811년 11월 평안도 용강 일대에서 농민반란 주동자 5인 중 홍경래洪景來가 서북인물불중용西北人物不重用이란 조선왕조의 대편책大篇策에 분격하여 주도한 반란을 일으키자 순식간에 가산군 다복동多福洞에서 2천여 명의 군사를 일으켜 박천·곽산·용천·태천·정주·철산을 휩쓸고 선천 등 청천강 이북 9개 군을 쳐들어가 점령하는 전과를 올렸다. 이때는 조부(祖父)

는 갓 전보되어 신임 발령받은 평안도 선천부사 겸 방어사(平安道 宣川府事 兼 防禦使)였던 김익순은 반란군 수괴 홍경래에게 항복해 김익순(종2품 무관의 벼슬)로 3개월 내외가 되었는데 검산성으로 도망에 이어 투항하였다.

홍경래 난이 평정되어 의금부에 갇혔다가 반란군에 가담한 죄와 농민 조문형, 학자 참모이며 5인방인 김창시金昌始의 목을 1천 냥에 사서 자기가 벤 양으로 조정에 바친 사실이 밝혀져 모반 대역죄가 된다. 홍경래洪景來·김사용金士用·이희저李禧著가 토벌되었고, 가산군수 정시鄭著는 반군反軍을 진압하려다 칼에 맞아 전사하였으나 그 후 거병 4개월 만인 1812년 2월 민란이 평정 수습된다. 홍경래에게 항복하고 부역한 김익순金益淳은 그해 3월 9일 참수형으로 그 죄를 물었고, 5월에는 사로잡힌 우군칙禹君則의 목을 베어 사형되었다.

1814년 1월 홍경래 난 때 순직한 이들을 위해 정주定州에 충의단忠義壇이 건립되었다. 가산군수 정시는 충신이고 김익순은 만고의 역적이 되어 집안과 직계 가족은 조정으로부터 폐족 처분이 내려졌고 아들은 김안근은 남해로 유배되었고, 다행히 병연은 6세로 3족을 멸하는 죄는 조부祖父와 아들에 한하고 그 뒤 자손에게는 미치지 않기로 한 것이 알려지면서 피붙이들은 목숨을 부지할 수 있었는데, 여기에는 신안동 김씨와 수안부원군인 김조순金朝淳 순자 돌림이며 양주의 石室書院에 배양 받는 두터운 보호가 있었던 것으로 보여진다. 어머님은 집안 내력을 숨기며 훗날을 위해 여섯 살인 병연과 그의 형 병하와 함께 황해도 곡산에 있는 가비家婢 김성수 집에서 피신해 있으며 공부를 하던 차에 아홉 살 때 가평에 사는 부친과 합류했으나 부친 안근은 유배중인 1815년 화병으로 영면했고, 폐족을 한 이래 화자의 직계의 주거는 세상 눈총을 피해 가며 경기도 이천·가평·여주, 강원도 평창·영월·경성 등 오지로 전전하며 학문을 가르쳐 장성시켜 17세 혼인 전후에는 학문과 제가백가를 통달한 인재가 되었다. 여러 곳으로 이주해 살다가 또한 여의치 않아 마지막으로 정착한 곳이 영월에서 산속 32킬로 의풍면 와석리 어둔리 골짜기로 옮겨 살아가던 차에 남달리 영민한 화자는 1828년(순조 28년) 영월에서 실시하는 향시(백일장)에 나갔다.

그런데 시제가 논 정가산의 충절사 탄 김익순 회통우천이었다. 가산군수 정시 충절을 논하고, 선천부사 김익순의 죄가 하늘에 닿은 것을 탄식하는 시제였다. 과거장에서 지난날의 사정을 모르는

김병연은 탁월한 시심詩心으로 붓에 묵향을 피워 장원이 되었다 한다.

    김병연이 과장에서 지은 시

    당신은 임금을 저버렸고
    부모도 잊은 사람
    한 번 죽어 가볍고
    만 번 죽어야 마땅하오
    춘추의 필법이 어떤지는 알겠지요
    욕된 그 일 이 땅 연사에
    길이 남아 전해질 거외다

이 시를 지어서 장원하여. 집에 돌아온 병연이 이 소식을 어머님께 이야기하자 어머님은 청천벽력 같은 시제 내용을 듣고는 혼절하며 탄식했다.

조상의 자초지종을 안 후 가족과 이별을 하고 뭇 사람들이 이름을 물어도 신분을 물어도 삿갓을 깊숙이 눌러쓴 채 천륜이란 이름의 얄궂

은 운명이 씌운 패륜의 한을 가슴에 안고 길을 나섰다. 부인 장수 황씨와 큰아들 학균을 집에 놔두고 21세에 1차 가출해 신분을 감추고 출세의 길을 모색하려고 복경福卿 안응수安應壽의 문객으로 동가식서가숙하며 사수士綏 신석희申錫禧와 그의 형 양주목사를 지낸 해장海藏 신석우申錫愚와 각별히 지냈다.

권문세가와 어울려도 재주와 학문이 월중 해도 출세할 수 없는 폐족의 신분으로는 입신할 수 없음을 깨닫고 2년 만에 집으로 돌아와 작은아들 익균을 보고 1년 만인 24세에 2차 가출한 것으로, 가족과 살아서 인연을 등지고 저승으로 가고 말았다.

2. 방랑, 그 긴 여정

반가의 법도가 지엄한 신분 사회에서 폐족의 한을 안고 얼굴을 삿갓으로 감추고 34년간 삼천리 방방곡곡 해학과 풍자로 식자 걸식하며 방랑의 고달픔 한세상 역정을 걷기 시작한 외로운 부초 같은 그 아픔의 무게를 어찌 다 헤아리랴. 김삿갓의 해학과 풍자 그 천재적 시심으로 시대를 향한 조소는 신분 사회의 아픔과 설움을 한없이 질타하며 헤아릴 수 없는 수많은 자연과 인간의 내면적 모습의 시를 남기고 간 천재시인의 고향이 필자가 살고 있는 양주 땅인 것이 얼마나 자랑스러운지 모른다.

고향을 지키는 선량들과 지식인이 얼마나 무관심하였는지 변변한 시비는 고사하고 엄연히 출생지가 경기도 양주로 되어 있다는 사실을 알면서도 그 어디인가 하면서 무관심하게 흘려보낸 채 건의를 하면 대양주니 소양주니 그치지 않는 탁상공론에 무력감을 느끼지 아니할 수 없다.

옛 선조들의 삶의 미학에 되살아난 문화 시대가 활짝 열린 이 시점에서 지역 신문과 지역 유지나 인사들이 김삿갓 시인이 양주 사람인 것을 발굴 홍보하여 이제 빛나는 문화유산으로 만들어 한없는 정신문화 향토문화와 자원으로 활용하면 그 얼마나 보람차고도 멋진 일인가. 산업사회의 무절제한 개발에 신음하는 양주권은 동서남북으로 헤어진 문화재가 날이 갈수록 몸살을 앓고, 잊혀져 가는 문화유산을 그리워하며 사는 이 시점에 양주의 관아가 복원되고, 회암사지 복원과 함께 발현發顯될 김삿갓 생가 복원의 그 행적을 짚어지고 갈 주역들의 산실로서 시인 촌 건립을 계획하고 있음을 이미 시 행정당국자가 밝힌 바 있다.

이 얼마나 아름답고 고귀한 생리 공생의 미학이며 밝은 미래가 보이는 힘찬 고동이 살아나는 것 같아 가슴 뿌듯하여 힘찬 박수를 보냈는데, 문화유산이 될 김삿갓 생가 건립을 필자가 1994년 1월

「이담문학」과 97년 지방신문, 98년 3월 경기도 장학회지 「경기인」에 발표하며 삼가 여러 번 건의했지만 牛귀에 경 읽기로 마이동풍이다.

피치 못할 사정으로 고향을 등지고 황해도 곡산, 강원도 영월 땅에도 뿌리를 내리지 못하고 몰락한 반가의 설움을 달래며 방랑하다 전남 화순군 동복면 구암리 초막에서 1863년(철종 14년) 3월 29일 봄이 오는 초막에서 숨을 거두어 좌축 5백 미터 떨어진 야산에 매장되었다. 김삿갓을 아끼던 동복의 선비들이 시신을 거두어 적벽강 망경대가 보이는 양지바른 곳에 묻어 장사를 치렀다고 전해오며 기록은 허구성이 가미되었고, 화순이 고향인 오남식 선생님 안내로 사망지인 구암리(현 구암마을 노인회관)옆에 난고 김병연(김삿갓)선생 운명하신 곳을 가서 보니 초가집은 20여 칸으로 복원되었고 시비와 유허비. 비석이 마중하고 좌 축 묘 터 입구 논 두렁에 시비가 서 있다. 김삿갓 운명 3년이 지

나서 아버지가 돌아가셨다는 소문을 듣고 찾아온 둘째 아들 익균이 경상도와 충청도의 경계선인 영월군 하동면 와석리 노루목 태백산록에 백골을 추려서 옮겨 모셨다고 한다.

경기도 양주에서 태어나 6세 때 고향을 등지고 21세에 집을 나서 35년을 방랑하다 57세에 타향서 객사를 하였건만 고향에 시비詩碑가 없다는 것은 시민의 자존심을 상하게 하는 시빗거리가 아니고 무엇인가.

21세기를 이끌어 갈 후세들에게도 실로 부끄러운 일이 아닐 수 없다. 이는 향토사학가가 관청의 지원 아래 역사의 인물을 발굴 홍보함으로써 이 나라 장래의 주인공인 청소년에게 꿈을 심어주고 한 많은 생을 안고 외롭게 살다 타향에서 객사한 고절한 시인의 연민이 살아있는 시비가 고향에 하루빨리 세워져야 하리라. 유랑걸식으로 삼천리 방방곡곡 떠돌다 숨을 거둔 천재시인의 넋을 양지쪽에 우뚝 세워서 후세에 귀감을 주며 경기인의 자부심인 지방문화재 되게 한결같이 노력하는 의미에서 부족한 필자가 역사를 추적하여 갈무리하려 평설을 하는 바 서론이 긴 것은 독자로 하여금 좀 더 빠른 이해를 도모하고자 함이니 양해를 바란다.

나그네처럼 머물다 간 떠돌이 묵객으로 궁극적 경지에 도달하려는 인간적 예우와 역지사지로 시비가 건립되도록 가없는 성원 주신 강원도 영월, 전라도 강진, 화순지방의 향토사학자에게 고개 숙여 마음을 전한다. 따뜻하고 서정적인 시비 건립을 물신양면 지원협조를 간청해 마지않는다.

문화인물을 발굴 조명하며 보호하려는 관계자에게 마음에서 우러난 인사를 드리며, 정신문화 유산을 복원 건립하는 데 더욱더 앞장서 주시길 기원하면서 가슴 설렘으로 34년을 뒤돌아본 김삿갓 방랑 삼천리 길을 더듬어 보려 한다.

3. 흐르는 물에 나를 보며

역마살에는 여러 가지가 있지만 타의든 자의든 떠도는 자를 부럽다 한다. 그러나 물질만능 시대인 현재에도 낯선 객지에 나가 터 잡고 살려면 텃세가 있는데, 하루하루를 입에 풀칠하기 힘든 조선 시대엔 반가班家와 토반土班, 향반鄕班과 잔반殘班의 횡포가 이루 말할 수 없을 정도였다고 기록되어 있기에 김삿갓은 탁월한 재치와 지식에 공생방식은 서로가 원하는 것을 주고받은 것을 주목해야 한다.

3가지 세력과 공생 공존한 지식 걸식은 자식의 독선생과 서당 훈장으로 시를 지으며 과시를 지도하고, 풍류를 즐기며 공허한 허기 채우며 하층민들이 갈구하던 현실적 욕구를 유랑걸식으로 회고한 자화상이며 유서 같은 〈난고의 평생 시〉에 담긴 시혼詩魂을 탐미해 들어간다.

> 새의 둥지
> 짐승도 제 집이 모두 있는데
>
> 나그네는 홀로 평생토록
> 스스로 상채기내는 외돌토리
>
> 떠돌아 온 길 그 얼마인지
> 흐르는 물결 떠도는 구름이
>
> 천지 사방
> 내 집이었어라
>
> 鳥巢獸穴皆有巨(조소수혈개유거)　顧我平生獨自傷(고아평생독자상)
> 竹杖芒鞋路千里(죽장망혜노천리)　水性雲心家四方(수성운심가사방)
>
> - 〈난고의 평생 시〉 1~4연

세상에 존재하는 미물도 제집이 있고 짝이 있는데 운명의 소용돌이

속에 만물의 영장인 인간이며 한 가정의 가장이 집으로 돌아가지 못하고 소진된 자신을 자책하며 홀로 떠돈다는 것을 어찌 말로 글로 다할 수 있을까.

운명을 감수하지 못하고 자학적인 방편으로 상주가 짚는 대나무 지팡이를 짚고 짚신을 신고 병가지 상심을 안고 지식 걸인이 되어 천지사방을 돌아봐도 변하는 것을 아무것도 없고 그 자리인 것을 왜 몰랐는지 진지하고, 소탈한 허무를 그렸다.

>   그렇다고
>   사람을 탓 하리오
>   하늘을 원망 하리오
>
>   저무는 해를 보면
>   가슴 더욱 미어지는데
>
>   어린 시절에는
>   스스로 자랑했었네
>   즐거운 땅
>   살았노라고
>
>   경기도 한북이
>   내가 자란 고향이었음을
>
>   尤人不可怨天難(우인불가원천난)　歲暮悲懷餘寸腸(세모비회여촌장)
>   初年自謂得樂地(초년자위득락지)　漢北知吾生長鄕(한북지오생장향)
>
>   -⟨난고의 평생 시⟩ 3~4연

못 되면 조상 탓 잘되면 제 탓이라는 말을 종종 듣고 살지만 그 누구를 원망하면 제 설움만 더하고 하늘을 원망이라도 해야 하는 못난 자신과 저무는 한 해를 바라볼 때마다 솟구치는 비애를 머금고 철모르는 어린 시절 닫힌 마음에 문을 열고서 회상하면 꽃피우던 경기 한강 이북이 내 고향이라 자랑했던 그 고향에 대한 그리움의 뿌리를 음각한 것 보면 천재시인 뇌리속에는 어릴 때 추억이 숨 쉬고 있기에 말년을 회상하며 정서와 귀휴 하고자 하는 의도적인 정리로 보아야 할 것이다.

  벼슬살이 높았던 가문에
  부귀했던 사람도 많았거니

  화류장안
  아름다운 서울에서
  내 집안 이름 떨쳤어라!

  이웃 사람들은
  우리 집에 사내아이 낳았음을 기려 주면서

  멀지 않아
  그 아이 출세하리라
  미리 기약도 해 주었는데

  簪纓先世富貴人(잠영선세부귀인) 花柳長安名勝庄(화류장안명승장)
  隣人也賀弄璋慶(린인야하롱장경) 早晚前期冠蓋場(조만전기관개장)

    -〈난고의 평생 시〉 5~6연

  살다 보면 예나 지금이나 종2품 방어사(3권을 행사하는) 권문세가 문턱은 아첨하는 무리가 쇠파리처럼 끼어 문지방이 단다고 한다. 선조의 덕을 보고 살다 선조에 실덕으로 몰락하여 비바람 속에 내동댕이쳐진 아이러니한 인생유정은 장안에 고래등같은 기와집에 꽃피는 후원에서 반가와 어울려 덕담을 주고받던 가문이 한 순간에 폐족의 멍에를 걸머

지고 가족과 생이별로 뿔뿔이 갈라지어 조상을 숨기고 유랑걸식과 더부살이로 전락했지만 홧병으로 부친이 죽고 모친은 한을 되새기며 자식을 부양하던 어머님의 정을 그렸다.

   차츰 머리카락 자라면서
   하필 그 운명
   기박해지니

   세상일 덧없어라
   상전벽해로
   집안이 다 망했어라

   의지할 친척은 없어지고
   세상인심마저 야박해졌어라

   부모님 세상 버리시고
   집안 꼴은 말이 아니며
   거칠고 서늘함이 더 한다

  鬚貌稍長命漸奇(수모초장명점기) 灰劫殘門藩海桑(회겁잔문번해상)
  依無依無親戚世情薄(의무친척세정박) 曲盡爺孃家事荒(곡진야양가사황)

    -〈난고의 평생 시〉 7~8연

 반가면 탄탄대로가 기약되었던 먼 옛날이 그리움으로 핀 어린 시절 머리에 배내똥도 마르기 전에 다가온 운명이 기박하여 세상사는 나만 잘해서도 되는 것도 아니고 질긴 삶에 파편이 되어 떨어진 불덩이가 평온한 가정의 식솔들에게 폐족이란 형벌이 떨어지니 가문이 잿더미처럼 주저앉을밖에 의지할 친척도 이웃도 외면하는 벽의 바다라고 했고, 인심은 천한 가비家婢만도 못한 반가의 양면성에 냉대를 피해 가며 살아야 했던 지난날이 주마등같이 되어 흔들리는데 세월은 무엇이 그리 급한지 눈치도 주지 않고 가 버린다.

어허라!
남산의 새벽 종소리에
한 켤레 집신을 신고
이 발길은
서글픈 마음 따라
내 강산을 두루 돌았으나

하지만
내 마음이야
타향에서 고향 쪽으로
머리를 둔 여우같은
꼬락서니
울타리에 머리 박은
길 잃은 양이로고!

아, 남주(의정부 누원)에는
옛 부터 길손들 많았는데
부평초 같은 떠돌이 길은
손꼽아 몇몇 해인지

집집마다문전에서
머리 끄덕거리는 일
어찌 내 마음에서 나왔으며

終南曉鐘一衲履(종남효종일납리)　　風土東邦心細量(풍토동방심세량)
心猶異域首丘狐(심유이역수구호)　　勢休窮途觸藩羊(세역궁도촉번양)
南州徒古過客多(남주도고과객다)　　轉蓬浮萍經幾霜(전봉부평경기상)
搖頭行勢豈本習(요두행세기본습)　　齧口圖生惟所長(설구도생유소장)

- 〈난고의 평생 시〉 9~12연

설움을 잊고자 산에 올라 새벽 종소리에 시름을 던지고 나니 남은 짚신이 있으니 유랑이나 떠나자. 하수상한 이내 마음 모르는 곳으로 떠난다고 잊는다고 잊어지는 고향이 아니건만 딴청을 곧잘 부리는 여우같고, 싸리 울타리에 모가지가 끼어 울고 있는 양같이 울어도 울음은 메아리도 만들지 못하고 단음이 되어 돌개바람이 밀치고 지나간다.

4. 고향, 그 잊혀지지 않는 여운

       입놀림으로
       풀칠하는 게
       또 어찌 내 행동이며
       이러는 동안에도
       세월은 차츰 저물어들고
       눈에 익어 삼각산 푸름마저
       아득도 해지니

       기구하구나 내 팔자
       남의 집
       대문 두드린 것이
       그 얼마인지
       헤아릴 수 없어라
       다만
       풍월에 시문 읊으며
       떠돌아다닌 행장은
       텅 비어 있구나

       光陰漸向此中失(광음점향차중실)   三角靑山何渺茫(삼각청산하묘망)
       風月行裝空-囊(풍월행장공일낭)   風月行裝空-囊(풍월행장공일낭)

            -〈난고의 평생 시〉 13~14연

  강원·황해·함경도에서 도성으로 가는 길목에 삼각산이 바라다 보이는 양주의 누원점인 큰 도매상과 場이서고 외국인과 행인이 많이 오고

가는 교통의 요충지요 樓院 다락원, 德海院이 있지 아닌가. 고향을 등지고 부평초같이 살아온 것을 손꼽아 보지만 그 무슨 소용이랴. 수많은 문 앞에서 문전박대에 설움에 체독과 부황들은 민초의 살림살이 내왜 모르랴마는 입놀림으로 곡기를 채우는 것도 내 업이고 나이가 먹으면 먹을수록 눈에 익은 삼각산(한수 이북 삼각산 근처에는 주州자가 들어가는 것은 양주밖에 없음. 시 속에 남주南州는 양주楊洲 뿐이다) 그 푸르름마저 기억 속에서 가물거리니 화자도 귀로歸路가 얼마 남지 않은 것을 예견한 것 같아 풍월과 시문을 날려도 흘러가는 뜬구름인 것을 지나온 길을 뒤돌아보며 흔적을 찾으니 빈 보따리 속은 텅 비어서 한숨을 만든다.

   부잣집 자식에 만석꾼 아들
   인심이 좋은 집에 야박스런
   두루두루 맛보며 지냈어라

   신세 처량해라!
   세상사람 눈총
   한결같이 받아가며
   세월은 흘러
   해가 갈수록
   마음에 상처 깊나니
   구레나룻 머리카락은 희게 세었어라

   이제 내 고향에 되돌아가기도
   서러운 타관에
   머물러 있기도 어렵고 어려워라
   사는 날까지
   그저 길 따라 발 따라 떠돌고 있나니

   千金之子萬石君(천금지자만석군) 厚薄夢風均試嘗(후박몽풍균시상)
   身窮每遇俗眼白(신궁매우속안백) 歲去扁傷髮髮蒼(세거편상발발창)
   歸兮亦難佇亦難(귀혜역난저역난) 幾日彷徨中路傍(기일방황중로방)

-〈난고의 평생 시〉 15~17연

옛날이나 지금이나 걸식을 하면 지체가 높든 아래든 천민·상민이든 그 속내가 바로 드러나기 마련이다. 탁발을 하는 스님이나 걸식을 하면 관상 공부와 철학을 통달하지 않아도 사물을 잃고 보는 것을 쉽게 터득할 수 있다고 한다.

권불을 다 손에 움켜쥐어도 나이가 들면 처량한데 설움과 빈곤을 덕지덕지 지고 사는 떠돌이는 식자우환識字憂患의 깊이를 깨달으며 긴 여정을 접으려(난고의 평생)시를 지어 화자의 인생을 갈무리하려고 숨기면서 살아가던 고향을 구체적으로 남기며 방을 함께하지 못한 내자에게 반성하며 가고 오지 못하는 한을 덜어내지 못하고 화순 땅 절집에서 남은 세상 미련을 버렸기에 화자의 자화상 같은 시 한 편에 중점을 두었던 것이다.

5. 나오며

김병연은 1863년 3월 29일 57세를 살면서 1807년에서 35년 간 떠돌다 간 조선시대의 보헤미안. 김병연은 파란만장한 삶에 걸맞게 20개의 이름을 쓰며 유랑을 한 그 이름은 자는 성심性深, 호는 난고蘭皐, 김립金笠 김삿갓은 그의 별호이며 사람에 따라 김삿갓을 김립(金笠「대동기문」·「대동시선」), 김사립(金沙笠「녹차집」), 김대립(金臺笠「해장집」), (단동해인 김) 김초모(金草帽「하정집」) 등 다양하게 기록되었다. 또 가명으로는 김란金鑾, 이명(耳鳴, 자), 지상(芷裳 호) 등의 기록이 보인다, 그 밖에 「소화집」에는 병현炳鉉이라고 했는데, 현鉉은 연淵자 위에 겹쳐 씌어져 있다.

지구촌이 일일권인 21세기에도 무전여행이란 언어는 찾아보기 힘들고 여독이 쌓여 힘들다고 한다. 우마牛馬와 배가 조선시대의 유일한 교통수단이던 시절 98프로가 도보인 것인데 그 얼마나 힘들고 험한 고행인지 짐작할 만하다.

그리고 조선시대의 형벌에는 추방령이 있었는데 300백 리 밖 1천 리 밖, 중형일 경우 1천 리, 2천 리 밖으로 추방을 해서 낯선 사람에게 냉정했다. 향반과 토반의 권세가와 텃세가 하늘을 찌르던 시절이고 초근목피로 허기를 때우며 반상反相의 법도가 엄하고 정이 넘치지만 노비제도와 중인·천민天民을 구분지어 살던 시절 아름다운 풍속인 전치제도(아픈 사람이라도 집 앞에 갔다가 놓으면 하룻밤 먹이고 재워서 이웃집에 보내면 본인이 원하는 곳으로 갈 수 있게 하는 제도)와 덕망 있는 호족이 지나가는 과객이나 길손에게 후한 접대를 했다고 기록되어 전해지고 있다.

방랑 삼천리를 누비며 풍자와 해학으로 평생을 살다 간奇人 새와 짐승과 같은 하찮은 미물도 보금자리가 있어 노을 지면 제집으로 가는데 갈 곳이 없어 이곳저곳을 굽어보며 밤이슬 피할 곳을 찾는다는 것 또한 얼마나 사무치는 아픔인가. 반상에 아픔과 연좌제 법이란 가혹한 형벌의 뒤안길 세상에 제도를 원망하며 현대시의 시작법 제시한 자유시로 풍자한 위항시인 당파 싸움으로 조선시대 성군聖君보다 상군相臣 록에 오른 그 누구보다 기리는 이가 많이 있고 무덤 속에서 가장 많은 조문을 받았으며, 함경도 함삼택·김병현金秉鉉·김병현金炳玄 등 가짜 김삿갓이 많이 있었던 것으로 보인다. 김삿갓 시와 시인을 발굴 정리하는 데 이응수 선생이 전 생애를 걸었다.

1930년대 초부터 경성제대 조선어朝鮮語과 출신 이응수 선생은 김삿갓 시 모으기와 탐구에 전 생애를 걸고 나선다. 신문과 잡지에 광고를 내어 전국적으로 흩어진 시를 모으기도 하고, 본인이 직접 수차에 걸쳐 화자의 행적을 따라 전국 각처를 뒤져서 시와 일화 등을 채집하기도 한다. 그 기간은 무려 10년여, 그 기간 동안 조선일보·동아일보 등 잡지에 김삿갓 연구물을 간간이 내어놓다가 마침내 사후 76년만인 1939년 학예사에서 조선어 문고판으로 「김립시집」을 펴낸다. 이 시집이 최초의 김삿갓 시의 정본이며, 1941년 증보 「김립시집」, 그리고 광복 후 월북하여 북한에서 「정본 김삿갓 풍자시」 선집을 펴낸 것을 토대로 현재에 50여종 소설과 시집 이르는 것 중에 왜곡되거나 누락된 것이 대다수지만 1969년 연세대학에서 ha tae hung이 발행한 「시인 김삿갓의 일생(드라마대본 영문)」 7판 이상이나 발행되어 국외로 제 조명을 했고, 1985년 모 방송국의 청탁으로 르뽀 형식으로 추적한 김삿갓의 생을 재구성하여 정공채 시인이 발행한 「오늘은 어찌하랴」가 있기에 부족한 필자도 어줍지 않은 식견으로 화자의 내면에 쌓인 뭉클한 울분과 회환의 외로움이 숨겨진 시심을 탐미할 수 있어 가슴이 더워짐을 느끼며, 향토문학을 위해 생가 터 땅을 양주시에서 매입했다니 박수를 보내며 조금이나마 일조가 되었으면 하는 염원으로 갈무리하고자 한다.

주1. 이응수의 선생이 분리한 김삿갓 특성적 시심의 분석
① 통속시인 ② 민중시인 ③ 인생시인 ④ 생활시인 ⑤ 걸인시인 ⑥ 빈궁시인 ⑦ 방랑시인 ⑧ 초탈시인 ⑨ 풍자시인 ⑩ 골계시인 ⑪ 파격시인 ⑫ 언문시인 ⑬ 과체시인 ⑭ 역사시인 등.

주2. 양주지역에 관계한 교류적 인물
① 김조순金組淳1785년(영조 41년) 1831년(순조 31년)(순조의 장인) 신안동 김씨이며 양주의 석실서원.

② 우전雨田 정현덕 1810년 순조 10년 1883년 대원군 실각 후 양주 직곡산장에서 지낸 측근인 형조참판 40세경 교류.

③ 1차 가출해서 교류한 해장海藏 신석우 1805년에서 1865년 양주 목사를 지낸 해장집에서 김삿갓 여려 방면으로 기록하였다 함.

④ 1807-1863년 사이에 신안동 김문의 출사한 순자 행렬 응순 1753- 예조판서 보순 대사성 근순 1794 부제학 종이 품 이상이 20여 명. 안동김씨 천하이었다.

김삿갓

참고 자료

김립시집 백길순 역 (1954) 대지사
김립시집 김일조 역 (1957. 11. 20) 학우사
방란시인 김삿갓 권오석 저 (1982. 9. 10) 신흥문화
방랑시인 김삿갓 권오석 저 (1984. 6. 20) 홍신문화
오늘은 어찌하리 정공채 저 (1985. 6. 15) 학원사
이담문학 김경식 역 (1998. 4. 30) 고글
물락한 반가의 해학적 고찰 김경식 평론 08-6-25 이담문학

양주의 매화향기가 피워낸 詩脈
- 유한당 홍씨 詩想을 열며

1. 들어가며

　　유한당 홍씨洪 幽閑堂 성은 홍洪씨. 이름은 원주原周. 1791(辛亥年 정조 15)~? 양주 호명산이나 도봉산 아래에서 태어난 것으로 추정되어진다, 부친은 우부승지를 지낸 홍인모(洪仁謨 1755(英祖31)~1812(純祖12) 고근체시古近體詩 2천여 편을 남기여 전하는 정승반열에 오른 문사요, 모친은 강원도관찰사 서형수徐逈修의 딸이며 여류시인 영수각서씨(怜壽閣徐氏1753~9월 19~1823년 8월 21)인 정경부인의 3남 3녀 중 딸 하나는 요절하고, 큰 딸이며 문장가 석주, 길주의 누이동생이며 2살 아래 동생 현주는 正朝임금의 사위이며, 순조임금 매부이며 8개월 연상인 수빈박씨가 낳은 숙선옹주의 부군으로 영명위이며 여동생은 연안이씨 이현우와 혼인했다. 유한당 원주는 청송심씨 문중에 1793년생인 두 살 연하인 심의석沈宜奭에게 1804년에 14세에 경기도 영평(현 포천)으로 출가한다. 여인의 재능才能은 밖으로 내돌리는 것을 금기시 되었던 여성교육관이 골이 깊었던 조선 헌종 때의 여류시인으로, 저서론 1807~1842년 사이에 창작한 것을 1854년 갑자년 발간한 『유한당시고幽閑堂詩稿』가 유고집으로 전해내려 오는 것은, 1827년 한 점 혈육 없이 34살에 유명을 달리한 부군을 뒤로하고 양자로 들인 심성택을 기르면서 현모양처로 모범이 되었고, 영면해서 부군의 묘,

(경기도 영평군 일동면 길명리(현 포천군)에 합장되었고, 죽은 뒤에 정경부인으로 추증되었다. 문집인 〈유한집〉은 양자 심성택沈誠澤이 묶고 이대우의 서문을 실어 편집 발행한 것으로 2백여 편 작품이 수록되어 있지만. 화자의 시의 다수가 동생 홍현주와 연관된 작품이 상다수가 전해진다.

 아녀자가 글을 지어서 내 돌리면 가문과 집안에 험이 된다고 해서 서간문으로 전해지는 내방가사內房歌辭는 조선 말엽, 낯설고 가풍이 다른 곳 영평으로 시집와서 아는 집도 없고 외부 출입도 장옷을 쓰고서 다니는 봉건적인 사회, 여인의 재능과 덕은 무시되고 시부모 봉양에 남편, 가족 수발이 따르는 내방에 들어앉아, 감정을 밑바닥 가린 채 현모양처에 효부로 대가족속에서 內訓을 되 세기는 여성의 삶, 봉창에 뜬 달과 흔들리는 나뭇가지의 울음소리 들으며 풍부하고 섬세한 감성을 가슴에 쌓아놓고 풀지 못한 단조로운 생활에 흔들리는 精과 限의 향수, 동기간의 정을 예술로서 수 놓아가며 절절히 승화된 작품이 남한, 북한 양쪽에서 골고루 전해지어 읽히고 있다.

 독수공방의 긴긴밤을 사르는 아녀자의 고독과 고뇌의 그리움이 한산모시를 직조하듯 한 여류의 시심, 한글이 창제 된지 3백년이나 지났지만 유교사상에 골에 맺힌 사대부가 우리글을 편파하고 당파에 빠져 있던 학자들 아집에 밀려 등한시를 당했지만 한글 보급에 앞장선 내방, 규방가사는 새벽안개에 피어서 박 꽃에 매달린 이슬방울을 훔치며 지척의 고향과 가족을 그리는 무수한 언어의 그늘을 탐미해 들어가면, 情적인 민족 이라고 하지만 예나 지금이나 서울과 지방의 갈등은 골이 깊었는지, 1804년 3월에도 늦추위가 안 물러가서 그런지, 평양과 삼척, 통천에 큰불이나 민가 7천 6백호가 전소되고 평양에 관옥이 107개소가 불에 타 재가 되어서 집을 잃어버린 화제민의 구호하느라 나라

(조정)의 삼사와 전국적으로 어수선한 시기이다. 이 시대에 양주도호부가 34면에 11, 231호에 인구는 男, 女가 모두 53, 497명이고 이 화제는 국난에 비교될 정도였다. 사회구조의 윤리 관념이 강조되어 도덕적으로 엄격한 생활에서 파생되는 지식은 살아온 세월만큼 쌓이고, 글은 세월 속에 곰 삭아 깊이와 감성적 경험에 의한 감정과 삶의 갈래와 상상의 세계에서, 우회적으로 여과한 시대배경의 뒤안길은 반가나 향반鄕班의 가문과 가문의 정략혼인으로 자유로운 혼인이 금기시되어진 여인의 빛과 그늘에 자식이 없어 집안 조카를 양자로 입양해 키우며 수절하는 시심을 가름하여보자. 조선말 시대만큼 여인의 신분이 중요한 위치에서 군림 한 적이 그리 많이 있지 않았지만, 반상班常의 法道와 신분으로 야기되는 노비제도 서민여인은 자율적인 권리를 따지지 못하고 남성과 반가의 시달림 속에서 살아가지만, 자기의 의사표현과 본능설을 생각해보면 양반과 반가의 여인들은 낭군에 버금가는 여인의 작위 숙부인, 정경부인, 부부인, 군부인, 아씨, 안방마님 등으로 불리며 평온한 지위에 오른 삶이라 해도 과언은 아니며, 아녀자가 글귀로 지어내서 내돌리면 수치스러운 일이며 집안이 흥해진하여서 금기시한 것으로 보여 지며. 노비제도와 반상의 법도가 엄해 그 고초는 이루 다 나열할 수 없다고 한다. 시대적 정서와 가족의 이력을 나열한 것은 화자의 시적 정서와 내면에 쌓인 감각을 수사학 적 논리로 독자와 함께 풀어가는 것이 문학의 즐거움이고 묘미이기 때문이다. 대가족의 안살림에 사당祠堂을 돌보고 살며, 삼종三從지기와 칠거지악이란 여인의 굴레 속에 고독과 외로움을 문학이란 확고한 문자로 기록해내는 인간의 정서적 기록이기 때문이다.

여류문인의 주류는 다수가 기녀, 서녀, 소실의 작품이 전해 오는 것이 그 주류가 이루어지지만, 별빛같이 반짝거리는 허난설, 영수각 서씨,

임지당 강씨, 사임당 신씨, 청취당 오씨 등 반가의 여류들도 영원성(또는 항구성)을 차용한 공간을 초월해서 시대상을 전하는 중요한 자료로 축적해 놓아 여인의 내면에 고여서 태동되었던 시대상황의 정서가 심리학적에서 발생되어진 그 원인을 남기어서 추적하는데 일조를 한다.

2. 꿈속의 고향

마음은 멀리 온 나그네와 같은데
누가 일러 고향에 돌아왔다 하는고
눈길은 농서의 구름에 끊어지고
꿈은 어머니의 곁으로 돌아왔네
문 앞 버들은 연기 속에 푸르고
뜰의 국화는 서리 뒤에 누렇네.
아버지 어머니는 이 딸을 생각하여
창을 열고 달빛을 바라보시네
뵈옵고 기뻐하여 무릎 앞에 절하고
손을 맞잡고 평상 위로 올라갔네
이별의 정을 끝없이 하소하고
웃을 끌고 어머니 곁으로 갔네
부모 밑의 형과 아우 반겨 웃으며
한 줄로 앉아 즐거워하였나니.
은촛대의 촛불은 그림 벽에 밝았고
금단지의 귀한 차는 향기로 왔네
어느새 닭이 울어 순라소리 울렸나니
가을밤도 오히려 길지 않았네.
바라건대 구름 속의 기러기 되어
마음대로 훨훨 날아 고향 갔으면…

- 〈꿈에 고향에 돌아가다〉 전문

夢歸몽귀

心似寫遠客 誰云歸故鄕 目斷隴西雲 片夢歸萱堂 門柳烟裡碧
심사사원객 수운귀고향 목단롱서운 편몽귀훤당 문류연리벽

庭菊霜後黃 爺孃憶何女 推窓看月光 觀喜拜膝前 携手共登床
정국상후황 야양억하여 추창간월광 관희배슬전 휴수공등상
盛說別離情 牽衣在母傍 라有兄弟芙 怡怡成一行 銀燭畵壁明
성설별리정 견의재모방 하유형제소 이이성일행 은독화벽명
寶茶金樽香 鷄鳴官笳動 秋夜猶未長 願作雲裏鴻 隨意任翶翔
보다금준향 계오관가동 추야유미장 원작운리홍 수식임고상

　경험이 풍부하게 있는 어머니라면, 생후 6주일만 지나면 갓난아기는 자면서 웃기도하고 혀로 먹는 흉내를 내는 표정을 보이면서 어린것도 꿈을 꾼다고 한다. 화자가 1804년 14살에 정든 집을 떠나 모든 것에 낯선 풍습으로 다가오는 이질감으로 지어진 것으로 추정되어진 시심 밤이 길어지는 가을밤 겨울을 준비하는 조선시대 반가 집 풍습은 친정에서 자식을 낳아 유아기를 거쳐 시가로 돌아온다. 그 첫 이유는 산모에게 스트레스를 덜 받아야 태아의 정신 건강에 보탬이 되기 위함이고, 아이들이 외가 집 식구들의 얼굴을 읽히게 해 정을 쌓기 위함이지만, 화자는 무슨연유인지 후세를 임신하지를 못해서 친정에 가는 기회가 적었고 자식 없음이 한스러워서 친정에 대해 더욱더 그리움 이는 것으로 보여진다.

　화자의 시속 이미지를 탐미하면 시집 온지가 오래 되어 고향 부모님과 형과 아우들과 정자에 올라 오손도순 정을 나누던 것이, 너무 그리운 끝에 꿈속에서 회포를 푼다. 고향집 정이 담긴 곳 무생물도 정겹고 반갑다. 은촛대, 금단지에 아껴둔 차를 마시면 향에 취하여 꿈속이 생시인양 닭이 울고 야경군이 날이 세도록 육모방망이 치는 소리 모든 것이 그리움으로 피어난다. 지척의 고향 가느다란 염원으로 그린다. 조선시대 남성은 우위라 했지만, 율곡이나 미수의 유택이나 문학 작품과 장례문화에서 느껴지는 것은 남여 평등이 엿보이고 인생 또 한 일장춘몽(一場春夢)인 것이다.

그대는 고향에서 내게 왔는데
나는 또 그대를 서울로 보내네.
저 서울은 여기서 삼 백리 아득한 길
멀리 부질없이 바라만 보겠구나.

- 〈아우를 보내며〉 전문

送舍弟(송사제)

君自故鄕來 我送尙洛陽 洛陽三百里 迢迢空相室
군자고향래 아송상낙양 낙양삼백리 초초공상실

  부창부수, 여필종부, 칠거지악, 삼종지의 조선시대엔 사돈집과는 거리가 있어 왕래를 자주하지 못한 것으로 생각하기 쉽지만, 화자의 시 속에 담겨 있는 詩心에는 봄이 오면 부마가 될 아우가 3백리 먼 길을 누이를 찾아 왔는데, 오래 머물지 못하고 동생을 다시 양주의 고향으로 떠나는 것을 바라만 봐야 하는 안타까움이 삼백리 길 위에서 핀다. 1804년 작으로 추정되는 시상은 먼 거리인 사돈댁 까지 오갈 정도니 양가의 친분에 오누이 간에 우애가 남다른 모양이다. 화자의 사는 곳은 영평의 백운산과 양주의 도봉산의 구비 도는 옛길의 거리를 가름해 본다.

3. 구름 속에 아롱지는데

돌아가는 기러기는 구름 속에서 울고
이강의 찬 가을에 문득 놀란다.
찬 서리는 겨울눈을 재촉하고
늙은 몸이라 따뜻한 갖옷 그립다.
물결이 움직여 바람이 창을 스치고
구름이 걷히어 달이 다락에 든다.

집을 생각하다 잠 못 드나니
꿈속의 이 그리움 언제나 그 칠고.

　　　－〈두보「강상」의 시에 차운하며〉 전문

次杜江上(차두강상)

歸鴈雲邊叫 鷺寒江上秋 嚴霜催寒雪 老容戀貌裘 波動風侵檻
귀안운변규 로한강상추 엄상최한운 로용자모구 파동풍침함
雲開月入樓 思家仍不寐 夢想幾時休
운개월입루 사가잉불매 몽상기시휴

　먼 하늘 날고 있는 구름 속 기러기는 고향으로 간다고 노래하는데 가을이 깊어 서릿발이 동장군을 부르고 독수공방의 한기는 바람을 타고서 창문을 두드린다. 시성 杜甫는 고독을 달이 노니는 다락 방에 숨기고 꿈속에서 밀고 나오는 은유적 그리움은 어찌 궂은비같이 그칠 줄 모르니 이일을 어이할고 作詩의 효과가 의미를 얻음으로서 두보시의 차운한 조사법의 읊조림.

　　　　그대 온 지 아직도 두 열흘이 못 됐나니
　　　　세월은 어찌하여 더디 가지 않는가
　　　　부모 무릎을 돌며 즐거움 드리었고
　　　　뜰에서는 때때옷에 춤도 추었네
　　　　이야기할 적에는 마음 활짝 열었고
　　　　글을 읽을 때는 책상 함께 하였었네
　　　　돌아갈 기약이 어찌 그리 빠르던가
　　　　임금님 부르심을 감히 어길 수 없네
　　　　봄추위가 아직 풀리지 않아
　　　　성긴 눈발이 날아 얼굴을 치네
　　　　가는 시름은 얼음길이 어렵고
　　　　이별을 아끼나니 새벽빛이 한스럽네.
　　　　벼슬하고 숨기는 것 모두 운수이거니
　　　　가고 오는 것 기약할 수 없구나

그대 서울로 떠난 뒤에는
우리 부모님은 웃음이 드물게다
문 앞 버들이 푸를 때에는
나도 또한 부모 곁을 떠날 것이니
우리 만날 날이 멀지 않을 것이라
손 마주잡고 집에 오기 바라네

- 〈친정동생을 보내며〉 전문

送舍弟(송사제)

君來米二句 光陰豈不遲 繞膝供歡榮 趨庭舞彩衣 論襟開心豁
군래미이구 광음두불지 요슬공탄영 추정무채의 논금개심활
讀書恭床速 歸期何太速 王程不敢違 春寒猶未解 疎雲璞面飛
독서공상속 귀기하태속 왕정불감위 춘한유미해 소운박면비
行愁氷路難 惜別歎曙暉 行藏개有愁 來往不可期 君去洛陽後
행수빙로난 석별탄서휘 행장유교수 래왕불민기 군거낙양후
堂上芙語稀 門前柳綠時 我赤辭庭闈 相達知不遠 願得聯袂歸
당상부어희 문전유록시 아역사정위 상달지불원 원득련메귀

봄이 오면 국왕의 유일한 혈육인 매부로 정해져서 혼인 전에 잠시 동안 누이 집 손님이 된 친정동생과의 10여 일 동안, 유년시절에 정겨웠던 추억을 돌아보는 정담을 주고 받으며 웃음 꽃 피운 것이 엊그제 같은데, 시간은 좀 천천히 가면 좋으련만, 어쩌다 일상의 대화 같은데 형제지간에 정이 깊다 해도 임금의 부르니 어찌할 수 없고 눈이 내려 춥고 길은 얼어서 돌아갈 길은 더욱 먼데 새벽에 떠나는 아우가 안쓰러워 뼈저린 이별을 수놓은 이미지군 12세인 동생이, 얼마 후에 8개월 연상인 숙선옹주와 혼인을 해 국왕의 매부가 될 신분을 숨기는 것도 어렵고, 다시 만날 것은 기약이 없지만 아우가 떠나고 나면 부모님은 웃음이 드물 것이라 했다. 임금이 사돈이고 옹주의 시부모의 노릇하기는 또 한 예사 일이 안임을 토로한 애처로움이 서술적 의미로

다가 온다. 이 작품 쓴 시기는 동생 현주가 숙선옹주와 혼인전해인(순조 4년1804년)대왕대비가 수렵청청을 거둔 해에 평양에 큰불이나 민가 5천호와 관옥107개가 전소되었고, 강원도 삼척과 통천에서 산불이 민가로 덮쳐 2천 6백여 호가 불에 타 어수선한 상황을. 화자의 시의 마지막 연에 동생이 임금의 매부가 되면, 옹주의 손을 꼭 잡고서 찾아와 주기를 바라는 염원이 내재된 기다림에 미학이다.

4. 시간의 이정표 넘으며

천리에 돌아가는 구름은 고향의 마음이니
비 갠 뒤에 높은 다락에 억지로 오르네.
짝 지어 나는 제비는 철을 아는데
홀로 서 시름하는 것은 고금을 서러움
아물아물 아지랑이에 한낮이 고요하고
애끓는 실버들에 저녁별이 비추이네.
병 많은 한평생에 이 봄도 저무는가.
술 마시고 시 읊어도 그 더욱 괴로워라.

- 〈두보의 〈등루의 시에 차운하다〉 전문

次杜登褸(차두등루)

千里雲歸故國心 高樓雨後强登臨 雙飛語燕知時節 獨立愁人感古今
천리운귀고국심 고루우후강등림 쌍비어연지시절 독립수인감고금
緬眼遊絲白日靜 牽情約柳夕陽侵 百年多病靑春墓 對酒成詩更苦吟
힐안유사백일정 견정약유석양침 백년다병청춘묘 대작성시경고금

외로운 밤 정담을 나눌 수이는 없어 두보의 시에 차운하는 야반삼경 고향을 그리는 심정 그 누가 알까, 떠가는 구름은 고향에서 보나, 시댁에서 보나 마찬가지인대 비가 개인 뒤 맑은 하늘 집을 보려고 높은 곳에 올라보지만, 허전한 마음만이 감돌고 강남제비는 봄바람 타고

짝지어 노래하는데 홀로라는 고독은 시차와 거리가 아무리 멀다 해도, 건너뛰지 못하고 눈앞에 아지랑이 뛰어넘지 못하고 달을 보며 위로 받는다. 애간장 녹이는 실버들 별빛의 마주보며 편하지 못한 몸은 봄이 와 희망이 샘솟는데 술에 얼큰해 시를 읊어도 허무와 육신의 고해는 사근거리지 않는다.

　　　　천리 밖의 그리운 마음, 한 그루의 매화여
　　　　달 아래 담 머리에 혼자 먼저 피었겠네.
　　　　몇 해나 그 봄비는 누구 위해 좋았던고.
　　　　밤마다 이 밭두둑의 꿈속에 들어오네.

　　　　　　　- 〈고향집 매화 생각하며〉 전문

鄕梅(향매)

　　千里歸心一樹梅 膿頭月下獨先開 幾年春雨寫誰好 夜夜隴頭人夢來
　　천리귀심일수해 농두월하독선개 재년춘우사수호 야야롱두인몽내

　　기다림은 아름다움의 미학이라고 했고, 해빙을 밀어내고 노란 산수유 꽃망울이 터트리면 잎도 피우기 전에 꽃을 만발하게 피워 놓은 가슴속에 정 달 아래 울타리위에 외로이 피어 그리워 그리워서 이슬도, 봄비도 몇 해나 담 넘어 꽃밭에만 내린다. 사군자 중에 으뜸인 매화의 상징을 풍자적 은유법으로 나무라면 밤마다 고향집의 후원을 그리워하는 염원이 동했는지 상상 속에 들어오는 만발한 매화 원망도 할 수 없게 밤마다 꿈속에 찾아드니 어찌 잊을 수 있겠는가 넋두리로 토로하는 여인의 하소연.

　　　　한밤의 벌레소리에 슬픈 눈물 떨어지고
　　　　석양의 매미 울음에 이별 설움이 이네.
　　　　베개 위에서 혼자서 꿈이나마 꾸려 하니

닭이여, 부디 울어서 새벽을 알리지 말라.

- 〈아우를 생각하며〉 전문

憶弟(억제)

中夜虫聲悲淚落 夕陽蟬語籬生 枕邊欲作燻호夢 莫敎金鷄報曉鳴
중야충성비루낙 석양선어리생 침변욕작훈 몽 막교금계보효명

 달빛 밝은 밤에 애절한 귀뚜라미와 쓰르레미 소리에 눈물이 흐르고 붉게 타오르는 노을에 매미는 짝을 부르며 울어대어도 베개 잎에는 눈물 자욱이 꿈에서 만나보려고 하나 새벽닭아 울지 말고 먼동을 밟히는 해야 뜨지 말라고 빌고 있다. 애틋한 동기간의 정이 넘어 임을 그리는 연시 같이 열정이 많은 여인의 시심, 정숙한 부인에게 흉이 될까 봐 제목이 은유법으로 부군이 아우인지 불면에 시달리는 여인의 한이 질게 깔려있다.

　　달빛을 따라서 난간에 기대어 앉아서
　　유연히 눈 덮힌 봉우리를 마주 대한다.
　　맑은 서리에 밤은 추위를 더하지만
　　늙은 나무는 뜰 안에 그림자를 만들었다
　　바람 불면 싸늘한 호각소리가 울리고
　　새는 울면서 먼 곳 숲까지 갔다 오는지
　　이 생각 저 생각에 나비의 꿈만 꾸다가
　　이별의 슬픔으로 갈라지는 구름을 본다
　　茶는 익어 화로의 연기는 가늘어지고
　　매화향기는 규방에 깊이 스미어든다
　　사람을 만 날 적마다 고향소식을 물어서
　　나는 자주 고향 일을 즐겨 입에 담는다.
　　여관의 새 달력에 놀라고 보니
　　시골집엔 늦은 다듬이 소리가 어지럽다.
　　상머리에 옛 팩이 펼쳐져 있고

양주의 매화향기가 피워낸 詩脈

벽에는 거문고를 걸어 놓았다.
하늘을 넓어 은하수도 빙글 도는데
누각은 높아서 푸른 산봉우리를 가렸다.
애끓는 유수곡을 켜다 멈추면
가냘프지만 남는 소리가 있다.

- 〈또 영명의 시에 차운하며〉 又次永明〉 전문

　화자의 시중에 동생 홍현주에게 띄운 것은 어머니의 시심을 이어 받은 10대초기가 창작시기인 1804년 14세에 출가 후에서 1842년 50대 후반까지 지속된 다수를 찾지 하지만. 인편으로 주고 받는 것이 유일한 통신 수단이 되었던 시절, 아스라한 잔설이 깔린 산 밑 일상생활에 칩거된 소박함이 실타래처럼 엉킨 삶을 점검하며, 기우는 달님은 동지 달 봉창의 비친 빈 가지가 흔들리어, 수박 속살 같은 불씨로 품은 차 화로에서 피어오르는 수증기는 오누이가 풀어놓지 못한 정을 주고 받은 편지 속의 시심을 오당지에 꽃피워서 은유적으로 써 내려가면, 나무의 그림자가 공간 구속의 다양성이 확충된 자유의 상징적인 철새는 하늘로 날아서 고향집에 오고가고 봄이 오면 텃밭에 춤을 추는 나비가 등장해 희망을 직조하고, 고요한 야반삼경에 차를 우려 달님과 매화 향기를 팽객(차를 마시는 손님)삼아 마시여 마음을 다지는 茶人의 정서, 세월은 유수 같고 삼라만상이 교체되어도 길이 끝난 것 같으면 또 다른 길이 보이는 그리움 어머니와 마주앉아 두드리던 다듬이의 리듬들 하늘은 예나 지금이나 변함이 없는데, 달 빛 그윽한 누각에 목 놓아 울 수도 없어 고독이라도 잠재우려 아우와 화자가 나누는 교감의 정서 그 이미지를 직 간접적으로 달빛이 머물러진 여백위에 채워간다. 도덕적 위계질서의 연결고리로 주고 받는 편지와 詩 또한 원할 하지 못한 감정의 분리 속에 앙금이 되어 애간장이 녹이는 유수곡幽邃谷산

과 집을 덮으며 그윽하게 파고드는 먼 기적 같은 울림들,

> 하늘 끝에 뜬 구름은 조각조각 흩어지고
> 숲에 어린 빛깔은 비 뒤에 더 새롭다.
> 북쪽 산의 삼경 달을 누워 바라보나니
> 서주 천리의 정을 멀리서 생각한다.
>
> - 〈삼경의 달〉 전문

三更月(삼경월)

天際浮雲片片橫 林光樹色喜新晴 臥看北篦三更月 遙憶北西州千里情
천제부운편편황 림광수색희신청 와간북록삼경월 요억북서주천리정

창가에 심어보는 그리움의 뿌리는 현실의 돌파구로 선지식의 덕담에 달래며, 야반삼경에 달을 봐야지 손끝은 왜 쳐다보누 하는 말이 있고, 굳은 마음을 담자고 아무리 다짐해보아도 밤이 되면 하늘의 조각구름 같이 흩어지고 마는 속내, 빛에 숨어 있는 아픔이 다 터지고 난 뒤 아문 그 자리에 빛이 고향 산의 삼경에 뜬 달을 누각 위에서 바라보니, 멀리 떨어져 있어도 만나서 정을 나누지 않으면 백약이라도 소용없는데 삼경에 뜬 저 달도 동병상련이다.

> 인간 오늘 밤에 이별의 정이 많나니
> 지는 달은 아득히 먼 물결에 빠져드네.
> 문노니 오늘 밤에는 어디서 잘꼬.
> 나그네 창에서 부질없이 구름 속의 기러기 소리 들으리.
>
> - 〈헤어지며 나누는 정〉 전문

離別情(이별정)

人間此夜離情多 落月滄茫入遠波 借問今宵何處宿 旅窓空廳雲鴻過
인간차야리정다 낙월창망입원파 차개금소하처숙 방창공청운홍과

    서양의 문호 고이테(괴테)의 말을 빌리면 "인간이야 말로 인간에게 있어서 가장 흥미 있는 대상이라고 했다. 1827년 34세의 부군의 영면으로 오는 정신적 공허감을 36세에 양자와 심씨 집안에서 수절, 여인의 부덕인 후손하나 낳지 못한 죄인이란 굴레에서 외풍으로 오는 생활 풍습에서 임을 보내고 이별이란 상황의 감정이입으로 인한 외적으로 쌓인 정을 나눌 수 없지만, 정신적 정을 하늘에 떠있는 달은 수많은 호수와 강물에 들어앉아 정을 나눈다.
    어찌 만물의 영장인 인간만이 왜 밤이 오면 홀로되는 것이 많은지 정붙이고 살아야 하는 여인의 길 타관으로 느껴지는 화자는 융화되지 못하는 마음은 나그네가 되어 고향을 찾아가는 기러기 무리에 마음을 빼앗기여 내면에 고인 그리움이 마르지 않음을 엿 볼 수가 있다.

> 여러 해로 떠돌면서 못 돌아가 서러운데
> 이 밤에 누구 집에서 다듬이소리 들리네.
> 문득 저 구름 밖의 낙매화 가락 듣고
> 나그네 마음 설레이는데 기러기는 북으로 가네.
>
>   - 〈피리소리〉 전문

笛聲(적성)

飄泊多年恨未歸, 誰家此夜擣征衣, 忽開雲外落梅曲, 遠客彷徨雁北飛
표박다년한미귀, 수가차야도정의, 홀문운외낙매곡, 영객방황안북비

    삶이 무난하지 않으면 민감해지는 감수성을 발견해 느끼고, 밀도

질게 표출되어 청각을 타고 다가오는 피리소리 연주자의 입을 통해 음률이 떠나가면 다시 돌아오지 못하는 것처럼 악기와 사람의 조화, 이웃집에선 불면의 공허를 달래려함인지 다듬이 방망이소리에 떨어지는 꽃 잎 동쪽의 천보산 능선을 넘어 감각성실어증을 깨운다.

5. 나오며

문학은 인간의 본성 속에 숨어있는 또 다른 희망의 언어이고, 사물에 대한 부호와 방언이 서로 다르기 때문에 말이 통하지 않는 것과 다르며, 즉흥적으로 창조, 모방은 본능에 의해 습득된 것을 보고 희열을 느낀다고 했다. 화자의 문학적 수업은 은유적 수사법으로 유년시절 눈에 들어 헤일 수 없는 무량한 변화와 조짐이 향가에서 비롯된 신선한 의지력은 어머니 품속에서부터 축적된 것으로 여겨지는 요소이다. 특히 은하수별이 반짝거릴 때 선잠에서 깬 고향의 향수에 젖어서 잠시나마 초초한 심정을 다스리고 있는 것이 그렇다. 또한 杜甫시에 차운한 것 다수와 아우에 대한 그리움은 화자의 모당과 13살이나 아래인 오라비 같은 外叔 서유망(1776~1813년)훗날 대사성에 이름) 양주목사이고 친정집이 도봉산 아래 다락원 남향집인 것 추정되며, 그 이유는 영수각 서씨의 시인「아우가 양주목사가 되었다는 소식을 듣고」)을 살피면(1810년 1년간) 양주목사로 지낸 것이 기록되어 있다. "문을 나가서 한양이 바라보이고, 머리를 돌려서 보니 양주를 생각한다." 했고 친정부모님 유택은 장단군 임진면 공덕리라 했는데, 할아버지 영의정 洪樂性과 큰 오빠 홍석주 묘는 경기도 장단군 진현내면 점원리(현 파주군 군내면 점원리 민통선지역)필자의 선산인 군내면 송산리와 접해있다. 동생 영명위의 세대는 왕실에서 하사한 산 양주의 칠봉산과 포천의 경계 이르고 있는 천보산 아래 주내면 삼숭동에 1835년 동대문 밖 시림정市 林亭에서 살다 도봉산 아래로 새집을 짓고 이사와 살다가. 유명을 달리한 숙선옹주의 옛집이 보이는 마장동 유택에서 양주 상가대로 이장, 조카 해거제의 아들 홍우철(경기관찰사 성균관 대사성)1853년 사망해 옥계리 유택에 묻힌다. 숙선옹주 사후1855철종 6년 10월 6일 어머니인 수빈박씨 묘을 양주 순강원(順康園)우축 언덕으로 이장하면서, 숙선옹주는 묘도 같이 이장되었다 20년이 지나서 이장해 옮겨 좌정한 곳이 양주 상가대 삼숭리이다. 1865년 30년이나 지나서 해거도인도 영면해 묻힌 곳은 양주회천면 회암리 자좌(풍산홍씨 대동보)로 되어 있는데, 어찌된 영문인지 해거도인이 숙선옹주와 합장되었다는 기록과 표지도 없다. 국왕의 동기인 숙선옹주 묘비, 해거도인 세운 묘비인지 모르나 세월의 때가 묻지 않은 오석에 숙선옹주지묘淑善翁主之墓라고 외로이 서 있는데, 가끔가다 茶人들의 방문하여 차 마시는 獻茶의식을 치룬다.

  개발이란 금전만능에 밀려 유택 또 한 편하지 못하다. 또한 그 시절에는 어머니도 아버지보다 2살 연상이고 아우인 영명위永明尉도 숙선옹주淑善翁主가 8개월 연상인 것과 그 시절 혼인풍습을 보면 화자도 부군보다 두 살 연상이고, 도전적 은유의 기상은 여인으로 파격적이고 수절로 인한 독수공방의 원망과 허망한 그리움이 앙금처럼 갈려있다. 친정집 식구는 모두가 문장가의 가풍이고, 5대에 걸쳐서 정승을 배출한 친정이요 관직에 오르지 못하고, 요절한 산림처사인 부군인 심성택을 앞서 보내고 수절로서 양자를 들여 가문을 지키고 산 유한당의 시심은 고향에 대한 그리움과 동기간의 정이 곰삭아 향기를 피운다. 우리가 알고 있는 상식은 시상 속에 나타난 조선시대의 가족사인 出嫁外人이라도 친정과 그 어떤 담이 없이 오고가며 정겹게 교류한 것이 여려 편의 시심으로 표현되어있고 시속에 산제 해 있지 것이, 친정집을 그리는 유년과 숨은 고독 뒤에 애잔한 숨소리가 달무리 타고 지면위에 내려 앉아 있는 것 같다, 그리움도 잊고 사는 산업사회에 철지난 밭두렁을 지키고 서 있는 허수아비 같이 진실을 외면하는데, 해거제는 영평 백운산아래서 외롭게 사는 누님을 위해 포천의 수원산 아래 청량동 (현 군내면 유교리)에 청량산방이란 별장이 지어서 지인들과 시회를 자주 열어 시작품을 남기었고 화자와 자주 왕래하며 교류의 정이 나누었던 것으로 여겨진다. 한평생을 살다가 영면해 영평현 동면(현 포천군 일동면) 청계산아래 길명리에 夫君의 묘에 합장되어 경기인의 기상과 여인으로 역사의 길목에서 현대인에게 던지는 의미들,

늙은 부모를 모시는 것이 아니라 늙은 부모가 다 큰 자식에다 손자 손녀까지 업어 기르는 캥거루 삼대가 사는 불안한 사회구조의 현대인에게 띄우는 메시지의 맥락으로 2백년 전 여심에 내제된 이미지 북한의 「여강」 출판사의 변역된 내용은 역자에 따라 좀 다르게 변역되었지만 여류문학의 화원임은 같은 맥락이다. 부족한 자료와 지식으로 이론적 군말을 남기고, 화자가 친정에 와서 그런지 오랜만에 가족이 모여서 짓은 화답 시 1809년으로 추정되는 조선시대 한 가족 홍인모, 영수각서씨, 홍석주, 홍길주, 유한당(홍원주) 시회를 열고 차를 마시며 합작한 시 연귀 〈聯句〉을 감상하며 걸어 나온다.

　　　서로 보며 환소하면서 (홍인모)
　　　둥글게 모여 앉아 술에 거하여.
　　　붓을 휘둘러 시를 지으니 (영수합 서씨)

　　　이루지 못하면 벌주로 술잔을 다가오니.
　　　빙 돌아 서 있는 아름다운 나무를 (홍석주)

　　　좋은 안주로 삼아 볼거나
　　　차 익으니 시(詩)는 더욱 맑아지고 (홍길주)

거문고 맑은 소리 고운 손에 울린다.
참으로 다정하고 즐거운 이 정경들 (유한당 홍원주)

시간이 깊어 가도 아쉬워서.
머리 들어보니 은하수는 기우는데 (홍현주)

이 기쁨 달님에게 물어본다(홍인모)

　　- 숙선옹주의 화답 시와 막내딸의 시가 없는 것이 흠이지만. 일
　　가족이 다회를 열며 남긴 것을 필자도 유일하게 읽은 것이다.

참고문헌

1 한국인명대사전 신구문화사 89년 12-30
2 한국문학대사전 문원각 73-10-15
3 동다송(영인본) 장의순저 정유년 헌종3년 1837년
4 초의선사서화집 74쪽 작자미상 년월 미상
5 차의 세계 09-2월호 40-45
6 청송심씨 대동보
7 유한당시고(영인) 沈誠澤 역음 1854년
8 향토서울 36호 83~112 김규현, 조서시대 茶禮小考 서울시사편
　찬위원회 79-31
9 파주의 역사와 문화 1995년 8-31 파주문화원
10 한국의 한시 97~116, 167~173 김달진 1989-6-30 민음사
11 한국의 성씨 1978-10-1일 일신각
12 한국의 역대 명시전서 1976년-5-5 오원문화사
13 한국사 대계 10권 1984-9-5 아카데미
14 다시 찾는 우리역사 401-406-한영우

4부
세상사 흘러보내니

시문학 이면에 임정희의 그림자/ 임정희
멍에를 지고 속앓이 한 실향 시인/ 정재섭
기행시조에 조명된 조국의 정경 핀 역사의식/ 심연수
신동엽 기지촌에 노을 속 서경의 시심
실향과 『청동의 관』에 핀 시심/ 고석규
금리 시인은 왜 간이역을 사랑했나/ 이창년
몽땅 연필 삽화(挿話)가 스칠 때,/ 다운 견오
수월 스님 시집에 핀 묘(妙)하고 묘한 화두에 부처

시문학 이면에 임정희의 그림자

잊어진 기억의 저편에서

　임정희(林貞姬)1908년 음력 3월 6일(양력4. 4) 개화운동가, 교육자인 아버지 송암(松岩) 임동엽(林東曄)과 어머니 이숙자(李淑子)의 둘째 딸로 경기도 연천군 북면 (현 중면) 삭녕리 1구 2번지에서 출생, 이 시기에 대한제국은 고등여학교령을 공포되었고. 1915년 12월 24일 총독부는 사립학교에서 일본 국가를 부르도록 지시하자, 아버지가 연천군 삭녕면에 설립해 세운 자주학교인 희명여숙(凞明女熟)에 입학해서 수학하던 중, 1917년 1월 20일 안확(安廓)(안자산1886년~1946년)신천지사(新天地社)의 편집인이「조선문법」발행했고, 조선에 행정구역 면제를 시행 2백여면(面)을 지명을 변경하고 일인(日人)을 면장으로 임명하기 시작하니, 조선시대에 규모가 제일 큰 철원향교가 있고 경원선의 중간 기착지 철원역 동쪽인 동철원역이 있는 서변면(西邊面)에 통합한 월하리 72번지로 이주함에 따라 1903년 4월 20일 개교된 철원공립보통학교(4년제)에 편입한 시기로 철원(鐵原)에서 3.1운동과 애국단 사건 일어난 시기인 기미년 1919년 3월 졸업하면서. 아버지의 유지를 받들며 개화사상에 항일운동의 일환(一煥)으로 국어교육을 전개하려면 학교를 설립해서 교육 혜택을 받지 못한 이와 아동과 문맹자들에게 교육시키는 4년간 아버지를 도우면서 교육의 중요성에 대한 영향을 받으며 교육에 중요성과 그 의미와 사명이 되어 이어 받다가. 일제 헌병과 경찰에 의한 10년간의 무단 정치를 거부해 일제(日帝)화할 수 없었던 국권회복운동인 3·1운동의 흥분이 채 가라앉지 않은 무렵인 12월 해군대장인 조선총독 사이토오 마코토(齋藤 實, 1858년 12. 2~1936. 2. 26) 문화정치의 간판을 내걸고 눈감고 아옹하던 시기이다. 1922년 4월 박용철은 김영랑을 동경 청산학원 고등부 영문과에서 만나게 되었고, 1923년 3월 졸업, 4월 동경외국어대학 본과 독어부에 입학, 임정희도 경성 종로구 필운동 배화학당에 입학하였는데 1925년 배화여고보로 변경 학제가 바뀌 게 되었고,

1923년에 수정조선문법(修正朝鮮文法)「조선문법」재판. B6판. 경성 회동서관에서 발행

1923년 9월 1일 관동대지진으로 조선인 약 5천명이 학살된 것으로 공식 기록된 해이며, 박용철 김영랑도 학업을 중단하고 동경에서 귀국한다. 1925년 4월 10일 임정희는 배화여자고등보통학교 3학년에 재입학하고, 용아의 누이동생 박봉자 : 1909년~1988)는 배화에 1학년에 입학 종로 사직동 옆 서대문과 냉동에 집을 얻으면서 누이를 통해서 처음 만나며 그 인연이 이어지게 되었다.

을축(乙丑) 7월 31일 대홍수로 용산 뚝섬 일대가 전부 침수되었고 경부선이 10일간이나 불통과 697명 사망과 가옥 피해가 1만여호가 넘는 어수선한 시기이었다.

1925년 8월 1일 개벽사에서 발행하는 월간「신여성」3권 6호(통권18호) 14페이지에「하기 방학은 수양에 시기」를 주제로 한 산문을 배화여고 학생의 신분으로서 발표한 임정희의 첫 작품으로. 그 내용은 감상해 들어가면서,

-1925년 8월 1일 발표 시 원문을 그대로 개제 해 맞춤법과 띄어쓰기 생약 했음-

> 녀름! 이것은 말만하여도 무덥고 늘어진 철이외다.
> 녀름은 심히 더운 때이기 때문에 누구나 그리 조와 하는
> 때 갓지 안슴니다 그러나 녀름 이때는 우리학생에게는
> 퍽 좃코도 필요한때이라고 생각합니다 오래인 동안을
> 칠판에 밋해서 백묵가루를 먹어가며 피곤하게 공부하며
> 고향의 부모님을 그리다가 녀름 방학이 되면 한 달이나
> 사십일 동안의 긴-휴가들어디 가지고 고향에 도라가서
> 부모님를 맛나고 피곤한 몸을 쉬이기 때문이외다
> 물론 다른 방학 즉 춘기나 동기방학이 잇지만은
> 이 때에는 봄방학은 극히 분주한 시절이고 동기는
> 춥거나 동기박학이 잇지마는 이때에는 봄방학이 되여
> 도라가서 부모를 맛나 일시 깃부기는 하지마는
> 이 녀름방학 기리 한가하여서 수양(修養)할 그런 시기는
> 못 됨니다 저는 이 여름방학은 수양기라고 생각합니다
> 모든 자연이무성한이만큼사랑에게는 그윽한 침착(沈着)
> 을 늣기게 함니다 그럼으로 저는 아직 학생이기 때문에
> 그런지 모르나 이 녀름은 그 순진하고 청아한자연이
> 사람에게고상한인격을만들어주는것갓슴니다 그럿키 때문에
> 이 녀름 동안에는 모든 것을 저치고 틈틈이 묵은 공부를 하면서
> 완전한 인격이 되도록 수양하려고 합니다

-「하기방학은 수양에 시기」 전문

 글제가 있는 3학년 여학생이 고향을 떠나온 서울생활 모든 것을 솔선수범한 학업에 지친 육신에 대한 생각 방학이란 건강을 추스르는 수양을 해야 할 중요함 설파(說破)하며 졸업 한다.
 1926년 4월 이회여자전문학교에 입학하니·월파 김상용 1902년 9월 28일~1951년 6월 22일) 시인 교수로 문학개론을 강의)했고 동향인 김수임 : 1911~1950년 6월 15일) 교류가 없었고, 1학년 2학

기 때 돌연 휴학을 하고 7월에 경원선에 몸 싣고 고향인 연천으로 돌아온다. 오랜 객지 생활로 지친 몸을 추스르다 얼마 후에 철원 월하리로 내려가 야학(夜學)을 하는 도중에 배화여고보 출신의 김주, 노함안, 편순남을 비롯하여 박봉자 등이 참여하며 도왔다. 이후에 사립보통학교인 동신학원(東新學園)를 자신이 설립해서 미취학 어린이들을 모아서 가르치기 시작한다. 친구며 이화여자전문학교 후배인 박봉자(朴鳳子)는 임정희의 확고한 정신과 추진력의 열정을 부러워하였고, 또한 개방적인 가풍과 딸이 하고자 하는 일에 협조적인 부모님도 부러움의 대상이었다. 이어서 박용철도 가세하게 되면서 사랑과 교육 출판의 열이 함께 불붙었다. 박봉자가 연천과 철원을 오가며 월하리 동신학원의 교육에 참여하면서 용아 정희와 교류의 편지와 연서가 남아서 전하여진다.

2. 연서 위에 그려진 마법

"푸른 하늘에 가을 햇빛이 우렷하고 은비늘 구름이 손짓하여 부르듯(반듯 반듯하며) 〈중간 생략〉 날더러 형주(兄主)라는 일흠을 감당할런지는 모르겠소마는 정희를 사랑하는 누이로 여기는 데는 주저하지 않겠소. 누구에게도 건강이 앞서기를 바라오. 1929년 10월 17일 용아"

두 번째 편지를 보내고 20여 일 후, 용아는 철원으로 가서 정희을 만난다. 정희는 그곳에서 아버지를 도와 의숙을 열고 교육자로 활동을 펼치고 있었다. 그 의숙에서 용아의 동생인 봉자가 학생들을 가르치는 일을 돕고 있었다. 그 인연은 박용철에게 이어져 2년간 편지와 시를 주고 받으며 때로는 전라선과 경원선 기차로 내려와서 철원에서 머물러 가면서 시작(詩作)은 정희와 연애 헌시로 시작되었다고 화자 되었고, 그 내용과 편지를 감상해보면, 개화기 신세대의 자유연애의 순수와 미학적 기교(技巧)가 어울리는 리얼리즘을 용아의 시심으로 남겠으며. 우리말의 곱고 아름다움을 널리 알리며 기록하려 문학의 불모지인 현실 중요성을 깨닫고, 용아는 정지용, 정희, 영랑과의 인생 만남에 송정리, 서울, 철원을 오고가며 조선의 혼이 담긴 조선의 마음 부르짖으며, 연극과 글을 쓰던 시기인 1927년 1월 1일「조선일보」는 한글날 신설하였고, 해외문학연구회의 기관지인 〈해외문학〉을 이하윤 편집으로 창간, 박용철은 경성 평동(종로구 경교장 (京橋莊.현 강북삼성병원 근방, 냉동의 이명)에 주거하는 1년간 병원에 반복입원과 요양을 하며 새해를 맞는다.

연희전문시절 5월 연희에 희곡을 발표하던 박용철은 1928년 9월 배화고여 기독청년회에서 학생극 대본으로 창작 장막희곡(전 5장)인 「석양」으로 공연 된 것이 박용철의 4번째 작품이 이었고 남아 있는 2편 중 한편이다. 그 인연이 이어지며 연극과 글을 쓰던 시기인 1929년 4월 박봉자는 이화여자전문학교 영문과 입학으로 여고, 여전에 이어 선후배 인연이 이어졌고, 용아는 철원을 오고가며 시「떠나가는 배」·「밤기차에 그대를 보내고」·「싸늘한 이마」·「비 내리는 날」등 이 시기에 창작되어 명작으로 남긴다.

시문학 창간을 3개월 앞두고 일기장에 적은 용아의 마음 한 자락이 전해짐은,

"11월 7일엔가 철원에 가서 정희집에 가 묵었다. 안양사(安養寺)의 하로밤과 환대(歡待)의 3일을 지나서 11일에 누이를 다리고 같이 서울로 왔다. 죽첨정(竹添町) 3정목(三丁目) 사구(四九)에서 우아래방에서 남매가 처음 지내보았다. 정희(貞姬)와 그 아버지서 돌우오라는 편지가 이따금 온다. 봉(鳳)애는 드디여 23일엔가 다시 철원으로 갔다".

1929년 12월 23일 일기, 전집2 일기초 372페이지, 월하리와 용

담역 고대산 안양사 터는 휴전선 넘나드는 철새를 바라보며 옛일을 그리고 있다.

죽첨정 3정목(竹添町 三丁目 : 현 중구 충정로3가에 해당) 사구(四九)번지임을 밝힌다.

1930년 철원평야 경지(耕地)개발과 경원선 부설 금강산 가는 전기열차 철도공사 중인 월하교(한다리)준공에 인구가 늘어나는 해였다.

서울 종로구 적선동 169번지 사무실에서 1930년 3월 '시문학'(권당 1원 30전, 동광당서점 총판)창간으로 김영랑 박용철의 등단으로 이어지나 판매실적은 미비 하지만 그 족적은 시문학사 길이 남겼다. 창간호에 「떠나가는 배」·「밤기차에 그대를 보내고」·「싸늘한 이마」·「비 내리는 날」 등 5편의 시를 발표하면서부터 본격적으로 전개된 후인 1931년 5월 시인 박용철이 연천과 철원을 오고 가며 쓴 열애 시 끝에 정희와 인생 만남은 1931년 5월 5일 이윤재 : 1888년~1943년)는 「조선철자법일람표」 간행했으며, 20일에 결혼으로 열매를 맺는다. 서대문 옥천동 16번지에서 종로 견지동으로 이사해 용아와 정희와 신혼살림을 차렸고, 견지동 집은 뒤에 우리 시문학사에서 중요한 몫을 담당하는 『시문학』파의 산실이 되었다. 시문학사엔 김영랑, 정지용, 이하윤 등의 『시문학』 동인은 물론 김광섭, 이헌구 등이며 뒤에 김현구(金玄鳩)·신석정(辛夕汀)·허보(許保)가 새로 참가했고, 함대훈 같은 극예술파도 모여들었다. 정희는 그 다양하고 성격이 특이한 예술인들의 수발을 불평 없이 해내는 여걸이었으며, 종로(鍾路) 4가 제일극장(第一劇場) 옆 신성(新星)다방은 임정희씨가 운영했던 곳으로 더 유명했다.

「밤기차에 그대를 보내고」로 시작되는 이 시의 전편에 농익은 애틋함은 사랑을 느끼지 못했던 15세에 결혼한 첫 부인으로 시상(詩想) 우러나올 수 있는 시심과 정서가 아니라는 평이며, 그것은 용아가 사랑의 열병을 앓기 시작해 정희에게 보내진 헌시(獻詩)이다.

용아는 이 시 외에도 「사랑하던 말」, 「정희에게」 등의 많은 시를 새 애인에게 보낸다.

3. 서지학으로 바라본 오아시스

종로구 평동 경교장 (京橋莊.현 강북삼성병원 본관; 냉동의 이명)

1931년 11월 1일 시문학을 제호를 변경 『문예월간文藝月刊』 창간, 문예월간사로 변경해, 제4호 괴테특집호 발간으로 종간하였다.

이윤재(李允宰)1888년~1943년) 1932년에 조선어학회의 기관지 『한글』의 편집 및 발행, 1934년부터 박용철의 지병인 결핵으로 건강은 점점 악화되어 갔고, 1934년 1월 문학(文學) 창간, 4월 최초의 연극 전문지 극예술(劇藝術)창간, 제6호로 종간,

4월 5일 한글학자 최현배는 「중등조선말본」 발행해 배표하며, 우리말 운동이 부흥했고.

5월 30일 대중문화론 전개하던 카프 제2차 사건으로 백철 외 많은 문인들이 체포 되었다.

12월 28일 김소월(김정식) : 1902~1934년), 지병인 결핵으로 영면 중천(中天)으로 마중하며, 34년은 많은 일들과 문학 예술적 족적을 남기며 새해를 여명을 밝히고 있었다.

「이대로 가랴마는」 시심에서 보여 주듯이 삶을 결코 포기하지 않고 병과 싸웠으며, 1935년 1월 2일에는 이희승, 이윤제 등이 조선어 표준어 사정위원회 개최하며 5월 28일 프로문학론의 기치를 세웠던 카푸가 해체의 길을 걷는다.

우리 글 우리말 중요성을 토론이 이어졌으며, 그 시대 한글 용아의

편지 감상해본다.

"우리 정희 보소 날마다 편지 한 장씩 쓰기도 문사(文辭)가 고갈해서 힘이 드니 그럴 지경이면은 글 쓰는 러버(labor)가 대체 무슨 소용이겠느냐는 의논이 생기겠소. 어제는 또 좀 마음을 놓아서 하로 걸렀지 본시 날마다 쓰기로 한 약속이라는 것이 하로 걸러큼씩 쓰면 이행되는 무언중의 약속이 아니겠소."(이하 생략·1935년 10년 3월 6일)

용아에게 정희는 아내이자, 동무이자, 동지였다. 목숨을 위협해 오는 병마와 싸우면서도 그는 출간, 번역, 시 창작, 연극 활동 등 문화예술 전반에서 활발한 활동을 펼칠 수 있었다. 그것은 등대와 같이 항상 그를 비추던 아내의 사랑과 헌신 덕분이었다. 편지로 시작한 사랑은 편지로 이어지고 있었다.

1935. 10. 27일 시문학사는 정지용 시집을 박용철 발문으로 발간했고, 11월 27 영랑 처녀시집이며 연작시 53편중 45「모란이 피기까지는」발간, 이 시기가 용아의 투병시기이었다.

1936년에 용아가 아내에게 보낸 편지의 한 대목이다.

정희에게 보내는 용아의 편지는 안부를 묻거나 소식을 전하는 것에 그치는 일이 없었다. 문학에 대해, 문화에 대해 이야기하고 또 작품에 대해 소소하고, 세심하게 평을 풀어놓기도 한다. 마치 거울 앞에서 속 옛이야기를 자신에게 풀어 놓듯 편지에 담았다.

5월 12일 영랑시집 출판기념회 개최했고, 9월 박봉자는 평론가 김환태와 결혼한다.

용아는 1938년 2월 세브란스 병원에 입원하나 병이 악화되어 성모병원으로 옮겨 치료하다

5월 12일 사직동 자택에서 가족과 부인, 정지용 등이 지켜보는 가운데서 지병 결핵이 후두로 전위되어 영면(永眠)에 들었다. 15일 영결

식을 마친 후 고향 전남 광산군 송정면 우산리 산 3번지 안장, 시인 나이 35세로 문학도요 출판인으로 8년의 뒤안길이었다.

1939년 5월 5일 〈박용철전집〉 제1권 시집 〈시문학사〉 미망인 임정희 발행인으로 발행한다.

감정이나 일상의 억압에서 승화되는 뉘앙스의 미묘한 주장이 시심으로 직조될 수 있어 인생에 활력으로 충족하는 이도 있지만, 그 시절은 한 권의 책을 내는 것도 만만치 않고 모든 자료가 부족한 시절에 작가의 일생을 담은 생소한 전집을 낸다는 것은 결코 쉬운 일이 아니었을 것이다. 용아가 영면하고 꼭 두 해 만에 '박용철전집'이 간행되었다. 1940년 5월 20일평론집 제2권 〈박용철전집〉 제2권 시집 〈시문학사〉 임정희 발행인으로 발행한다.

동아일보에는 박용철 전집 발간 기념회와 추도회를 안내하는 기사가 실려 있다.

'박용철 전집' 간행을 주도한 이는 임정희였다. '박용철 전집'이 조선 현대문학사에서 처음 시도된 전집이라고 하기는 힘들다. 이광수의 춘원전집 간행이 시도된 것은 1935년이다. 온전한 전집은 1962년에도 발간되었다. '박용철전집'은 그 발행만으로도 큰 의의를 둘 수 있다. 용아는 죽음에 이르기까지 붓을 놓지 않았다. 아내로서 병간호를 하며, 동무로서 글을 받아낸 이가 임정희다. 여기 저기 잡지, 신문에 어지럽게 흩어져 있는 용아의 흔적을 꼼꼼하게 찾고, 고스란히 정리 마무리한 이도 '박용철 전집'도 임정희가 없었으면 불가능했으며 발행인도 임정희이다.

폐결핵은 그 누도 모르게 번지는 법정3종 전염병인 이 불행한 병은 기원전 7천 년 경 석기시대의 화석에서도 그 흔적 발견된다. 1882년 세균학자 로버트 코흐가 결핵균을 발견하여 병원균 실체가 세상에 알려지기 시작했다. 수많은 희생자를 낸 후 1944년에 이르러 왁스만이 발견한 스트렙토마이신으로 차츰 완치가 가능해졌으며 1970대까지 만연하였다.

원인균 : 마이코박데리아 투버클로시스)은 시작은 폐이지만 오장육부와 뼛속까지 파고들어 조직을 괴사시키는 무서운 세균이 침범하는 곳은 석회처럼 딱딱한 조직으로 변성시켜 숨을 쉴 수 없게 되는 것이다. 결핵으로 사망한 근대 1세대 천재적이며 명작을 남긴 문인을 살피며, 나도향(稻香), 나경손(羅慶孫), 필명은 나빈(羅彬 : 1902년 3월 30일 ~ 1926년 8월 26일) 1925년 개벽지에 발표한 소설 「뽕」 삼도(三道)에서 서울 들어오는 길, 사라진 군 안협(安峽)집(철원군에 편입)과 김삼보가, 연천 철원 경계 용담마을 배경이며 영화화되어 대표작이 되었다.

김소월(김정식) : 1902~1934년 12월 28일), 〈소월시집〉은 근대 문화제가 되었다.

이상(李箱) : 김해경(金海卿), 1910년 9월 23일 ~ 1937년 4월 17일),

박봉자는 김유정의 편지는 30여 통 보내며 구애(求愛)의 받았으나, 오빠(박용철)의 손에 의해 먼저 피봉이 찢긴 다음 내가 읽었다. 지금 여성들은 다르겠지만 당시는 아무리 신여성이라 하더라도 김유정 같은 뜨거운 구애에는 침묵을 지킬 도리밖에 더 있었겠는가?— 박봉자, 1974년 문학사상에 회고,

김유정(金裕貞) : 1908년 2월 12일 (음력 1월 11일) ~ 1937년 3월 29일,

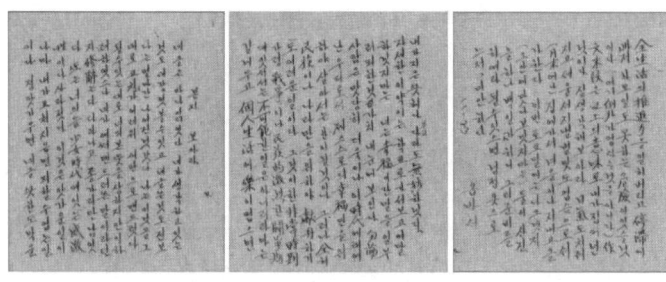
김유정의 육필 편지

나운규(羅雲奎) : 1902년 5월 4일~1937년 8월 9일). 한국영화에 길「아리랑」의 주연, 길을 따라 용아보다 앞서간 예술인이다.

혈(血)이 섞였다 해도 시아에서 멀어지면 남이 되는 세상, 삶은 들판에 피었다 지는 꽃인 줄 알지만, 병마와 싸우고 있는 부군을 먼 길을 보내는 애사

4. 애사(哀辭)는 제문(祭文)·조문(弔文)·뇌(誄) 등과 유사한 문체로 최치원(崔致遠)은 오방·토지·산신에게 올리는 제문에 이여. 한문으로 된 애제문이 많이 창작되어,『동문선(東文選)』에는 많은 제문과 애사가 수록되어 있다. 1871년(고종 8) 신미양요 때, 진무중군(鎭撫中軍)으로 광성보(廣城堡)에서 미군에 맞서다 장렬하게 전사한 어재연(魚在淵)을 위해 지은「진무중군어공애사(鎭撫中軍魚公哀辭)」가 있다.

청춘에 동무이며 부군이자, 동지며. 3형제 아버지가 출판사를 남기고 영면에 드니 써 내려간, 애사1, 2, 3에 20연의 연서의 시심에 들어가며

그대와 한자리에 나달을 보내올 제
하늘도 푸르러 웃음에 즐겼으니
님이라 부르옵기는 생각 밖이옵더니,

베인 듯 나뉘옵고 말씀없이 떠나시니
하늘이 물에 닿아 다시 뵐 길 바이 없어
님이라 거침없이 불러 야속하여 합니다,

-「애사·1」1.2연 전문」

가슴이 찌어지는 아픔을 느껴보지 못한 사람은 그 단어는 사전(辭典)만에 있다고 했지만, 그 경험을 한 이는 외적인 원인도 없이 칼에 배인 뜻한 아픔을 느끼면 보이는 것이 다가 안임은 가슴에 안고 살아가고 있지 않은가, 애사는 20살 전에 요절한 이를 애도하는 글이었다. 20살 전이면 자식이나 사랑하는 사람이다.

애사는 신라 경덕왕 때 월명사가 지은 향가의「제망매가(祭亡妹歌)」가 애사의 시초다. 마주보며 삶을 나누던 임과 님이 되는 생과 사의 아픔을 그 어떤 말로서

보름달 구름 속에 으스름한 모래톱을
손잡고 거닐은 모래알만 밟음이런가
님이여 흐르는 노래를 걷어잡아 무삼하리,

- (강가로 거닐던 일)

밝은 달도 차면 기우는 이치는 선학들이 누누이 가르침으로 잠꼬대처럼 이야기 했지만 살아가면서 늘 곁에 두고 있지만, 외면과 부정을 하며 먼 나라 일처럼 잊고 산다.

억새가 노래하고 냇물이 소리가 오랜 동무처럼 길마중 하는 강가에

아롱진 추억의 잔영들

    말소리 벌레소리 섞여 남도 한해 여름
    높은 목청으로 강물을 놀랬거든
    님이여 하늘을 바라고 웃음이나 마소서.

    이 마당 가운데 서니 달도 또한 가이없다
    묶인 발 푸는 듯이 뛰엄거리
    우린ㄴ 하늘의 그림자 춤추는가 싶었네.

        -「애사4, 5」

 외로울수록 옛일은 더욱 그리운 것이며 반복되는 현실 속에서 애리하게 다가온 전별(餞別)가, 식물인간이라도 마지막까지 그 기능 활동하는 것은 청각만은 살아있다고 한다.
 그림자 만들지 못하는 환자 앞에서는 말을 조심해야하며 임종(臨終)시 가족의 따뜻한 말에 눈물을 흘리는 경우를 종종 경험한다.

    터지듯한 웃음에도 눈물이 있으렷다
    삼키어 넘기려면 쓰레까지 배일 것을
    그날에 말없이 느끼던 일 겨우 알아집네다

    그 전날 젊은 희망 가득 안고 가던 길이
    그 길이 되돌아져 죽음길이 되단 말가
    파란불 한결같으니 더욱 설워 하노라

        -「애사6, 7」

 큰 웃음 뒤에는 아픔의 고체(固體)가 잠자고 있다고 했으며, 목안에 넘기고 싶어도 목 젓에 걸리던 지난날을 돌아보고, 희망 가득 안고 뒤

돌아본 길이 변함없는 불빛 있을 수 없어 더 서러운 날, 날들,

애사(哀詞)·2

여위고 식었다만 다름없는 그대심을
눈감아 숨 거두니 죽음이라 부른다냐
이같이 가까운 길이면 돌처 다시 못 오느냐

- (그대의 돌아가신 날)

체온과 수분이 부족한 부군의 임종 시 이승과 저승의 거리를 너무 가깝다. 누구나 죽음을 앞둔 반년 전 다시는 건강을 되찾을 수 없는 경우가 되면, 죽어감의 느낌을 감지한다고 한다. 고해의 바다에 허우적거리다. 신(神)이 주신 가장 고귀한 선물인 죽음이라 했지만 가슴이 미어지는 것을 어찌하랴,

서럽다 말을 하랴 돌처 생각 우스워라
어젠 듯 만지던 손 사른 재가 된단 말가
이 헛됨 아노라건만 설음 또한 어찌하리

- 그대를 불에 사르다

1938년 결핵이 후두까지 침범으로 영면해 저승에 문을 들어서고 말았다.
그 어떤 말도 할 수 없고 뒤돌아보면 운명의 장난처럼 느껴지는 것, 다정하고 온기 있던 손이 한 줌의 재가 됨을 세상사 일장춘몽임을 알지만 진정하지 못하는 자아(自我)의 서러움,

두툼한 입술가에 웃음 늘 떠돌건만

구슬인 듯 트인 맘에 눈물아롱 안 가싶네
한아침 이슬이런가 이내 자취 잃어라

- 티 한 점 없는 그대 시드니

 미소는 보듬고 이야기 하던 것이 잊어지지 않아 눈물이 고이는데 먼동을 밀어낸 새벽녘 이슬에 비유한 시심 화자 자신도 잃어버리는 허무와 추억의 바늘구멍은 죄다 막았다고 생각했는데 번뇌와 그리움은 지 편하게 찾아들고 그리움 덩이 재우지 못하지만 기억에서 밀려나는 서러움,

잇속에 둔한 예인들은 현실 생활면에서
예술가의 영혼은 불사를 수 없지만
대소사에 울고 웃던 세상일은 바보스럽지만

벗이라 사랑하고 언니같이 두남할 제
철없는 아기더니 저버림만 많아어라
뉘우침 새로웁거늘 어데 갚아보리오

- 전에 지나던 일을 생각고

 자아(自我)가 너무 강해서 세상사 어두운 예술인들 현실감각에 영혼을 불사를 수 없이 감정을 지우지만 불면은 나이든 자와 죄인의 저주 삶이란 늘 그렇듯 만남의 발복이며, 견딜 수 없던 아픔도 아름답고 낭만적으로 추억의 갈피에서 깨어나고 있지 않은가,

만나면 낯빛 살펴 불고여워 그넘하고
핼여 때아닌 때 꺾일세라 애끼더니
네 먼저 버리단 말가 꿈인 듯만 싶어라

- 내 몸의 약함을 몹시 걱정하더니

형태가 없는 예술혼은 문명이 만들어낸 무질서에 갇히게 된다. 경험에 조각들을 모아 모아서 그 반응을 껴안는 것이며 말초감각(感覺)을 깨우는 초인종인 것이다. 본능적인 유혹에서 자유롭지만 자유롭지 못한 세계에 우발적인 무질서에 의존하며 암시하는

   앞서와 살펴보고 양전한 집 추어주련
   새집 들어 설레는 밤 갖이 앉아 웃어주련
   첫손님 안 보이신다 기쁠 것도 없어라

    - 새집에 드니 문특 더 그리워진다

별들이 외로운 이 불러모아 꿈을 나누어주려한다.
그리움과 정이 농익은 시심과 연서를 펴 날라주던 우체부 오지 않아 이별을 실감 하게하는

  애사(哀詞)·3

   수숫대 울섶 짓고 새 지붕 가츤한데
   골목에 사람 그쳐 예런 듯 괴괴하다
   아마도 내 들은 소식 헛된 물만 싶어라

인간이 생멸(生滅)이 없으면 기억을 남기고 싶은 욕망이 생기지 않는다고 했다.

   나무람 잦으심은 남다른 자애로서
   머리밑 희어지심 낫게 살릴 근염에서
   그로서 마저 버리신가 가슴 미어집네다

   나란히 다섯 아들 그중 맏이 스물 안 적
   여려 해 포 막혔던 딸 첫길 분곡 며늘애기
   한울음 어우러지니 걸려 어이 가신가

내안에 고독 블러 놓고 차 두잔에게 묻는다 다가오는 현실 모든 것에 틈을 보이지 안으려고해도 길이 막막해 지면 여기저기에서 틈이 보인다 했다.

>   한해 앞선 형님 계셔 쉬흔 세 해 얽힌 가지
>   성품 다르신 채 우엘사 더욱 깊어
>   느끼워 울음하실 새로 주름 깊어라
>
>   적은신 채수 단정하고 흰머리 삭글한데
>   손마저 부비시며 허리 굽혀 걸으시니
>   일 만나 내펴질 제면 굽힘 모르시더니
>
>   잘잘못 뉘 없어라
>   이해(利害)에 사는 세상 다툼인들 없었으리
>   홀연히 먼 길 가시매 죄다 기려합네다

표현할 수 있다면 얼마나 좋을까 아무리 정이 깊어도 헤어짐은 인지상정인데 사람은 그 누구나 나면 죽는 것이 이치이며 사랑하는 가족과 함께 있어도 외롭다 했다.

가족에게 재물을 남기면 가족에게 물질에 도음을 주지만 마음을 남기는 유언장 같은 시심을 남기면 인생에 좌표을 삼는다 했다.

1945년 해방과 같이 송정리에 여자 중학교가 개교되었는데 거기에 임정희가 국어 선생으로 부임한다.

박봉자는(1909-1988) 이화여전 출신이다. 1936년 전북 무주군에서 교편을 잡고 있었다.

그리고 시인이며 평론가인 오빠 박용철의 소개로 평론가 김환태(1909년~1944년 5월)와 결혼식을 올렸고,

잔영- 용아가 정희에게(1929년 11월 17일자)

공기는 높고맑아 새암물 약이되고
친구 같은 아버지와 동기같은 어머니라
지붕이야 조그마하던 다시 없어뵈더라
　○
시냇물 소리따라 짖거리는 말소리와
새악시 우슴에 굴러가는 거름이매
어드덧 접어드는길을 잊고지나가더라 (안양사 도중) 지금은 고대산 능선에 절터만 있다.
　○
어제야 알았던가 십년을 사괴었던가
뷔인말 하지마오 아슴서로 비최던가
많은 듯 적은말삼을 그대하소하여라
　○
마른잎 깔아놓은 뒤언덕을 뛰어채니
장하다 철원벌 눈아래 깔리는고
말달릴 젊은마음이 도로살아오도다
　○
발맞호든 여섯거름 돌아서니 헡되여라
마음에 등을지니 그림자-ㄴ들 위로되라
뒤ㅅ자취 애처로워라 더진듯걸어가더라
　○
궁예의 꿈을 실은 철원벌의 달만녀가
흐린눈 때어보니 다만한 방 전기불을
웃방에 누이의 숨소리만 들려들려오더라

* 시작 매모 :

정희도 좋은 글을 써 보시오 시(詩)와 문(文)의 산(産) 이(異)가 그리 명석한 것이 아니니 어떻든

　시 정희에게 안양사 중에서, 정희를 가름하야

　1929년 11월 17일 용아가 정희에게

　용아의 처남 임영무 전 숙명여대 교수

밤기차에 그대를 보내고

1
온전한 어둠 가운데 사라져버리는
한 낱 촛불이여.
이 눈보라 속에 그대 보내고 돌아서 오는
나의 가슴이여.
쓰린 듯 비인 듯 한데 뿌리는 눈은
들어 안겨서
발마다 미끄러지기 쉬운 걸음은
자취 남겨서.
머지도 않은 앞이 그저 아득하여라.

2
밖을 내어다보려고, 무척 애쓰는
그대도 설으렷다.
유리창 검은 밖에 제 얼굴만 비쳐 눈물은
그렁그렁하렷다.
내 방에 들면 구석구석이 숨겨진 그 눈은
내게 웃으렷다.
목소리 들리는 듯 성그리는 듯 내 살은
부대끼렷다.
가는 그대 보내는 나 그저 아득하여라.

3
얼어붙은 바다에 쇄빙선같이 어둠을
헤쳐 나가는 너.
약한 정 뿌리쳐 떼고 다만 밝음을
찾아가는 그대.
부서진다 놀래랴 두 줄기 궤도를
타고 달리는 너.
죽음이 무서우랴 힘 있게 사는 길을
바로 닫는 그대
실어가는 너 실려 가는 그대 그저 아득하여라.

4
이제 아득한 겨울이면 머지 못할 봄날을

> 나는 바라보자.
> 봄날같이 웃으며 달려들 그의 기차를
> 나는 기다리자.
> 「잊는다」 말인들 어찌 차마! 이대로 웃기를
> 나는 배워보자.
> 하다가는 험한 길 헤쳐 가는 그의 걸음을
> 본받아도 보자.
> 마침내는 그를 따르는 사람이라도 되어보리라

이 시의 진정한 주인공은 다음 다음 해(1931년) 재혼하게 되는 임정희라는 주장들이 많다.

> 밖을 내어다보려고 무척 애쓰는
> 그대도 설으렷다
> 유리창 검은 밖에 제 얼굴만 비쳐 눈물은 그렁그렁하렸다
> 내 방에 들면 구석구석이 숨겨진 그 눈은 내게 웃으렷다

로 시작되는 이 시의 전편에 깔려 있는 애틋함은 사랑을 느끼지 못했던 첫 부인을 대상으로 하여 우러나올 수 있는 정서가 아니다.

그것은 그가 이제 곧 사랑을 하기 시작한 임정희에게 보내진 것이다. 그는 이 시 외에도 「사랑하던 말」, 「정희에게」 등의 많은 시를 새 애인에게 보낸다.

박용철이 임정희를 처음 만난 것은 임정희가 배화여고보 2년 때 누이동생인 박봉자를 통해서였다.

'용아전집'이 발간되고 10여 년이 지나 한국은 전쟁의 소용돌이에 휩싸여 있었다. 전쟁의 화마가 휩쓸고 있는 와중에 한 권의 문학지가 나온다. 1951년 6월 1일에 발간한 '신문학'이 바로 그 주인공이다. 이 잡지의 발행인이 바로 임정희씨다. '신문학' 4집 앞머리를 장식하고 있는 작품은 다름 아닌 황순원의 '소나기'이다. 언어가 아무짝에도 쓸

모없던 꽝꽝 마른 전쟁 통에 문인들 앞에 펼쳐진 '신문학'은 실로 '오아시스'가 아닐 수 없었다. 임정희는 그때에도 여전히 용아의 유지를 받들어, 용아와 함께 최대치의 사랑을 최선을 다해 이 땅의 문화예술에 바쳤던 것이다.

1945년 해방과 같이 송정리에 여자 중학교가 개교되었는데 거기에 박용철의 미망인 임정희가 국어 선생으로 부임하였다. 어찌나 품위가 있고 지적이던지 꿈 많던 시골 여학생들에게 그는 인기가 있었다. 그러나 그를 더욱 인기 있게 한 것은 그가 시인 박용철의 아내였고 그의 대표시 '떠나가는 배' 나 '밤기차로 그대를 보내고' 등의 시가 자기에게 보내진 것이었음을 말하면서 그 시를 암송한 목소리가 어찌나 낭만적이었든지 그들은 선생님이 둥근 달이었다고 지금도 회상한다.

1952년 12월 북한은 군, 면리 대통합 때 삭녕리 전역이 모두 강원도 철원군에 편입시키니 강원도 철원군 백로산리이다. 북한은 1996년에 삭녕리를 백로산리로 지명을 바꾸어서 삭녕이라는 이름은 행정구역 지도에서 사라져 버렸다.

지금은 지명만 남아 있는 분단선안의 철책선 지역에 해당된다, 철원읍 월하리 72번지로 민통선 남방지역(현 : 군부대 연병장이나) 그 외 수복 지역은 1959년 4월 10일 월하리에 72세대가 입주해서 정착)

시 정희에게 안양사 중에서, 정희를 가름하야
1929년 11월 17일 용아가 정희에게
용아의 처남 임영무 전 숙명여대 교수

동아일보, 신여성, 청년. 동광. 신동아, 여성동아, 월간문예 등 작품을 발표함

〈박용철 전집〉은 미망인 임정희 여사와 박용철의 문우인 김영랑, 함대훈, 이하윤, 김광섭, 이헌구 등이 생전의 유고들을 정리하여 시집과 평론집, 두 권으로 편집하여 간행됐다

주 최초 다방 '쓰바메(제비)'를 아십니까?
… 또 제일극장 옆에 있었던 신성(新星)다방은 시인 박용철 선생의 부인 임정희씨가 운영했던 곳으로 유명했다. 이렇게 문화공간으로서 다방의 역할이 컸던 탓인지 훗날 거물급 화가로 성장한 분들의 이력을…

> 밖을 내어다보려고 무척 애쓰는
> 그대도 설으렷다
> 유리창 검은 밖에 제 얼굴만 비쳐 눈물은 그렁그렁하렸다
> 내 방에 들면 구석구석이 숨겨진 그 눈은 내게 웃으렷다

로 시작되는 이 시의 전편에 깔려 있는 애틋함은 사랑을 느끼지 못했던 첫 부인을 대상으로 하여 우러나올 수 있는 정서가 아니다.
그것은 그가 이제 곧 사랑을 하기 시작한 임정희에게 보내진 것이다. 그는 이 시 외에도 「사랑하던 말」, 「정희에게」 등의 많은 시를 새 애인에게 보낸다.
임정희의 아랫반인 봉자는 늘 오빠의 불행을 슬퍼하고 있었다.
그러나 박용철은 "내 문제는 내가 알아서 처리할 터이니 너는 염려말고 공부나 열심히 하라."고 격려의 편지를 보내곤 했다.
그래서 봉자와 가까이 지냈던 임정희도 박용철의 그런 사정을 대략 알게 되었고,
시간이 지남에 따라 그것이 관심으로 변해 갔다.

그런 두 사람의 사이가 결정적인 계기를 만난 것은 임정희가 배화여고보를 졸업하고 이화여전에 다니다가 몸이 약해서 고향(철원)으로 내려가,

가난한 아이들을 위한 야학을 열고 있을 때였다.

그때 그 야학(뒤에 동신학원)에는 배화여고보 출신의 김주, 노함안, 편순남을 비롯하여 박봉자 등이 도왔다.

박용철도 가세하였다. 사랑과 교육의 열이 함께 불붙었다.

연로한 박용철의 아버지도 오랜만에 아들의 일에 관심을 보였고, 아들의 고민을 이해하였다.

마침내 박용철은 임정희와 신혼 살림을 견지동에 차렸고, 견지동 집은 뒤에 한국 시문학사에서 중요한 몫을 담당하는 『시문학』의 산실이 되었다.

시문학사엔 김영랑, 정지용, 이하윤 등의 『시문학』 동인은 물론 김광섭, 이헌구 등의 시문학과 함대훈 같은 극예술파도 모여들었다. 임정희는 그 많은 성격이 특이한 손님들의 수발을 불평 없이 해냈다.

용아 생애에서 가장 행복한 시기였다.

그러나 그런 행복한 시기도 점점 저물어 갔다.

1934년부터 박용철의 건강은 점점 악화되어 갔고, 「이대로 가랴마는」 시에서 보여 주듯이 삶을 결코 포기하지 않고 병과 싸웠으나…. 시인의 나이 겨우 34세였다.

삭녕 바위는 말이 없지만, 민중들은 시대의 이미지를 투영해 계속 이야기를 만들어낼 것이다. 무엇보다 '6·15 시대'가 이어졌다면, 아마 삭녕바위는 백로산리가 위치한 북한 철원군과 남한 파주시를 자매결연으로 맺어주는 매개체가 됐을지도 모를 일이다.

그러나 아직 끝난 일은 아니다. 선애가 슬픔 속에서도 울음을 터뜨리지 않는 것은 안수영(44) 하얀초록도서관장을 비롯한 이웃의 따뜻한 마음이 있기 때문이다. 사람들 사이에 남북의 공동번영을 바라는 마음이 남아 있는 한, 삭녕바위가 또 다른 '화해의 전설'을 쓸 날은 반드시 올 것이다.

1916년 광주공립보통학교를 졸업하고 이듬해 휘문의숙(徽文義塾)에 입학하였다가 바로 배재학당(培材學堂)으로 전학하였다. 그러나 1920년 배재학당 졸업을 몇 달 앞두고 자퇴, 귀향하였다.

그 뒤 일본 동경의 아오야마학원〔靑山學院〕 중학부를 거쳐 1923년 도쿄외국어학교 독문학과에 입학하였으나, 관동대지진으로 학업을 중단하고 귀국하였다. 이어서, 연희전문학교(延禧專門學校)에 입학하였으나 몇 달 만에 자퇴하였다. 16세 때 울산(蔚山) 김씨 김회숙(金會淑)과 혼인하였다가 1929년 이혼하고, 재학 중 수리과목에 재능을 보였는데, 문학에 관심을 가지게 된 것은 아오야마학원 재학 때에 사귄 김영랑(金永郎)과 교우로 관계하면서 비롯되었다. 문단 활동 이외의 경력은 전혀 없다. 1930년대에는 사재를 털어 문예잡지 『시문학(詩文學)』 3권, 1931년에는『문예월간(文藝月刊)』4권, 1934년에는『문학(文學)』3권 등 도합 10권을 간행하였다.

멍에를 지고 속앓이 한 실향 시인
— 정재섭 론

1. 분단 그 지우지 못한 상흔

 동심에는 수많은 꿈들이 어울리며 세상에 아름다움을 잊지 않으려 실어증에 걸린 동화와 동시를 지었고, 북쪽에 가족을 두고 온 멍에를 지고 속 앓이 한 망향 시인은 무감각한 분단선에 초조와 불안, 절망, 희망이 녹아내려 귀향길이 점점 멀어지자 현대시로 장르를 바꾸어 시와 칼럼으로 실향의 한을 노래했다. 화자는 준법과 넋두리를 훌훌 털어내지 못해 망향 시인이란 이름을 안고 살았다. 대다수의 예술인들은 단점을 인지하지 못하며 아집에 묶여 썩어도 준치라는 매너리즘에 빠져서 머물다 간다. 시학이란 스쳐 지나는 감성을 불러들여 사라질 감성이나 영성을 농익혀서 혼魂에 不在를 막아 내는 소유자이기 때문이다.
 인간의 생은 지극히 평범하지만 삶은 그리 녹록하지 않은 것이 현실이다. 일제 징용에서 돌아와 공산 치하인 함경북도 성진군 학남면 초등학교에서 교원으로 근무 중 국군이 38선을 돌파해 들어왔고, 중공군의 개입으로 전세가 역전되며 후퇴의 행렬이 시작된 엄청나게 추운 1951년 1월 4일 국군이 철수할 때 집에다 어머니와 부인 아들과 딸을 두고서 며칠 있다가 돌아올 것이니 걱정하지 말고 기다리라는 짤막한 말을 남기며 떠나와 돌아가지 못하고 아이들을 그리던 중, 1953년 7월 27일 연천군 천덕산 전선 공방전을 뒤로하고 휴전 협정이 조인되었고, 해방과 6·25로 몇 년간 중단되었다가 1955년에 부활된 신춘문예 공모전은 휴전협정 1년 5개월 후에 동화부에 심정희의 「봄과 함께」에 이어 가작인 「잃어버린 책보」가 입선된 이후, 동시 3편의 동심의 세계로 들어가며,

    마을 앞 밭고랑에
    눌러쓴 밀짚모자
    두 팔은 헐벗은 채
    얼마나 쓸쓸할까
    불상한 허수아비

    성가신 참새들은
    이제는 안 오지만
    가을엔 다시 보자
    모조리 쫓아낸다
    단단히 맘 다지는
    외로운 허수아비

    — 「겨울 허수아비」 전문

칼바람이 불어 문풍지가 우는 소리도 가족 함께 있으면 훈훈하고 정겹던 고향의 들녘 추수가 마무리된 텃밭 도랑에 을씨년스럽게 헐벗은 허수아비의 일상은 아무것도 할 수 없는 화자를 비유함이며, 삶에 부재로 다가오는 현실에 치근덕거리며 쩍쩍되는 수다쟁이 참새 떼는 모이를 찾다 어디로 갔는지 들녘엔 외로움을 달래며, 풍성한 가을 들녘을 기다리는 화자이다.
  일정한 거리를 두고서 그리는 고향의 정경 은유와 상징이 공허한 겨울 길목에 허수아비는 기지도 걸음마도 걷지 못함을 관념적으로 그리고 있다.

노인이 되면 양지바른 다복한 집의 흔들의자에 몸 의지한 채 가족을 기다리는 여유로움으로 어릴 적을 뒤돌아보고 그 모습이 스쳐가듯 떠오르면 입가에 미소가 핀다.

오늘도 그 노인
장터에 몰고 온

하얀 말 고운 말
노랑 말 예쁜 말

등에 탄 아이들
신나게 달리네

유리 빛 하늘엔
흰 구름 동동동

― 「흔들 목마」 전문

어른들이 읽어야 할 동시의 역할에 그 근원을 역 추적하며 물음표가 떠오른다. 잃어버린 동심의 화자는 ≪동아일보≫를 통해 동화 작가로 문향의 숲으로 들어서지만, 동화를 넘어 동심의 시심이다. 시골 장날이면 큰 우마차에 무지개 색으로 된 인조 말을 4개, 6개를 매달고 와서 엄마와 5일장을 구경나온 아이들을 태워 주며 돈을 받는다.

하얀 말은 어머니와 부인이며, 노랑말은 뛰어노는 아이들이다.

스프링에 의해 출렁이는 말 등에 아이는 유리 빛 하늘 흰 구름을 보며 내려오기 싫어서 발을 동동 구르며 엄마와 눈을 맞추는 안타까움, 시간이 머물면 좋은데 시간은 머무는 것을 알지 못한다는 동심. 흔들의자에 앉아서 그리는 잃어버린 유년의 스승이다.

꼭 한 번 어머니와 걷고 싶었던 밤길 머릿속에는 그려지고 마음속에서 지워지니 몸 따로 생각이 다름을 접어두고서 나만은 생각하고 돌보자고 다짐하지만, 늘 공염불이 되고 마는 망향의 넋두리,

    둥근 달이 떠 있네
    밝은 달이 떠 있네

    엄마하고 나하고
    외가에서 오는 길

    개굴개굴 개구리
    노래하는 논둑길

    내가 서면 달도 서고
    걸어 가면 따라 오네

        — 「밤길」 전문

유년의 어느 봄 보름날 밝은 달마중 받으며 걷는 따스한 봄날의 밤길을 걸어 본 추억이 있는 사람이면 다 같은 느낌으로 다가올 것이지만, 고향에 가지 못하고 아득한 기억을 더듬어 추억 속에서나마 엄마와 외갓집 다녀오는 길 개구리도 신이 나서 노래로 길마중하고 내가서면 달도 서고 걸어가면 따라오는 집에 가는 길.

2. 분단 그 언저리

장르인 아동 문학은 언어가 한정되어 있어 현대시로 그 영역을 넓힌 그 시심은 타향에서 죽는 팔자는 되지 말아야 하는데 장르를 시로 변신한 것은 무어라 하는 이 없지만, 부족함에 용서를 구하며 운명이란 역학易學의 언어로 맹서하는 시심을 탐미하면서,

내 얼굴은
하늘 의젓한데
한 마지기 땅도 없으니
평생, 빈곤에 젖어
젖어서 사나 보오

내 얼굴은
앞뒤에도 산
첩첩산중이니
평생, 숨통이 막혀
막혀서 사나 보오

— 「역학易學의 언言」 1, 2연

나는 하늘 아래 의젓한 허무적인 뒤안길에 타의로 인해 존재외적 삶을 살아가는 운명의 언어들 입에 풀칠도 어려운 농토 한 마지기도 내 땅이 없는 서러움들, 사방의 산들이 옥죄어 오니 소리친다. 길도 막히고 숨통이 막혀도 살아야 하는 운명,

이 그림 속에

나도 걷고 있다.
살아 있는 그림 속에

발 발 발
발들이 오르내리는
지하도地下道 찬 돌계단

때묻은 꽃신 놓고
움츠린 한 모녀母女의
해쑥한 얼굴.

— 「역학易學의 언言」 3, 4, 5, 6연

일정한 거리에서 부와 빈도 어쩌지 못하는 현실이며 적응하며 살아가고 있는 도심은 계단을 오르고 내리는 수많은 발걸음들은 반복되는 경쟁 시대에 군상의 모습이다. 깡통대신 아끼던 꽃신 들고 나와 지하도에서 움츠린 모녀를 빈곤에 찌든 얼굴을 비유하며, 목이 좋은 곳과 사치품 파는 가계는 언제나 대목 전야처럼 북적거린다. 극을 구축해 놓은 빈부의 격차가 던져지는 관념觀念의 그림의 정경들,

    그 아래
    화사스런 상가商街
    대목 경기景氣 일고

    위로 더 오르면
    금싸라기 땅에
    터 잡은 빌딩들은
    비만한데……

    다리 다리 다리
    다리들이 한결 바빠진
    차디 찬 돌계단

    — 「역학易學의 언言」 7, 8, 9연

억울하면 출세하라는 유행가 가사처럼 더 높이 오르려면 금싸라기 땅 위에 지어진 대형 빌딩에 오르려면 다리가 빠르고 튼튼해야 하는데, 냉정한 층계 차디찬 돌계단은 빈부의 불 화음이 내재되어 거친 숨을 쉰다.

    얼룩진 꽃신 안엔
    하루 괴인 동전銅錢이
    가련히 숨 쉬고 있을

이 그림 속에
나도 바삐 걷고 있다.

— 「역학易學의 언言」 10, 11연

  얼룩진 꽃신 안에는 행인들이 던져 준 동전이 서로를 보듬고 모녀에게 희망을 만들어 주고 허기를 이기지 못하고 하루하루를 연명하는 일상에 단순함의 그림 속에 화자는 바쁨에도 추억을 되새긴다.
  무현봉 497m에서 발원하는 성진시 중앙을 관통하는 한천의 물비늘은 동해로 흐른다. 업억흑연광산業億黑鉛鑛山이 4개가 밀집되어 우리나라 산출량 1위의 자원을 품고 있는 곳, 돌아가는 길이란 멀고 험하기도 하지만, 늘 가슴에 담고서 꿈꾸어 귀향길,

    호수湖水처럼
    먼 별빛이고
    그림자 지는 포구浦口

    굴곡선屈曲線 모래 벌
    기어드는 밀물 소리

    어쩐지
    잃어버린 고향
    떠오르면
    이국異國에나 온 듯
    물살 짓는 외로움

    수면水面 위에
    드러누운 양선洋船 떼
    불꽃들의 속삭임

    밤마다
    빈 방房 찾는

발자국……
　　　모래알 고이는데

　　　불안不安, 사색思索, 고독孤獨

　　　　　— 「귀로歸路」 전반부 전문

　함경선 철도가 666.9킬로미터 지나 중국, 소련 달리는 증기 기관 열차의 기적 소리와 신양역에서 기다리는 가족들, 돌아가야 할 고향 저 멀리 먼 별빛은 해 그림자 안고 동해의 일산만 포구 모래 벌로 사그랑 거리며 숨어드는 한천을 흐르는 물소리와 내 나라에 고향이 있는데, 이국에서나 느끼는 향수병에 파고드는 외로움의 바다에 떠 있는 유람선들, 갑판 위 불빛이 밤마다 빈 방에 찾아와 어서 오르라며 소근거린다. 하루라도 먼저 가려고 경원선 언저리에 살다 통일이 되면 원산 가는 열차에 올라, 원산에서 131개 역을 지나는 함경선 철도로 갈아타면 되는데, 지친 노구에 파고드는 불안不安, 사색思索, 고독孤獨……,

　　　스스로의 위치位置
　　　너절스런 밤

　　　차라리
　　　물에, 얼근한
　　　한 마도로스 되어

　　　어느 뒷골목
　　　징그런 나여裸女와
　　　발효하는 욕념이나
　　　풀고 싶어지는 밤

불안不安, 사색思索, 고독孤獨
　　　포구浦口가 보이는
　　　귀로歸老

　　　　— 「귀로歸路」 후반부 전문

　인간 중심적이 너무 강한 것인지 사상 깊이로 남북으로 찢겨 반으로 나누어진 삼천리강산에 응어리진 가족사 기다림이 너무 길어 잊고 살려 해도 긴장의 연속되는 일상사는 탁배기 한 사발이면 10리을 가는데, 몇 잔을 더 마셔야 고향집 대문을 열 수 있을까, 맹물에 취한 마도로스이고 싶다. 대서양을 떠돌다 고향에 돌아와 음양의 억압을 풀고 싶어지는 어둠의 포구에 정복 대상인 육망이 꿈마저 깨트리고 있다. 자연적 질서에 피고 지는 인간다운 그리움의 미학 뒤에 감지되는 시심.

3. 나의 묘비명

　『열반경』을 탐구하며 설說하는 것은 세 치의 혀로 논하는 것을 따르지 말고 가슴 깊이에서 잠자던 뜻을 따르라는 구절을 감지한 것인지, 시인은 시 형태를 빌려 묘비명도 미리 쓰고, 유서도 미리 남겼다.

　　　육신이 사뭇 늙어 숨지더니
　　　아, 동긋한 무덤 이뤘노라

　　　〈하나〉로 되는 세상
　　　결코 보지 못한 채

　　　천리 밖 내 고향 땅
　　　되찾지 못한 여한餘恨아

흔적이 무엇인고
지워진 팔십평생八十平生

난중亂中에 용케 남아
귀향을 바랬건만

결승決僧에 몰래 앓아 온
긴긴 망향의 병력病歷이여

지나는 길손이여
비문 읽고 비웃지 마오

세월에 지쳐 온 몸
이 제사 고이 뻗어

고향과 그립던 얼굴
다 버리고 죽었노라.

— 「나의 묘비명」 전문

 엄동설한이 맹위猛威를 떨치던 1951년 1월 4일 국방군이 철수할 때 집에다 어머니와 부인, 아들과 딸을 다독이며, 며칠 있다가 돌아올 것이니 걱정하지 말고 기다리라는 짤막한 말을 남기며 떠나와 전란 중에 살아남았지만, 돌아가지 못하고 가족을 갈라놓아 망향이란 중병의 환우患憂는 155마일 248키로의 장벽이 가로막혀서, 시詩로 남긴 묘비명에는 지친 몸이지만 천리 밖에서도 잊히지 않는 얼굴과 고향을 다 버리고 죽었노라, 통곡의 울림들, 학성군민회에선 오래 전에 유택용幽宅用으로 의정부시 금오리 산자락에다 수천 평 규모의 '망향 동산'을 마련했는데, 이미 봉분이 수백여 묘墓가 옹기종기 들어차서 모였고, 나도 엔젠가는 이 산에 묻히리라 회고했었다.

마천령摩天嶺(725킬로미터) 함남 단천군 광천면과 학성군 학남면의 道의 경계 고갯길, 현실적 삶에서 망향을 안으로 삭이는 존재론적 허무 의식에 절룩거리며, 잃어버린 길을 찾아봐도 올바른 시인도 아동문학가도 못 되고 재주도 없이 살다간 삶과 죽음의 경계에서 술잔에 어리는 옥빛 같은 얼굴들…….

　　이미 버림받은
　　삭막한 빈 벌판

　　세월에 주저앉은
　　육중한 검은 철마여

　　피 뿌린 전적지엔
　　잡초만이 흐느끼네

　　아, 얼마나 고독을
　　참아 왔던고

　　얼마나 부활을
　　믿어 왔던고

　　끊긴 채, 녹슨 철로
　　남북 이어 확 트이면

　　기적도 목청 챙겨
　　뛰이이 뛰이이

　　북으로 달려가리
　　북으로 가리.

　　　　― 「잔면盞面」 전문

술과 이념은 쉽게 취하지만 그 뒷맛은 허전하다. 차茶와 자연은 서로의 영역塋域을 양보하며 공생하지만 시로 시대를 읽으며 망향 시인의 인문학적으로 이해하려 화자는 고민을 했다. 통일되면 몇 분이라도 먼저 가려고 3번국도 경원선 철길 언저리인 의정부, 동두천, 양주의 호명산 아래 머물렀는데, 끊긴 녹슨 철길 북행 열차는 긴 수면에서 깨어나지 못해 울지도 달리지도 못했다.

함경북도 학성군 최 남쪽이라는 고향에 그 지명이 길주군, 학성군, 1943년 성진군, 1951년 2월에 김책시, 현제는 성진시로 여러 번 변경되어 평라선 철도가 지나가며 학남면 용대동(일부는 단천시에 편입) 면내에는 일신역, 만춘역, 쌍룡역이 있다.

노혼老魂을 이끌고 고향집을 찾아갈 수 있을는지.

용연산龍淵山 1,598킬로미터. 학성군 학상면과 함남 단천군 두일면 사이에 있는 산 아래를 지킨 우람한 나무도 제 살을 찢어 내며 꺾일 때도 그 아픔이 메아리로 다가올 때가 있다. 너무나 벅차서 길게 써 내려가지 못한 미리 쓴 유서로 표현한 아픔들…….

    구름아
    내 고향 하늘에
    묻어다오 이 원혼冤魂을……

    — 「미리 쓴 종장」 전문

세상에는 아무리 좋아도, 아무리 슬퍼도 우리는 곁에 오래 머물지 못한다. 예시 없이 다가오는 희로애락喜怒哀樂도 자아自我에게 선문답으로 그 길을 찾아야 하는 것이기에 화자는 원라 본선 48.4킬로미터(1977년 개명), 평라선 열차표도 끊지도 못하며 무겁게 그리워하다 긴 수면에 들어 새털 같은 영혼이 되었다.

4. 잃어버린 고향에 귀향을 바라며

　분단된 후 경원선 가곡을 연결된 강원선(평강-고원, 145.1㎞), 함경선(원산~상삼봉)을 도문선의 합쳐 함북선(청암~나진, 326.9㎞)으로 혜산선은 백두산 청년선이라 개칭했다.
　평라선(평양~나진)·함북선(청진~나진)으로 나누며 해방 전의 철도망을 개편, 삼지연선(혜산~삼지연)·청년이천선(세포~평산)·북부내륙선(만포~운봉~혜산) 등을 신설되어 두만강을 사이로 마주보고 있는 나선특별시와 러시아 하산시를 하산나진 국제 철도 경원선(서울~원산)을 잇는 철의 실크로드인 청년이천선이다.
　함북 성진시 학남면에서 교원으로 근무하며 결혼하여 슬하에 1남 1녀를 두고 행복하게 살았는데, 결혼한 지 몇 해 되지 않아 6·25 전쟁이 일어나 남하하던 국군을 따라 단신으로 월남, 그때만 하더라도 아내에게 국군이 북상하면 바로 올 것이니 어머니와 집 잘 지키라는 말을 뒤로하고 고향을 떠났다. 155마일 248킬로미터의 장벽을 가로막힌 휴전선으로 남과 북이 갈라서는 바람에 남한에서 결혼하여 1남 1녀를 두며, 두 가족의 가장이 된 시인의 족적足跡을 살피면서,

　정재섭鄭在燮(1925년 6월 16일~2020년. 1월 16일), 호는 좌포佐捕, 함경북도 성진군 학남면 좌포리 출생, 배재중학 수학(1942), 일본군 징병에 끌려갔다가 해방으로 귀향. 향리에서 초등학교 교원을 하다. 공산 치하를 벗어나, 1·4 후퇴 때 남하, 부산에 있던 육군병참학교陸軍兵站學校 군속으로 재직 중, 《동아일보》 35주년 신춘문예 동화 부문에 심정희의 동화 「봄과 함께」에 이어 가작 작품에 동화 「잃어버린 책보」 (1955년)가 입선된 이후 시詩로 장르를 바꾸었고, 이인호李仁鎬의 그림

을 곁들여 중앙공보관에서 시화전을 열었고(1971), 저금보험관리국 재직 중엔 화가 엄성관嚴聖寬의 그림으로 시화전을, 1973년 12월 18~23일 실향민들 사랑방 신문로1가 7번지 세종빌딩 3층 302호 전쟁문학회와 그 위층 관북문학회가 있던 근방 오도五道청 건너 옛 국회회관 뒤 길의 태성다방에서 시 「거울 앞에서」, 「대춘」, 「바다」 등 29점을 전시하였다. 김규동 시인(1925년 2월 13일~2011년 9월 28일) 함북 종성, 朴洪根(1919년 9월 19일~2006년 3월 28일) 시인·아동문학가, 함북咸北 성진시 쌍포면雙浦面, 함윤수 시인(함북 경성군 경성면), 장석향 시인(함남 단천) 외 11명의 찬조 작품이 함께 전시되었다. 관북문학회 회원 이기진, 김남석, 송병철, 장석향, 강범우, 이준범, 조봉재, 하유상 등이 주류가 되어 신문예협회 창립 발기인 초대 사무국장으로 참여. 첫 시집 『구름아 독백獨白』을 한일출판사, 노산 이은상 서문으로 1972년 발간, 시선집 『미리 쓴 종장終章』, 황송문 시 해설로 문화연구소, 1982년 발간. 시선집 『일어대역日語對譯』, 『백서명상白書暝想』 문민사(1999). 현대시인협회 사화집 교정, 1978년 한국 전 지역 원로 문인 68인이 모여 한국신문예협회라 하고, 정관에 의한 임원을 선출하여 창립을 하여 초대 사무국장 이사 역임, 소요산 추담 스님 박정걸朴定杰(1898년 9월 13일(음) 함흥). 배우 이순재와 교류했으며, 국제펜 한국본부, 전쟁문학회 기획편집위원, 이담문학회, 반야문학회, 홍선문학회. ≪오도五道신문≫에 글을 기고했으며, 필자와는 6개의 모임에서 활동했고, 필자도 실향민 2세이기에 그 의미가 남다르다.

96세에 녹양동 요양 병원에서 영면에 들어, 장례식장 발인으로 의정부 자일동의 산자락에 부인이 잠들어 있는 학성군민회 유택幽宅인 망향 동산에 묻히었다.

7번국도 해변 길 함경북도 최 남쪽 학남면은 김일성의 동지며, 전선 사령관 김책이 사망하자 1951년에 그의 고향인 학성군을 성진시로 개명한데 이어 김책시로 편입, 면소재지는 일신이며, 떠나올 적 이름은 폐지되었지만, 실향민은 그 이름을 잊지 못해 학남인 망향비를 세웠다.

그 비문 가슴에 담으며 망향 시인을 기리면서,

> 북녘 땅 바라보고 발버둥치며 외쳐보았오
> 三八線 장벽아 무너져라 來日이면 故鄕땅 간다더니
> 어언 春風秋雨 三十三個 星霜이 흘렀구려
> 하늘 높이 우뚝 솟은 白頭山을 그리워하면서
> 이곳 永郞湖畔 동산에 자리 잡고 望鄕의
> 설움을 달래면서 이 碑를 세우노니
> 아 아 북쪽 하늘로 떠가는 저 구름아 恨 많은 설움과
> 쓰린 이 가슴을 내 故鄕에 부디 傳해다오.
>
> 서기 일구팔삼년 사월 오일
> 함북학재영북지구 학남면민친목회 건립

정재섭

기행시조에 조명된 조국의 정경 띤 역사의식
- 沈連洙論

1. 들어가며

　조선제국과 황후 소리에 눈이 멀어 왕실은 대조선(大朝鮮)의 국호를 지우고 대한제국이라 황제국의 호사를 부리다. 반벙어리 반병신으로 한일합방이란 미명아래 주권을 잃고 일제의 총독부에서 조선의 전 국토에 임야 조사를 한참 시작할 1918년 5월 20일 강원도 강릉군 경포면 난곡리 399번지에서 三陟 沈氏 심운택의 삼남으로 태어났다. 화자가 7세 되던 1924년 3월경 부친인 심운택은 직계 가족과 동생 심우택을 거느리고 1922년 12월 30일 대외전쟁으로 피폐한 니콜라이 2세 왕조의 러시아를 무너뜨리고 소비에트 연방을 선포하고 기치를 내세운지 2년 만에 공산혁명가 레닌이 1924년 1월 21일 사망 후 부동항인 블라디보스토크로 이주 정착을 하게 된다.
　그런데 1931년 7월 2일 동북 삼성 만보산사건, 9월 18일 만주사변 후에 소련의 1차 5개년 계획을 수립하여 추진하면서 정책의 하나로 소련연방에 거주하는 소수민족을 강제통합 이주 정책을 수립하기 시작하였다. 조선 사람인 심연수의 가족은 낯선 중앙아시아로 강제 이주를 피하려고 1930년 滿洲國 黑龍江城 밀산과 또 신안진으로 이주해 살던 중, 1932년 3월 9일 신경(지금의 창춘)에 5개 민족으로 한족, 몽고족, 만주족, 일본족, 조선족을 합쳐 일본은 朝中 領土분쟁지역인 동북 3성 간도에 청나라 마지막인 어린황제 푸이를 내세워 괴뢰국인 만주국을 건국 하였고, 1935년에 용정의 길안툰(지금의 길흥촌)에 정착하게 된다.

유교 집안서 성장 新安鎭소학교를 다니다 화자는 용정으로 이사 온 후 용정소학교로 전학해 5학년에 편입 1937년 졸업, 동흥중학에 수학 중 文章講話을 밤새 읽고 써 둔 것을 1940년 유일한 한글 신문인 만선일보에 시 〈대지의 봄〉 〈여창의 밤〉 〈대지의 여름〉을 발표하고 17일 간 1940년 5월 5일에서 22일 고국으로 여행을 다녀온 후 「조선문학 단편집 上, 中, 下」를 탐독하게에 이른다. 감동받고 문학의 길 걷게 한 작품은 주요섭 선생의 〈사랑방 손님과 어머니〉을 보고 먼 후일 작품이 남아서 뭇 사람에게 읽혀지고 감동을 주는 문학작품을 쓰며 살아가는 사람들은 행복한 사람들이니 화자도 작품을 많이 쓰고 발표하며 후세에 남기고 싶다고 토로한 것이 전집 371쪽의 일기에 기록되어 있다.

1940년 12월 5일 동흥중을 졸업, 1941년 일본대학 예술학원 문창과를 입학(3년제), 1943년 2월 9일 일본군이 미군에게 솔로몬제도 포기하고 전선에 밀리자 그 해 조선대학생과 전문학교생의 징병을 유예한다는 조치까지 폐지하고 조선에 학병제를 공포 시행하자 8월 졸업을 앞두고 귀국 그 당시 일제는 연합군에 밀려 극에 달한 시점인데, 1944년 8월 23일 조선에 여자정신대 근무령 공포하고, 12세에서 40세까지 미혼이나 배우자가 없는 여성을 강제모집하게 된다. 화자도 강제 징집을 피해 현해탄을 건넜고 용정에 머물지 못하고 신안진으로 피신하여 독립운동에 뜻을 갖고 진성초등학교 김좌진 장군이 설립한 소학교에서 후진 양성과 독립운동에 깊이 참여하다 두 차례나 일본경찰에 잡혀 옥고를 치렀다.

문학 작품은 1932년~1945년(13년 간) 유작노트 8권의 시 312편, 기행시조 64편, 수필· 소설 4편, 1년 치의 일기· 편지 등을 남겨 전집으로 발간되었고, 그 외 누락된 작품 1권 불량의 원고는 화자의 아들 심상룡이 시집으로 발간하려던 중 중국 공산당의 문화대혁명으로 심상룡이 북한으로 피신할 때 분실되었다 한다.

1945년 2월 백보배와 혼인하여, 그 해 미국은 8월 6일 에놀라 게이82 b-29 폭격기로 1차로 히로시마에 원폭이 떨어진 것을 알고 귀향했는지 알 수 없지만 신안진에서 용정으로 귀향하던 1945년 8월 8일 도중에 왕청현 춘양진에서 28세에 광복을 1주일 남기고 일본군에 의해 피살, 조국 독립 맞이하지 못한 비운을 남겼다. 그러나 화자가 땅에 묻히기 전, 8일은 연합국인 소련이 조선의 두만강 국경을 넘어 경흥으로, 9일은 소련이 만주국에 선전포고를 하고 미국은 2차로 나가사키에 원자폭탄이 떨어트렸다. 초토화된 일본은 10일 조선총독부에서 고하 송진우에게 정권이양을 교섭했으나 거절당한 날이고, 일본은 연합국에 무조건 항복을 제의했다.

화자의 유일한 혈육이고 장남이며 유복자로 태어난 상룡은 문화대혁명 때 우파로 몰려 북한으로 몰래 피신, 현재 그곳에서 화교정책 책임자인 고위 공직자로 근무하고 있다고 한다. 1940년 조선인이 많은 동흥중학 4학년 때 5월 5일에서 5월 22일 장장 壹萬里 길 수학여행을 마치었다고 했는데. 그 경로를 보면 그 시절이 교통사정을 연구 추축할 수 있는 근거가 된다.

해란강 두만강 동해의 원산 북부철로 선을 타고 금강산을 5일 동안 두루 살피고, 강릉을 거쳐 내금강역에서 금강산 전철을 타고서 동 철원을 거쳐 경원선을 타고 서울에 도착, 3일 동안 서울 관광을 하고 경의선을 타고 개성에 12일 도착, 하루 만에 평양으로 간다.

평양에서 1박 청천강을 거쳐 백두산 천지, 여순, 요동반도 黃河을 보고 20일 하얼빈을 거쳐 22일 봉천에 도착하는데 17일이 걸렸다. 필자는 경험하지 못한 끔직한 일제 강점기의 東北亞 정서를 정리하는데 있어 미비해 역사책의 기록을 보며 화자의 짧은 여로 지나간 세월 속을 수사학적 합리성의 그 여행 기간 중 일기장에 쓴 기행 형식에 시조 중 필자가 집적 보거나 접해 본 것을 위주로 한정했고, 평양 이후의 여행시조는 제외되었으며, 동북아 역사의 사건들을 나열하느라 서론이 긴 것은 화자의 시심을 좀 더 쉽게 이해를 도모하고자 함이다.

2. 고국산천을 가슴에 담으며

화자는 7세에 남대천이 흐르는 강릉을 떠나 소련에서 7년을 살다가 14세에 만주어(滿洲語)을 쓰는 봉천은 조선족이 많이 살고 있어 민족혼을 일깨우라고 동흥중학에서 수학여행을 고국의 수도와 옛 고려의 수도와 평양과 요동을 택하기라도 했던 듯, 고향인 강원도에서의 5일은 어떤 감정이었을까, 두만강 철교 넘어 동해안 해금강을 따라 마중하는 송림 사이로 난 철길을 달리는 열차 안에서….

   海蘭아 갔다 오마 半萬里 먼 길을
   四年間 먹은 정도 적다곤 못하겟다
   갈 길이 멀고머니 쉬여쉬여 가련다.
   모아(帽兒) 뫼 꼭대기위에 푸른빛 열 벗으니
   돌아올 그때에는 녹음(綠陰)아 깊어져라
   山과 물 다 구경하고 돌아와 비겨 볼게.

    - 〈떠나는 길〉 전문1940년 5월 5일조선족 문학사료전집 1권」186

억만년이 지나도 변하지 않는 해란강가를 거릴면서 조국 고향 땅으로 떠나는 수학여행에 머리 속 산만한 정신 상태를 굳게 정리하며 조상에게 청년의 굳센 혈기를 보이려고 벅찬 가슴으로 갈 길이 멀고 먼 것이라도 쉬며 간다고 또 다른 나와 다짐을 한다.

돌아오면 희망의 빛으로 푸르른 숲아 내 조국 강산을 다 보고 와 너와 견주어보자고, 제2의 고향과 하는 약속은 부분의 자립성의 요소이다.

> 頭滿江 네 아니 몇 萬年 흘럿댓니
> 이 江을 건너든 이 울더냐 웃어냐 응
> 나는 건너면서 울음과 웃음 새엿다.
>
> 밤은 깊어간다 그러나 깨여 있다
> 흐르는 물소리는 밤공기를 가볍게 치다
> 아, 나는 왜 자지 않고 이 밤을 새우려 하나.
>
> - 〈國境의 하로밤〉 전문 5월 5일 「조선족 문학사료전집 1권 187」

두만강은 동해에서 황해로 흐르는 한민족의 젖줄이며 이별과 만남의 소용들이 속에 미래지향적 사연을 안고 喜怒哀樂의 산 중인인 물결은 맑음과 어둠은 오래 머물지 못하고 윤회하는 진리의 국경은 밤공기가 몸을 떨게 해도 맑게 흐르는 강물 소리는 민족의 정신이라 깊은 밤이 와도 영혼이 머물지 못하고 빛이 어둠을 밀어내려 국경의 三角洲을 관조한다.

> 푸른 물 뛰고 치는 東海岸 모래불에
> 짧다란 솔나무는 다박솔 조롱솔나무
> 아침 안개 자욱한 바닷물에 조을고 있다.

바닷물 짠 냄새와 솔나무 송진 냄새
모래불 온판에는 깨여진 조개 쪼각
車에서 뛰여 나려서 놀다 갈가 하노라.

- 〈東海〉 전문 5월 5일 「조선족 문학사료전집 1권 」187

동해바다를 보고 자라다가 내륙에서 산 십수년 만에 끝도 없이 출렁되는 고국의 바다를 보고 모래밭을 거닐며 조선의 솔향기가 진동하는 해변의 바다 향기에 젖어 송진내의 모래사장에 조개껍질 조각이 평화로운데 달팽이처럼 등에 진 것 다 내던지고 차에서 내려 모든 것 잊고 싶은 청년의 솔직 담백한 표현들.

3. 항구는 고독을 먹고

부두에 남긴 설음 쌓여 또 쌓여
荒波가 밀려드는 이 방축 되었는가
너무나 애통하여 돌과 같이 굳었는가.

배 소리 듣기만 해도 마음이 설레는데
못 잊을 님 보내는 사람이야 오죽이나 하랴
갈매기 기웃거리며 또 우는가 엿보더라.

- 〈元山埠頭에서〉 전문 5월 7일 「조선족 문학사료전집 1권」188

동해안에서 청진 다음으로 큰 항구이며 교통의 요충지 강원도 도청소제지 원산에서 열차를 갈아타려 낯선 거리를 걸어 보면 봉천보다 활동성이 넘치지만 왠지 허전한 정경 뱃고동소리에 설레는 나그네에게 갈매기 기웃거리며 우는 것이 화자의 마음이라 생각하니 더욱 애절하여 내적 의미의 님 보내고 잊지 못한 부두의 정경.

   勝景을 그려 와서 취해서 돌아가는
   금강의 구경군이 되었던고
   울고픈 사람도 다시 웃으며 가더라우.

   출구의 입에서 몇 사람이 담소하고
   플래트홈에서는 몇 마리 말이 울고 있소
   아- 아, 나도 여기에 온 것이 참말인가 꼬집어보오.

  - 〈外金剛驛〉 전문 5월 7일 「조선족 문학사료전집 1권」 189

 상징적으로 남아 그 무엇을 요구하는 산 바람소리에 조선의 제일 명산의 좋은 경치 만이천봉에 취해 모든 상념 잊고 슬픔도 기쁨도 잠시 잊는 수사학적 구성이 여유로운 삼삼오오로 모여 길을 재촉하는 이와 역으로 가는 이를 보며 그리던 금강산에 온 것이 실감나지 않아 화자의 살을 꼬집어보며 울고픈 사람도 다시 웃고 간다고 간이역에 대한 경의를 표하는 시심.

   新羅가 그적게요 고려가 어적게죠
   많은 限 품고오서 그 뜻을 못 이루니
   뉘 아니 설워하랴 맘 더욱 설레인다.

   東海의 가장자리 맑고 푸른 하늘 아래
   눈 막고 귀 막고서 누운 이 그 누구요
   베옷 입으시고 돌아가신 거석한의 아들.

  - 〈麻衣太子陵〉 전문 5월 8일 「조선족 문학사료전집 1권」 194

나라를 바치고 식읍(한 지역을 정해 그 지방의 세액이나 소독을 관리하며 받아쓰는 제도) 얻은 아비를 따르면 영화를 누리지만 천륜을 끊고 어두운 그늘에서 한을 삭이는 태자, 거적을 쓰고 일인 시위의 선각자 천만년 갈 것 같은 고려도 외세의 등살을 못 이겨 역사 속에 묻혀 한을 삭이고 맑고 푸른 하늘 아래 맹인으로 귀머거리로 사는 것이 능 안이나 능 밖이나 다를 것이 무엇인가. 공간적 시간을 뛰어넘어도 1천 년이 흘러갔지만 느껴지는 동병상련 구조의 징후들, 아무리 거적 쓰고 살다가도 그는 陵에 묻힌 진정한 태자이다.

> 옛날에 險한 길을 걸어서 다닌 것을
> 이제는 타고 앉어 호사로 다니나니
> 구경이 더 좋더냐 호사가 더 낫더냐.
>
> 단발령(斷髮令) 그 고개에 구멍이 뚫리우고
> 서울서 하로 길 된 이때가 되엿으니
> 이 아니 우스우랴 갓난이 구경 오네.

- 〈金剛山 電鐵을 타고서〉 전문 5월 10일 「조선족사료전집 1권」 201

그 시절도 나름대로 급속한 발전을 한 것 같다. 옛날에는 그 험한 길인데 전찻길이 생겨서 앉아만 있으면 산에 오르니 그 누가 이런 호사와 호강을 맛보랴 상상이나 했으랴.

태산같이 높고 높은 단발령에 터널이 뚫리어 서울도 하루 만에 갈 수 있게 발전된 현실 실체적 체험에서 오는 과학의 힘 웃지도 못하는 현시점은 그러나 현실에 안주하지 말고 험하고 힘은 들더라도 역설적 은유의 險자가 주는 메시지, 1940년 5월 10일 일기장에 기록한 의미 심장한 아우성.

漢陽의 남쪽으로 안고서 흘럿으니
　　　五百年 그 동안에 생긴 일 다 알려니
　　　침장(慘狀)을 보고서는 동정에 울엇느냐.

　　　돛 내린 나루 배는 임자가 그 누구요
　　　그 배에 싣는 짐은 무엇이 제일 많아
　　　나루 배 그나마 많어 이 강에 다녀주소

　　　　　- 〈漢江〉 전문 5월 10일 「조선족사료전집 1권」 201

　고향엔 대관령 맑은 물이 지절거리는 남대천 실안개 피우는 제2의 고향은 해란강 오백년 도읍엔 한강 흐르는데 부귀영화도 다 지난 일이고 현실을 보면 너무 슬퍼 통곡을 한다. 돛 내린 나루에 임자 없는 배에 싣는 짐이 무겁다 하는데 그나마 투정하지 말고 다양성을 간직한 정과 혼이 이면에 바람과 교신하는 돛이란 상징이 언어로 담담하게 잠재되어 암시하는 핏줄 같은 실개천이 모여 하나가 된 한강의 힘.

　　　남대문 기와장은 이끼에 빛이 있고
　　　장안을 나고 드는 사람도 보고 있어
　　　서울이 南쪽에 서서 漢陽을 지키는 듯.

　　　옛날의 남대문엔 빛이 있어 빛나더니
　　　오날엔 古色조차 수집어 서 있나니
　　　서울의 찾아와서는 한숨짓고 가는 길손.

　　　　　- 〈南大門〉 전문 5월 11일 「조선족 문학사료전집 1권」 202

　경복궁에 화재를 막기 위해 지어졌다는 숭례문 지붕의 기왓장에 이끼가 빛을 잃지 않고 장안에 나고 드는 사람도 한양도 남대문이 지키는데 그 잘난 이들은 볼 수 없어도 그 뚝심으로 보내고 마중하는 반복적인 문, 찬란한 부귀도 감추고 을씨년스럽게 초라하고 수줍어도 부활을 기다리며 서 있다.

찾아오는 나그네 반기지도 않아 한숨짓는 모습을 보며 웅장한 모습이 낡고 변형되어 자립성이 잃은 듯하지만 한양의 상징성이 되어 고통스러울 만큼 마주 보며 서술적 묘사하고 있다.

4. 기다림, 그 긴 여정

못 속에 樓가 빛어 물속에 잠겼으니
옛날의 慶會樓는 물속엣 것 참이라오
따우에 남은 것은 노날날 慶會樓외다.

國寶이 놀던 곧도 이곧이 그였지만
國寶 없는 오날엔 主人도 안놀겟지
흙발에 더러워진 石階는 누구의 所行인고.

- 〈慶會樓〉전문 5월 11일「조선족 문학사료전집 1권」204

황제와 황후라는 이름에 눈멀고 귀가 멀어서 550년 위업을 지워버린 업으로 왕조의 연회가 아름답게 펼쳐지면 연못에 비치어 이중적으로 반사되는 물결은 유난히 영화 감상을 좋아하던 화자에게 국권과 국보가 없어 주인 잃은 누각이라고 흙발로 드나들어도 누구의 소행인지 나무라지 않는 현실이 반영된 나라의 운명 같아 안타까워 좀 더 굳굳한 모습으로 지주가 되길 강조하는 되물음, 강산에 질서 없는 외세의 흙 묻고 예의 없는 발자국들.

충신의 남긴 뜻이 돌에 스며 붉엇으니
千秋에 질소냐 그 양적(痕迹) 그이 피가
생돌이 깍기인들 그 곧이야 풀릴소냐.

사람아 충신이야 못 된다 치드래도
그이와 같은 뜻이야 못 가질 것 무엇이냐
마음에 느낀 바 있거든 실행 보소이다.

- 〈善竹橋〉 전문 5월 12일 「조선족 문학사료전집 1권」 206

혼돈의 역사를 지배해 온 元과 明의 어둠에서 불사이군의 충절로 한 임금 섬긴 충절을 서 너 걸음의 돌다리 위에 천추의 귀감으로 남긴 곳, 무생물이지만 550년 동안 무언의 덕담을 하며 내면에 갈등을 하는 청년 학도에게 큰 충격을 던지는 돌다리, 거시적인 차원에서 느낀 바 있거든 불타오르는 가슴을 열자고 한다.

크나큰 집도 보고 번화한 좋은 거리도
내게는 못할세라 맨 땅인 龍井이러라
마음이 가는 곧은 낯익은 이곧뿐이다.

알뜰히 맞아 주는 사람이 없어도
내 마음 시원해라 맞아 준 이곧 空氣
映畵館 속에 있다가 나라서 나온 것 같더라.

- 〈龍井 驛頭에서〉 전문 5월 22일 「조선족 문화사료전집 1권」 224

이주민에 타 언어를 가져 당하는 수난적 연대 고리는 뇌세포에 기록된 아리아식 입자가 형성된 거리와 지형 물들의 반가움이 17일 간의 문명의 열차를 타고 변모된 고국에 수학여행에서 돌아온 봉천이 이렇게 정겨울 것은 낯익은 용정 수학여행에서 느낀 답답함이 현실로 돌아온 구심적 구성 영화관 속에 허공을 날아온 것 같이 영화 한 편을 보고 나온 느낌이라는 상반되는 의미.

지은 지 몇몇 해요 찾은이 몇 萬인고
해 돗는 아침마다 달뜨는 저녁마다
遙子의 가심과 눈에 얼마나 들엇더냐.

경호에 비친 臺는 용궁인 듯 어리우고
丹靑한 그 들보에 第一江山 누구 筆跡
낡어지 액면(腋面)에다가 남긴 것은 누구의 말

그 전날 큰 놀이가 또다시 열립소서
風流를 즐기든 님 다 없기 以前에
기둥에 새겨진 일홈 다 어느곧 선배런고

臺 옆에 묵은 솔아 鶴이 간지 오래였지
그러나 네 푸름은 그때와 똑같으리라
鶴은야 갇더란대도 遙士야 찾아오소서

— 〈鏡浦臺〉 전문 1940년 8월 14일 「조선족 문학사료전집 1권」 228

화자가 어릴 때 뛰어놀던 고향에 16년 만의 감회가 깊어 동해에 뜨고 지는 일출과 월출을 보면서 가슴 벅차고 경포호에 비친(臺) 정자는 용궁인 듯 어리지만 한문으로 별 태자인 이중적 언어 숨은 깊은 뜻은 무정부 상태인 현실에서 탈피하여 독립된 나라를 세우자는 은유법으로 단청한 정자의 현판의 필적과 액면에다가 남긴 詩句는 평화롭던 날 풍류를 즐기던 그 옛날 기둥에 새겨 놓은 그 이름 다 어느 곳 선비인지 정자 옆에 노송은 학이 간지럼을 줄긴지 오래지만 변함없이 그때를 기다리고 세월만 까먹지 말고 추악한 것들을 몰아내게 학을 찾아오란다.

두 번이나 반복한 遙자와 요사에 대한의 남정네에게 굳은 결심을 하라고 호소적인 시심 학이 놀 곳은 솔밭 아니면 그 어디냐고 기다리는 것도 시와 때가 있다고 의미심장한 兒와 遙자 서관의 빛은 우리 곁에 와 경포호수에 비치고 있다.

또 경포대 시조는 함태상이 곡을 붙여 노래로 불리어지고 있다.

화자는 1940년 12월 10일 봉천에서 강릉에 전보 치고 15일 밤차를 타고 와 10일 동안 머물다 가며 지은 시조, 얼마 만에 오는 건지 기록이 없지만 화자의 기록에 보면 일본대학 진학에 필요한 호적등사본을 떼고서 돌아간다.

5. 나오며

화자는 1940년 용정에서 한글로 발행되던 만선일보에 시 3편을 발표하고 詩人이 되었고, 고향에 세 번을 왔다 간다, 5월에는 17일 간 수학여행, 8월엔 7일 간, 12월에는 11일 간 수학여행을 오기 전에 두 번은 일본 유학에 필요한 호적등본을 떼고 돈 변통하고 송정리에 사는 아저씨 집과 입암리에 사는 아저씨 집과 정동 주문진 근방 외갓집 외할아버지 제사에 참석한 것이 일기에 나와 있다.

1939년 만주에서 소련에게 일본군 19.000명 떼죽음 당한다. 극에 달한 일본은 만주국에도 창씨개명을 했는데, 심연수는 유학을 위해 미스모토(三本義雄)로 일본 유학 3년, 김좌진 장군이 설립한 신안진 진성소학교 교사 생활을 하던 중 1945년 8월 8일 집으로 귀향하던 도중 왕청현 춘양진에서 28세에 살해당해 그의 일생을 마감한다.

그 후 화자의 아들 상룡이 성인이 되었고 1966년 4월 홍의병을 앞세워 시작한 문화대혁명이 67년 1월 23일 유혈로 번져 극에 달하자 중국의 모택동이 착수한 문화대혁명, 지식층 1순위 예술의 문학, 부르주아 반동분자로 몰아 숙청을 단행할 시점에 화자의 유고시집을 발간하려 수작을 모아서 편집을 하였는데 30세의 상룡이 황급히 북한으로 도피하는 바람에 원고를 분실했고 나머지는 동생 호수가 보관해 온 것을 이상규 선생이 육필 원고 철을 정리 하다 보니 여러 군대 원고가 뜯겨 나간 흔적이 있다고 해 신빙성이 있다.

일기장에서 발췌 분리한 시조 86수 중 수학여행 가는 도중이 5수, 금강산이 24수, 서울 7수, 개성 4수, 평양 6수. 그 외 32수, 요동 5수, 청천 1수, 여순 1수, 백두산 1수 등이다.

심연수 하면 문단이나 일반 독자에겐 낯선 이름이며 낯선 작품이다. 일제 강점기에 해외로 이주하여 산 한민족사의 20세기 중국「조선족 문학사료 전집」을 통해 재외 동포의 민족혼이 서린 슬픔과 아픔을 발굴한 조명에 너무 인색한 정부의 문화정책을 화자의 고향이며 지방도시인 강원도 강릉에서 심연수 시인 선양사업위원회의 초대를 받고 여러 번 참석했고,

심씨 종친회 친분 있는 심돈섭 시인에게 선물 받은「조선족 문학사료전집.1」과 매년 발행된 국제 학술세미나 사료「시와 시인」창간호 특집 조명 시낭송과 이춘우 낭송가의 시극으로 집중 조명하는 강릉시와 국내의 석학들의 연구한 평론 및 시 해설이 지속적으로 연구 분석이 가속화되기에 필자는 화자가 조국의 여행 중에 느낌의 의미가 어떤 영향을 주었는지 탐미해 보았다. 중요한 것은 수학여행에서 보고 느낀 한반도의 유구한 역사의 흥망과 성쇠를 가슴에 담아 사유한 시조 66수 중 12수이고, 그 후 경포호는 8월 14일 작품이다. 조국의 역사의식을 몰아 담아 가며 무너져 가는 민족의 혼을 복구하려 했으며, 전체적인 것은 일기 형식인 것을 연구 분석, 발췌 정리해서 문학적 의미를 살리기 함이라 정의하고 시조로 분리했지만 시조율격을 지닌 자유시 형식이므로 종장 운율이 맞지 않는 것이 주류를 이룬다.

심연수 선생의 대표 시 〈지평선〉은 용정의 용정실험소학교에 詩碑

로 세워져 있고 2003년 5월 20일 화자의 생일을 기념 경포 호수공원 詩碑에 시 〈눈보라〉가 음각되어 건립되었으며, 국내 대학에서 심연수 시와 작가 연구로 석사와 박사 논문이 통과되었고, 해가 거듭할수록 다 각도로 분석 연구 중이며, 필자가 탐미한 화자의 애절한 조국 산하를 탐미한 기행시조의 시심에서 걸어 나온다.

*북간도 어휘를 연구하는 사료로 시의 마침법과 띄어쓰기는 1930~1940년대 한글을 원문을 그대로 사용했다.

심연수

신동엽 기지촌에 노을 속 서경의 시심

1. 들어가며

신동엽申東曄의 父는 平山인 신연순申淵淳, 母는 광산 김씨 김영희로 경북 금릉(김천)이 고향이며 分家해 경기도 광주, 충남 서천 등에 살다 이웃인 부여읍 동남리에 정착 代書所를 하며, 1930년 8월 18일 차남으로 출생, 일본 이름 히라야마 하요시〔平山八吉〕, 호는 석림石林, 1959년《조선일보》에 시「이야기하는 쟁기꾼의 대지」《한국일보》에 평론「秋收記」를 석림으로 신춘문예에 투고하여 조선일보에 선외가작이 되었다. 선외가작은 휴전선을 노래한 박봉우朴鳳宇(1934. 7. 24.~1990. 3. 2) 시인의 예심과 시상식 날 첫 인연에 돈암동에서 첫 밤을 지새우는 우정이 文林의 산소 소리 만든다. 한국일보의 평론은 낙선이 되었다.

원폭 2발로 폐허 뒤인 일왕이 포츠담 선언을 수락하는 항복 선언을 한 지 일주일 후인 1945년 8월 22일 오전 10시, 무쯔시むつ市는 아오모리현 동북부, 시모키타 항구에서 출발한 우키시마호는 24일 마이즈루시 시모사바가 바닷가에서 침몰한 폭침 사건〔浮島丸號沈沒事件, 浮島丸事件〕조선의 징용자를 고국까지 태워 준다는 甘言利說로 태운 일본 해군 수송선이 원인 모르는 폭발로 침몰, 7,000여 명을 태우고 일 오미나토항에서 부산으로 오는 첫 귀국선의 소식을 알지 못했고, 미군

하지 군정의 8만 명 군인은 9개 지역에 주둔, 1945년 9월 2일 맥아더는 일반 명령 제1호로 38선 이북의 일본군은 소련에 항복하고, 38선 이남은 미군에게 한다고 했고, 9월 9일 오후 4시 서울 총독부에서 일본의 항복 문서 조인과 권리 접수하고, 조선의 日人은 민간과 상인은 모든 사유 재산과 시설을 포기하고 배를 타고 사라지니 기쁨도 느끼기도 전, 9월 16일 12시 38선 경계로 미국과 소련의 병사들이 승냥이 눈으로 걷고 있다. 모든 행동에 뒤따르는 책임이 동반되지만, 미군 부대에서 느끼고 본 것을 시심에 숨겨 둔 것을 어두운 터널에 갇힌 보룻고개에 허덕이며 넘는 이치에 완벽하지 못한 사상의 수레에 끼이게 된다. 1945년 12월 1월~3월 23일 군사 영어 학교 교육을 수료한 119명 통역은 건군의 주역이 되었으며, 1946년 1월 15일 조선경비대 창설 뒤 1949년 7사단으로 승격되어 동두천에 38선 경계 부대로 주둔한다. 남북의 일본군 무장 해제한다는 미명으로 美蘇의 신문물과 모여든 이국의 청년들은 복종과 지배의 원칙에 흘러가는 국경 지역에 38선 경비의 강화와 1949년 부여 인근의 국교에 교사로 발령받는 화자는 3일만에 그만두고, 건대 사학과에 입학해 습작 첫 시 「나의 시」 발표하나 동란의 발발로 고향으로 귀향하나 인공 치하인 7월15일부터 9월30일까지 약 두 달 반간 인민군 치하에서 불가피하게 민주청년동맹 선전부장으로 부역을 하던 중 미군 2사단에 의해 부여가 인공 치하에서 수복되어 부산으로 피신, 12월 16일 통과 수정 공포된 국민방위군 설치법에 따라 17~40세의 남자로 부산에서 12월말 국민방위군에 징집되었다. 그러나 3개월 후 정부는 1951년 2월 17일 36세 이상은 귀향 조치를 취하고, 4월 30일 국회 결의로 국민방위군과 51개 각 교육대 향토방위대가 해체되는 절차를 마치니 화자는 대구 교육대에서 피난민증, 귀향증을 발급 받아서 나오고 동족의 가슴에 이산과 상흔을 남기며 휴전이 성사되었고, 영국군 제29여단 그로스터 대대 외 5개 부대와 벨기에, 룩셈부르크 대대의 철수로 29여단에서 근무 중이던 이원수(李元壽, 1912년 1월5일~1981년 1월24일, 고향의 봄 작사가)시인도 시흥으로 돌아갔으며, 1954년 5월 1일 6군단 창설과 동두천 보산동에 미군 7사단 비행장이 신설되어 들어선다. 신동엽은 1955년에 부역자 처리가 종결되니, 5년 전부터 안면이 있고 대전 전시 연합대에서 문학 지망으로 뜻이 맞았고, 1년간 교류하였던 구상회와 공군 학도 간부 후보생에 합격하나 둘 다 입교 명령이 없었다(신동엽 민청 선전부장 이력 때문인지). 충남 논산군 벌곡면 한사천리 출신 김대현 시인의 제자로 온양에 거주하는 동기 동창인 구상회 시인을 찾아가 의기투합하여 경기도 양주군 이담면(동두천)에 육군 7사단과 미군 보병 7사단(1952~1970년) 이승만 대통령의 특별한 애정으로 〈아리랑〉을 사단가로 사용을 허락한 아리랑 사단이며, 화자는 군번 0709800번에 기본 교육 없이 미8군 군복을 보급받아 동두천 6군단 공보실에 근무한 이 시기는 미군의 주둔을 위해 토지를 징발하던 중이었다. 군생활 1년이 지난 후에 동기인 구상회 시인 군번 0709801번과 육군 본부 공보실로 전출, 각 신문사에 보도 자료를 배포하고 각 신문을 육군 본부로 수령을 맞는 보직에 근무하다, 구상회는 충남 온양 지구로 전출, 신동엽은 미8군으로 전출되어 양주(동두천) 미군 7사단을 오고 간다. 이 시기는 이담면(동두천)은 일용직 일거리라도 찾아드는 인파로 전국의 면 중에서 인구 2만 7천 명(도민증 기준) 이상으로 가장 많았다. 그러나 2대에 외아들로 국민 방위군이 해체되고 낙동강에서 민물 게로 인해 걸린 간디스토마로 또는 전주 사범 때 걸린(인병선의 글) 병의 재발로 病家事인지 개운하지 못한 뒤안길 남긴다.

우리 글의 샘이 고갈로 대두된 1955년 9월 19일 2년간 끌어오던 한글 말본 문법 파동을 마무리짓는다는 이승만 대통령은 "민중들이 원하는 대로 하도록 자유에 부치고자 한다."고 담화를 발표함으로써 한글 간소화 파동은 끝을 맺었다. 끊어진 경원선 북행 열차와 철길과 3번 국도는 휴전선에 가로막힌 동두천 언저리에 펼쳐진 상처난 강산의 이산 가족과 실향에 이어 12만 명의 전쟁 부상자, 6만 오천 명의 미망인, 수만 명의 전쟁 고아가 기지촌 주변으로 모여들었다.

1957년 인정식印貞植〔기류 이치오桐生一雄〕, 1907년 3월 17일~?) 10개의 예명으로 활동하다 월북한 북조선 농림 장관의 장녀 인병선(印炳善, 1935. 6. 26?)과 결혼, 부여로 귀향, 1958년 충남 보령군 주산 농고(현 주산산업고등학교) 교사로 발령되어 꿈을 이뤘고, 박봉우 시인의 돈암동 이웃인 조병옥 박사는 1959년 11월 26일 민주당 정부통령 선거 지명에서 3표 차이로 승리, 1960년 2월 15일 야당 4대 대통령 후보 등록하나 갑자기 발병한 지병으로 미국 월터리드 육군 병원에 입원, 23일 후에 심장 마비로 영면, 장례는 1960년 2월 25일 국민장으로 치러진 정국政局이며, 이승만은 단독 후보로 대통령에 무투표로 당선, 이기붕을 부통령에 당선시키려는 추종자들의 후유증은 3·15 부정 선거로 밝혀져 4·19로 이어지는 도화선이 되어 뒤숭숭한 풍경에 역사 학도는 교육 평론지에 근무하며 학생 혁명 시집을 엮으며 시심을 탐미하던 시기로 추정되며, 4월의 함성은 무능한 정치와 부패로 390일 만에 무너지고 말았다.

사막화에 상처로 가로막힌 3번 국도 언저리인 1950, 60년대는 한수漢水 이북에서 휴전선 근방에 우후죽순 250여 개의 외국인 클럽과 그 종사자들은 30만 명이 넘어 가는 이색 지대로, 아름다워야 할 야경에 풍경은 낯선 이국인의 전시장서 흘러나온 낯선 선율의 음악과 교성은 시대적인 아픔이며, 요소요소에 각인됨은 주지되어 있음이다. 두려움은 피한다고 피해짐이 아니니 품에 안고 살아야 하는 힘없는 소시민의 하루는 하룻강아지처럼 제정신으로 이겨 내기 힘든 것이 국민들이 떠안은 삶의 연속이었다. 1960년 김수영 시인의 시「가다오 나가다오」의 피부색이 다른 외세와 심적心的 형상形象과 리얼리즘 Realism의 시심에 이어,

2. 지나온 길 뒤돌아보기

필자는 2021년에 동두천 문화원에서 청탁한 보산동 마을 조사 보고서 중 보산동 변천과 그 뒤안길에 핀 문학의 향기를 정리하던 중 화자가 동두천 6군단에 입대해 기지촌 정서의 시심인「풍경」13연과「삼월」13연을 탐독하며, 지나온 날, 날들이 車窓을 스침의 느낌에 잊혀 가는 보리밭 고랑을 밟던 어깨동무들이 주마등 아래 환하게 웃는 미소를 가슴에 담는다.

쉬고 있을 것이다

아시아와 유우럽
이곳저곳에서
탱크 부대는 지금
쉬고 있을 것이다

일요일 아침, 화창한
도오쿄 교외 논둑길을
한국 하늘, 어제 날아간
이국異國 병사는

걷고,
히말라야 산록山麓

  토막土幕가 서성거리는 초병哨兵은
  흙 묻은 생고구말 벗겨 넘기면서
  하루뻰 땅 두고 온 눈동자를
  회상코 있을 것이다

    ―「풍경」1, 2, 3, 4연

 엄동설한의 토담집에서 익히지 못한 생고구마로 배를 채우는 허기도 호사이며, 지나온 하루의 거리에서 버티는 허기진 눈동자의 群像을 그리워하며, 1954년~1956년 초까지 화자의 기록을 역추적하면 미8군 군복을 입고 서울을 활보하며 찍은 장발에 박봉우朴鳳宇 시인과 돈암동 인연이 인병선으로 이어져 정겨운 사진의 시기로 정리되나 어느 평론가나 연구자들은 전후에 언질이나 지적하고 넘어가지 않는 것이 6군단이 창설되어 1년이 지나 미8군 마크의 병사들에게 입힐 군복이 없어 카투사로 도시가 세상이 삭막할수록 더 그리워지는 군청 담청색의 평화로에 근무하며 그 주변에서 느끼고 습득한 것이 시인에게 오점이 되는지 되묻고 싶다.

  순이가 빨아 준 외이샤쯔를 입고
  어제 의정부 떠난 백인 병사는
  오늘 밤, 사해死海가의
  이스라엘 선술집서,
  주인집 가난한 처녀에게
  팁을 주고,

  아시아와 유우럽
  이곳저곳에서
  탱크 부대는 지금
  밥을 짓고 있을 것이다.

해바라기 핀,
지중해 바닷가의
촌 아가씨 마을엔,

온종일, 상륙용上陸用 보오트가
나자빠져 딩굴고,

― 「풍경」 5, 6, 7, 8연

생명의 색 초록이 죽음으로 변하는 상륙정에서 밀려서 나오는 병사와 신무기인 푸른 양면성兩面性에 애정이 넘쳐나는 고향에 순이 우리의 자姉이며, 가장 친근한 동무들이었다.

순이가 정성으로 빨아 준 옷을 입고 의정부(미1군 사령부가 있었음)을 떠나온 병사들의 이면에 공수표와 색바랜 붉은색 군표와 기다림의 여운, 양주군은 전방을 떠나 또 다른 생존의 분쟁 지역에서 반복되는 병사들 이동은 그 당시 승전국의 재외 영토領土을 관리하기 위해 내놓은 원근법적으로 조명하는 참여시 「껍데기는 가라」는 밑그림이었다.

3. 송유관의 그 비유比喩

군의 기동에는 산 정상에 통신대의 발전기도 석유가 없이는 고물古物이었고, 중요한 진지陣地도 휘발유 조달이 없으면 모든 것이 정지되어 방법이 없었다.

미군은 송유관을 경상도 포항에서 의정부 미39부대(금오리 1993년 폐쇄되어 철거)에 이르는 거리의 땅 밑으로 관을 묻었다. 그곳에서 미군 전용 철길을 달리는 열차와 한진 유조차로 경기도 미군 주둔지로 수송이 되었다. 송유관이 지나는 땅 위 소유자는 재산권 규제와 그 행사를 할 수 없었고, 특수한 경우에는 미군 부대의 동의同意를 필해야 했다. 기름이 귀하던 시절이니 곳곳에서 불법을 넘어 직설적으로 기름도 귀하니 불법의 장사꾼이 부르는 게 값으로 치솟았고, 그 부작용은 송유관이 먼 곳엔 지나는 차와 주차된 차의 휘발유가 털리는 것이 다반사였고, 송유관이 지나는 한적한 곳은 땅을 파고 관을 뚫는 도선생을 양성하는 일터가 되었다. 한국 영화의 소재가 되었는데, 화자의 은유적 詩心이 된 송유관은 다인종의 청년들 양기陽氣의 방출放出은 자연의 오묘함으로 다가온다.

    흰구름, 하늘
    제트 수송 편대기
    해협을 건너면,
    빨래 널린 마을
    맨발 벗은 아해들은
    쏟아져 나와 구경을 하고,

    동방으로 가는
    부우연 수송로 가엔,
    깡통 주막집이 문을 열고
    대낮, 말 같은 촌색시들을
    팔고 있을 것이다.

    어제도 오늘,
    동방 대륙에서
    서방 대륙에로
    산과 사막을 뚫어
    굵은 송유관은
    달리고 있다

    노오란 무우꽃 핀
    지리산 마을.
    무너진 헛간엔

> 할멈이 쓰러져 조을고
> 평야의 가슴 너머로,
> 고원高原의 하늘 바다로,
> 원생의 유전油田 지대로,
> 모여 간 탱크 부대는
> 지금, 궁리하며
>
> —「풍경」9, 10, 11연

　산은 산대로 물은 물대로 모든 것은 제자리 있을 때가 가장 아름답고 단아하다. 하지만 세상만사는 굴러온 돌에 맞아 제자리 빠져나온 돌은 이리 치고 저리 구르다 적응하지 못해 방황하여 길을 잃는다. 맑고 푸른 하늘에는 제트기 수송 편대기 굉음을 내고 바다를 건너 염색된 빨래 널린 마을은 귀한 옷이면 몰래 가져가는데 헐벗은 남녀 아이들이 영문도 모르고 신이나서 바라보는 풍경들, 주말이면 향락을 위해 오키나와 필리핀 미군 기지로 송유관을 찾아 날아가는 어두운 수송기에 임시 판잣집 안방에 해가 똥구멍에 기웃거리는 낮, 혼기가 꽉 찬 촌색시와 미망인들이 헛간에서 거간居間질은 전후의 아픔이 지리산 골짝 불안한 산길 위에 할멈은 졸면서 방조자가 될 수밖에 없는 비애의 리얼리즘 현실들.

> 고비 사막,
> 빠알간 꽃 핀 흑인촌黑人村
> 해 저문 순이네 대륙
> 부우연 수송로 가엔,
> 예나 이제나
> 가난한 촌 아가씨들이
> 빨래하며,
>
> 아슴아슴 살고

있을 것이다.

—「풍경」 12, 13연(《현대문학》 1960. 2)

하늘 바다 사막에 길이 보이지 않을 때 화두는 지구에 수많은 세월 만 분의 1초도 쉬지 않고 돌고 있으며, 그 피조물은 시대時代의 수레에 끼어 윤회한다고 한다.

벼슬이 높고 재력이 있는 친일파 잔재들은 농산물에서 신문물이면 양키 물건에 중독되어 선돈 주고 기다리던 1960년대 양담배 연기만 보고도 단속하던 풍경들, 2차 세계 전쟁은 종전終戰이 되었지만 끝나지 않은 정치적인 여운에 풍경들로 몸살하는 동서양 군정에 상징인 탱크 부대의 섭생을 바라보아야 하는 허기짐 지중해 건너 한반도 아래 군용 상륙선이 풍경을 휘저어도 동서양 사막과 산을 가리지 않는 굵은 송유관들, 도시와 산골 마을 가리지 않고 무너진 헛간에 정이 메마른 비좁고 평평한 가슴을 넘어 유전과 탱크의 힘으로 밀고 들어선다. 흑인 지역, 백인 지역, 유색인 지역에 노을 지면 순이네는 보이지 않는데 비행기 활주로에 가난을 등에 진 나라에 자姉야들은 빨래를 하며 희망 속에 무력과 억압에 폭력을 잉태하여 폭발하는 4·19 이전 풍경들, 독도 강치의 운명처럼 영혼靈魂마저 갉아먹는 좀벌레의 먹성은 보이지 않는 곳에서 터를 잡고 있으나 고향에 머물지 못하고 세계는 떠돌고 있는 팔자가 뒤틀린 나그네 되어 만드는 터전에 그림과 그림자들 햇빛을 등져 자아自我을 잃는다. 1950년대에서 1960년대 초에는 우리나라에서 외국군이 가장 많이 주둔하던 곳이 1961년 6월 1일 양주군에서 분리되어 의정부시로 승격이 되나 미군 주둔지는 市 면적의 80%가 넘었다. 1961년 서울 명성여고(동대 사범대학 부속 여고) 야간부

교사 재직때 영면한.

　신동엽은 부여읍 동남리 294번지에서 5남매 중 장남, 13세 부여 초등학교 6학년 때 모범 학생 대표로 선발, 충남 각 학교에서 모인 150명 또는 500명 중에 선발되어 1943년 4월 13~15일 일본 성지 참배를 다녀오며, 1945년 전주 사범 때 세계 문학 전집을 끼고 읽었으며, 4개월 후에 해방을 맞았다. 1948년 동맹 휴학 참여로 퇴학 처분을 받았고, 문학에 대한 열정을 간직한 채 고향에 머물다 1949년 단국대 사학과에 입학하나 6·25로 귀향 인민군이 부여 점령 때 7~9월 말까지 민청 선전부장 부역 전력에 부산으로 피신, 12월 국민 방위군에 입대, 동기 중 전시 연합 대학에서 필자와 인연이 깊은 박희진, 구상회와 수학, 윤모촌(갑병)은 대전에 거처를 마련하고 머물러 살다 서울로 상경을 하게 된다.

4. 보릿고개의 보리피리

　1955년 2월 동두천에서 6군단에 입대하여 군대에 2번을 간다. 1956년 초가을 인병선의 노력으로 의가사 제대 후 결혼을 한 시기이며, 한글 파동으로 왈가불가하던 시기이다. 쌀 1가마는 3천 환, 짜장 12~15환으로 물가가 고공 행진했으며,

　　　오늘은 바람이 부는데,
　　　하늘을 넘어가는 바람
　　　더러움 역겨움 건드리고
　　　내게로 불어만 오는데,

　　　음악실 문 앞,
　　　호주머니 뒤지며

멍 멍 서 있으면

양주楊洲 쓰레기통 속
구두통 멘 채
콜탈칠이 걸어온다.

배는 고파서 연인戀人 없는 봄.
문 닫은 사무실 앞
오원짜리 국수로 끼니 채우면
그래도 콧등은 간지러운
코리아

─「삼월三月」 1, 2, 3, 4연

만물이 소생하며 아지랑이 한창인 3월 피멍든 大地에 봄바람이 불어온다. 산과 언덕을 지나 하늘 아래 살아남아야 더러움 역겨움을 피하지만 피할 수 없는 경우에 소시민은 이국 노래가 듣고 싶어도 실밥이 터진 주머니 뒤지며 꿈이 덜 깬 강아지가 양주(동두천)의 쓰레기통 뒤지며 사과 상자로 만든 구두통을 멘 구두닦이는 먹이 사슬을 찾아 골목에 맴돌다 신작장로 걸어 나오다 매타작을 각오하며,

재주로 갈까나
사월이 오기 전
갯벌로 갈까나, 가서
복쟁이 알이나
주워먹어 볼거나

바람은 부는데,
꽃 피던 역사의 살은
흘러갔는데,
폐촌廢村을 남기고 기름을
빨아가는 고층은 높아만 가는데

말없는 내 형제들은
　　광화문 창 밑, 고개 숙이고
　　지나만 가는데
　　오원짜리 국수로 끼니 채우고
　　사직공원 벤취 위
　　하루 낮을 보내노라면
　　압록강 철교 같은 소리는
　　들려오는데

　　　―「삼월三月」 5, 6, 7연

　과거로 돌아갈 수 없고 갈 곳 알지 못해 이정표 찾다 땅끝에 와 닿으면 갯벌의 순응을 바라보며 침묵해야 하고 그리 못하면 명을 다해야 한다는 시인은 노트 한 페이지의 기록으로 남긴다. 허기져 애인도 필요 없고 일터에서 밀려난 사직공원에 풍경과 그림자들 만물이 움트는 삼월이 왔는데 국경을 넘는 압록강 철교에 증기 기관 열차 소리를 그리면서, 5환(짜장 12~15환)짜리 국수로 배를 채우며 낯뜨거운 줄 모르는 양반 근성 외국을 갈 수 없고 심보心寶 고약한 어부가 해변에 버린 복어 알이나 배부르게 먹자 한다. 서민의 등에서 기름 짜내는 고충을 피해서 내 고향을 떠나고 푼 소시민의 독백이다.

　　바다를 넘어
　　오만은 점점 거칠어만 오는데
　　그 밑구멍에서 쏟아지는
　　찌꺼기로 코리아는 더러워만 가는데.

　　나만이 아닌데
　　쪽지 잽히고
　　아사餓死의 깊은 대사관 앞
　　걸어가는 행렬은
　　나만이 아닌데

이젠

안심하고 디딜 한 평의 땅도
없는데
지붕마다
전략前略은 번식해만 가는데.

버스 정류장 앞
호주머니 뒤지며
멍 멍 서 있으면

―「삼월三月」 8, 9, 10연

  이국에서 바다 건너 밀려드는 오만의 편견 뒤에 남겨지는 초라함, 기다려도 오지 않는 버스를 바라보며 먼지 나는 주머니에 길 잃은 누렁이의 공허한 울음소리,
  1962년 5월 16일 3차 화패 개혁은 10분 1로 환에서 원으로 소액인 동전은 병행해서 사용하며, 5월 16일 발행된 모자상 100환은 시중에 풀지도 못하고 혁명이 일어났고, 오십 원권은 1965년 8월 14일 발행이 되었다. 위 시는 시인이 양주(동두천) 군부대에 근무할 시기에 지어져 《한국문학》 1965년 5월호에 발표한 작품으로 추정되며,

놀매미 울음 같은
아사녀의 봄은
말없이 고개 숙이고 지나만 가는데

동학이여, 동학이여
금강의 억울한 흐름 앞에
목 터진, 정신이여
때는 아직도 미처 못다 익었나 본데

소백小白으로 갈거나
사월이 오기 전,
야산으로 갈거나
그날이 오기 전, 가서
꽃창이나 깎아 보면 살거나

—「삼월三月」11, 12, 13연(《현대문학》1960. 2)

위 참여시는 「껍데기는 가라」의 굳어진 시심에 연장으로 삶에 수레에 끼여 어쩌지 못하는 현실에 자조自助하는 안타까움이 농익었다.
아픔이 크면 놀매미 같은 흐느낌 되어, 참지 못하고 너무 급해 동티가 난 아사녀의 봄은 그 동작에 애타는 정신에 목이 쉬도록 울어 대는 민초의 메아리 답 없는 허공에 날지 못하는 학을 부르며 이정표를 찾아 두리번거리면, 4월이 오기 전에 꽃 창이나 만들어 보자고 한다. 이국의 돌연변이 문화로 탁해지는 나라의 강산 오도가도 못하는 볼모의 신세 해토解土 되는 4월이 외국어 같은 서툰 언어 지우고 우리 가락의 장단으로 달이 4번이나 지났건만 동학에서 이어진 정신은 익지 못해 땡감이 되어도 꽃 피는 3월이 오면 껍데기라도 얼싸안고 어깨춤 추자고 한다. 필자는 1996년 부여에서 2달 정도 머문 시기에 생가와 묘지, 시비를 두루 살피어보았다.
단 아쉬운 점은 1968년 장편 서사시 「임진강臨津江」(가제, 길이 254.6km 강원도 법동군 두류산 남사면 마식령에서 발원, 경기도 개성에서 한강과 합류하는 지류, 수역면적 8,117 km²로 군사분계선 이남은 약3,008km², 이북은 5,108.8km²) 집필을 계획하고 자료준비를 위해 강이 지나는 연천과 파주 적성, 파평, 장좌리, 일대 175만평의 다그마노스(Dagmar-North) 훈련장은 미7사단 기갑부대의 전차훈련과 고랑포 도하훈련이 연간 6개월간 하는 곳으로 1963년 케네디 암살사건 이후 신설된 10개의 훈련장

중에 1개, 미군 부대가 관리하는 민통선 지역을 탐미했었는데, 1969년 4월 7일 오전 남정현(南廷賢, 1933년 12월 13일~ 2020년 12월 21일) 소설가의 마중 받으며 간암으로 영면해 아쉬움이 더한다.

<신동엽>

현대 사회의 만연된 기회주의 세력을 비판하고 「주린 땅의 지도 원리」, 「우리가 본 하늘」 등 시를 발표, 「시인정신론」, 「시와 사상성」 등 평론 10여 편을 썼다. 1989년에는 시 「산에 언덕에」가 중학교 3학년 교과서에 수록. 자녀 4남매로 1969년 4월 7일 간암으로 영면, 9일 경기도 파주군 금촌읍 월롱산 기슭에 안장, 12월 14일 묘비를 세웠고, 1993년 11월 부여로 이장한 곳은 능산리 고분의 건너편 산자락에서 행인을 바라보는 幽宅, 시를 쓰는 인병선은 혜화동에서 짚풀 생활사 박물관을 설립 운영하고, 장남 신좌섭 서울대 의대 교수 역임, 시집 「네 이름을 지운다」를 냈고, 2024년 3월 30일 작고하였다.

미공개 시 발굴, 1963년 7월 동인지 『시단詩壇』 2집에서 시 두 편을 발견했다고 밝혔다.

수록된 시는 분단의 민족적 아픔을 절절하게 노래한 「太陽태양 빛나는 蠻地만지의 詩시」와 12행으로 이뤄진 간결한 시 '十二行詩' 이다.

참고자료

인정식印貞植 북조선, 정치가 경제학자, 친일 공산주의 이론가. 호는 엽풍燁豊.

월북 농림상 장관을 맡았다. 필명 김영호金英豪, 김수참金輸懺, 金樹參, 인약화印若華, 印葯華, 인엽풍印燁豊, 印葉楓, 인불꽃 등을 썼다. 본관은 교동喬桐이다.

1963년 『아사녀』 (문학사)

1966년 시극 〈그 입술에 파인 그늘〉 (국립 극장 상연)

1968년 시극 오페라타 〈석가탑〉 (드라마센터 상연)

1975 『신동엽 전집』(증보판), (창비시선 10)

1989 『누가 하늘을 보았다 하는가』(창비)

1989 『금강』(창비), 『누가 하늘을 보았다 하는가』(개정판), (창비 20)

참고문헌

『신동엽 전집』 (1975년)

심재기 『6.25와 민간 항쟁』 한국전쟁 민간인 희생자 기념 사업회(1983)

구중서『신동엽, 그의 삶과 문학』(온누리2, 1983)

『한국 사전 연구사』 (국어국문학 사전, 1998)

김경식 『동두천시 30년사 2』(동두천시, 2012)

『신동엽 : 60년대의미망을위하여』(건대 출판부, 1997)

이중근 편저 『미명』(우정문고, 2013)

이중근 편저 『6·25 전쟁 1129일』(우정문고, 2013)

김경식 『보산동 이야기』(동두천 문화원, 2021)

실향과 『청동의 관』에 핀 시심

1. 청동의 관에 들어가며

　사랑, 슬픔, 후회, 고독, 외로움 더 간절히 살아남아 역사와 추억을 사유하는 자가 되어 기록되었기에 시대와 삶의 정서와 환경은 언어로 승화되며 희로애락喜怒哀樂의 반목에 희망을 잃지 않는다. 희망과 혼돈(混沌)의 해방으로 일본군 무장 해제를 하기 위해 미소 양국이 38선 분할한 1945년 9월 2일부터 1950년 6월 25일 경계가 다르게 소련의 정략적 확장에 변질되어 분단은 시작부터 1947년 이미 38선 경비 부대로 넘어가고 말았다. 1948년 2월 8일 인민공화국 수립을 선포, 육군 3개 사단 해군, 공군으로 인민군을 창설, 1949년 8월 4일, 2개 연대 병력을 동원 38선 이남 경기도(황해도) 옹진군을 공격했다. 그 이전에도 소규모 교전은 있었지만 2개 연대 동원은 처음이었다. 50년 6·25를 계획하고 보위위원회는 18세~47세의 남녀에게 군사 훈련을 하게 한다. 1950년 6·25로 낙동강까지 밀리자 인천에 상륙한 맥아더와 국군과 유엔군이 북진해 맥아더 라인(청천강-함흥) 미군 10군단이 두 달간 군정을 할 때 고원식은 군의관으로 현지 임용되며, 11월 원산-함흥에 이어 압록강까지 진격하던 국군 6사단이 초산에 이르자, 국군 해병 사령관 신현준도 압록강 근방까지 진격하지만, 1950년 11월 27일, 중공군 3개 사단 병력이 압록강을 도하해 유인책과 인해전

술에 밀려 후퇴하면서, 인민군이 원산을 점령해 육로가 막히자 미군 10군단은 함흥—흥남 철수는 12월 3일~15일까지 포위망을 뚫고 저지하던 공방전에서 연합군은 열세에 놓이자, 11월 27일 중공군은 함흥 개마고원 입구인 황초령(1,200m) 인근과 장진호長津湖에서 미군 10군단을 기습 공격했다. 혹독한 겨울 잔혹한 17일간 아수라장이 벌어졌다. 11월 27일부터 12월 13일까지 17일간 3만 명 중 미군 7사단과 유엔 사령부 병력(올리버 P. 스미스 소장의 지휘에 있는 이들)은 곧 포위되었고, 7,843명이 동사 그 외 전사자를 내었고, 마오쩌둥의 유엔군 격파 지시에 쑹스룬의 12만 명 중공군이 공격했다. 11월 30일 트루먼 대통령은 한국 불포기와 핵전쟁도 불사하겠다고 공산 측을 위협하는 발언을 한 상황에도 12월 4일 함흥의 미군 121 후송 병원의 부상자, 원산 미군 3사단 예하 부대는 12월 8일 철수 완료와 유엔군은 38선 이남으로 후퇴를 결정하고 철수를 위한 전투로 중공군 사상자를 늘려가며 포위를 뚫고 연포 비행장을 거쳐 흥남 부두로 12월 15일부터 24일까지 열흘간 동부 전선의 미군 10군단과 김백일 소장의 1군단 10만 5천 명과 미군정에 협력한 함경도 피난민 9만 명이 운집해 혼잡 상태였다. 미국 해군과 공군이 적에게 폭격하는 동안 군함과 상선 약 200척이 포항으로 철수(미군 8군 배속)한다. 연합군과 계약으로 항공유 운반 화물선 메리디스 빅토리아호SS Meredith Victory(1945년~1993년)는 정원 60명에 승선원 47명 외에 13명이 더 탈 수 있었다. 알몬드 민사 고문은 청진서 출생 함흥 중학을 마친 의사 현봉학이 피난민들을 태워달라는 간곡한 부탁에, 레너드 P. 라루(마리너스 수사. 2001년 9월 14일. 한국인이 관을 들어 영면에 배웅한) 배에 실린 군수 물자를 다 버리고 최대한 많이 태우라는 지시와, 피난민도 짐을 버리고 정원의 200배 인원이 24시간 걸려서 1만 4천 명의 피난민과 실행된 비공식 유엔 작전명은 크리스마스 카고Christmas Cargo다. 24일 피해 없이 완료된 크리스마스 기적[Miracle of Christmas]이었다. 28시간 항해 중 임신부 박순절은 의무 부속실서 사내아이 출산, 김치 1호(손양영 부, 손치호 경기 양주로 이주 북향 유택을 정했고), 3호 김해평, 5호 이경필 외 2명이 부산에 도착하나 난민이 포화 상태라 거제도 장승포에 도착 24시간 동안 하선. 기뢰와 적의 공격에 희생자는 단 한 명도 없었으며, 기네스북에 등재된 최초의 배다. 10만 명을 구출한 세계사에 가장 명예로운 후퇴며. 유엔군 참전 3만 명 중 17,843명의 전사로 미국 최대의 패전이란 기록을 남겼다. 국군이 남으로 철수 후 북한군이 재점령한 38선 이북에서 학생 청년 단체, 지방 주민, 낙오된 군인과 경찰들이 힘을 모아 조직된 개마고원 유격대와 반공 조직은 강화도 강화 유격대, 태극단(경기 고양, 파주), 감악산 의열단(연천, 적성), 반공 투쟁 공작 산악대(경기 가평), 화무 결사대(강원, 춘성), 독수리 유격대(경기, 포천), 반공 결사대(강원, 춘성 홍천), 한청 결사대(강원 인제), 강릉 삼학도(강원 명주, 강릉) 등이 활동했다.

2. 이산과 실향의 미로

함경남도 함흥 동흥산 또는 반룡산盤龍山 황초령黃草嶺 실개천이 성천강城川江 강물이 만세교로 흐르며, 서울을 오고갈 수 있는 함경선 철길은 선망의 대상이 될 때 1913년 8월 21일 경원선이 룡지원—원산 구간이 개통된 교육 도시에 8개의 발전소에서 만들어진 전기는 38선 이남까지 보내 주었으며, 고석규高錫珪(1932년 9월 27일—1958년 4월 19일)는 영생고보를 졸업하지 못하고 고학으로 시험에 합격해 내과 의사로 활동 중인 고원식高元植의 독자로 출생, 13세로 해방을 맞아 함흥

중학교 6년간 1등 반장으로 졸업, 아버지의 가업인 의사를 이으려 함흥 의전에 합격하나 1945년 11월에 설치된 보안부 최종 면접에서 반공 사상에 깊어 내무서(경찰)에 불려 다닌 학적부 전력에 입학 불허되자, 부친의 지인을 통해서 평양 사범 대학에 입학시키나 한 학기도 마치지 못하고 돌아오고 말았다. 내무서의 관리 대상이 되자 부친은 자신이 책임자로 근무勤務한 함흥 변두리 상통 병원에 입원시켜 위기를 모면, 피난민과 국군을 모병하자 한영백韓永伯, 송승일宋承鎰, 장정학張正鶴, 김태륜金泰倫 등과 입대했다고『함흥 시지』에 전하여 가족과 어머니와 이별을 하였고, 화자의 일기에는 가족들과 함께 피란 중 헤어지며 부산에서 만나자고 하면서, 군에서 정훈병으로 전시 군 신문을 편집하였다. 화자는 병약한 몸을 견디지 못해 후방 병원에 후송되었고 부친을 수소문 끝에 자성대子城臺(부산시 동구 범일동 690번지에서 병원을 운영함)에서 상봉한다. 군 생활 1년 만에 의가사 제대, 서울에 보내 공부를 하게 하나 숙부와 부친이 떨어져 지낼 수 없다며, 서대신동 산자락 판잣집에 생활하던 중에 동란 터지자 서울대, 연세대, 고려대 등 기타 대학과 전시 연합대학에 편제되었고, 1952년 4월 부산대 국문과에 진학, 개성의 휴전 협상의 결렬이 거듭한 1953년 판문점서 7월 27일 2시 연천군 천덕산 공방전을 뒤로 3년 1개월 2일간 힘든 동족상쟁의 참혹은 휴전의 깊은 잠에 빠졌고, 142만 명과 유엔 참전국 14만 2천 명 전사 외 실종된 미국의 이름 없는 전쟁을 기록한다. 1953년 9월 종합 대학이 되지만. 부지를 구하지 못하는 중 1954년 6월 8일 대학을 찾은 위트컴(1894.12.27.—1982.)은 미군 2군수 사령관(한묘숙의 남편. 1917. 1. 1.)에게 윤인구 총장은 비전을 담은 설계를 보여 주며 "부산대의 미래에 투자하라."는 건의에 흔쾌히 캠퍼스 조성 비용 25만 달러 상당의 건설 자재를 무상 원조와 대한 미군 원조처를 통한 지원,

도로와 부지 공사에 미군 공병으로 공사를 무상으로 해 주며, 부산 기관과 88개의 미군 예하 부대와 자매 결연에 앞장섰으며, 김재호(한묘숙의 양자)는 지방 국립대 총장과 미군 장군의 아름다운 사랑은, 위트컴이 이승만 대통령과 경남 지사를 설득해 캠퍼스 부지 165만㎡(50만 평)를 무상으로 받아 터전을 닦았다.

화자는 시를 넘어 평론에 주력 1953년 동인지 『부대 문학』을 창간. 손경하孫景河(1929년 경남 창원군 생, 부산대 졸), 《시조詩潮》(창간호: 1953. 4. 1.)에 「상징의 편력」 발표, 하연승河然承(1933-2000. 3. 28. 진주 생), 김일곤金日坤, 홍기종, 장관진 등과 활동을 하여 5월 2일 《시조》 2호에 「불가不可적의 집점點 시(詩硏究)」 등을 주재, 9월 16일 《초극》 창간호에 「윤동주의 정신적 소묘」, 김재섭과 《초극超劇》 2호에 「돌의 사상」을, 1954년 1월 20일 《초극》 3호에 「여백의 존재성」을, 2인 평론집(삼협출판사, 김춘수, 추영수, 유치환·김현승) 1954년 동인지 『산호珊瑚』 발간에 이어, 1954년 6월 15일 《초극》 4호 「서정주 언어 서설(미완)」을 발표, 동인지 『신작품新作品』 6집에 「지평선의 전달」을 발표 회원이 되었다. 1955년 부산대학 신문에 「문학 현실 제고」, 1955년 12월 《연구》 창간호에 「문체의 방향—일반적 서설」을 발표, 1956년 3월 졸업 후 5월 동인지 『시연구詩硏究』 창간호에 「현대 시와 비유, 이상과 모더니즘」을 발표할 시기, 운명을 시험하듯 2년 후배에 5살 연하의 추영수秋英秀(1937. 2. 1.~2022. 1. 5. 1956년 동인지 『운석』 1, 2, 3에 참여한 여류)와 결혼, 4월에 대학원에 진학하고, 1957년 6월에 부산예술비평회 창립. 1957년 2월에서 8월까지 《문학예술》에 「시인의 역설」을 6회 연재하며 한국 문단에 등장하며, 1958년 3월 대학원을 졸업 논문 「문체에 관하여」를 남기며 졸업, 부산대 대학원 1호 문학 석사 논문 「시적 상상력」은 학위를 취득, 국문과 강사로 발령, 릴케, 카뮈, 엘리엇의 사상과 시와 비평 서정을 풀어내 모교에서 강의로 후진 양성에 힘쓰려 했으나 심장 마비로 26세 4월 19일, 2칸의 판자 자택서 4천여 권 서적의 문상을 받으며 시심과 직관력을 가름한다.

3. 삶과 문학 스밈의 산책

필자는 10대에서 20대에 시인이 이루지 못한 첫사랑과 이별 뒤에 언어의 유희인, 유고 시詩 179편의 청년 시인이 대학 활동과 시심을 조명하려 예술의 기본에 모방과 창작 시기인 1950년대 전후에 독자적인 역동성을 끌어올려서 신변 잡기를 벗어나려는 그 한계는 지역의 정서와 고향을 등지고 전국 각지에서 몰려든 인파와 북적이며 늘어나는 판자촌은 일본인 묘지 위에 움막을 지으며 정복하듯 오르고 정신적 고뇌와 부상으로 군 생활 1년도 못하고 조기 전역한 청년의 상아탑을 수놓은 문학열에 동반된 그 필요성에 열정들, 강점기에 황초령 1,000m에 수자원을 활용해 건설한 전기 발전소의 자원에 16만 명 이상의 도시, 광복되니 고석규는 13세에 보통학교 월반에 중학교(6년) 졸업, 18세 함흥 의전 입학 거부되어, 평양 의전 한 학기 수학, 대학 진학 전 1949—50년 발표한 시심 1950년, 「죽음」 1, 2, 「자화상」, 「전야」, 「별」 등 6편 뒤 2년의 공백기 뒤 1953년 4월 1일 이후 시 향기를 접으려 한다.

시집 『청동의 관』 『序詩』와 몇 번을 탐미, 아침이 오기 전에 황혼에 진 文林에 걸어 본다.

불 보리.
저 바다의 불 보리.
수없이 내흔드는 피묻은 바다의 色旗를 보리.

우리와 같은 우리와 같은 목숨의 해적임.
출렁이는 바다의 화상火傷을 보리.

- 「서시序詩」 전문

보고 느낌을 입력하는 뇌腦의 능력은 무한하다, 기억이 버거워도 지우지 못하고 살아간다. 만선의 언어 감추려 사상의 깃발을 날리며 불(전쟁)에 데어 이끌어진 바다의 수용羞容, 시인은 불이란 은유는 육지 우리의 동족 목숨을 해적海賊들의 불장난이 전운,

모윤숙, 한하운은 경원선으로 월남한 시인의 뒤를 이은, 청년이 전하는 정서적 운율에 보편성으로 시란 무엇인가 고민하기는 거리에서 수사의 시 정신을 표현하려 애쓴 흔적이 편, 편의 행에 농익어 있다.

아득―히 파란 바람 속에
젖어 있습니다.

굴레를 벗으면 다시 눈물이
제대로 흐를 것 같습니다.

거친 뺨과 하얀 가슴으로 하여 씻어 내릴
숱한 의욕이 지금은 거리를 향하여
눈을 감습니다.

잇닿는 벌 끝에서
어쩌면 흘러들리는 오랜 죄의 형벌이
아지랑인 양 눈앞에서 몰려오는 것입니다.

녹슨 굴레 아래 뜨거운 침을 늘어도

목청에 아린 바람은 어디로 새어
갈갈한 혓바닥이 가을 품 같습니다.

구름이 가는 하늘 아래
방울도 없이 숨만 차고
가슴 타는 슬픔은 바람을 따라 쫓지도 못하고

머어연 한길에 서서 짐승은 자꾸
제 그늘에만 들어서려고 합니다

  -「자화상自畵像」 전문

  1949년 가족과 영대 다리를 건너 월남했다는 일기의 발견은 18, 19세의 유년기와 의전 입시 기록은 무엇인가. 화자를 연구하는 후학들에게 괴리감이 등장한다. 문학은 개성과 심성, 영성에 따라 직조되며 잠재함이 피어 봄의 대지 위에 기운이 꽃 피고 향기가 윤회한다. 직유법 몸과 마음이 이분된 파란 바람에 젖어 고향에 얼비치는 자화상, 그리움이 더 커지고 눈가에 맺힌 현실에 목멘 가슴앓이 어머니 영령羚에게 가지 못하는 수형受刑의 기억은 희미해도 분리되지 않아 입에서 맴도는 영혼마저 건조해지는 시심 떠나는 구름이 부러워 가슴 먹먹함이 그늘을 벗어나지 못해 자조한다.
  부부 연은 전생의 원수, 부모 자식의 연은 철천徹天의 원수라 그 인연因緣은 정리가 불가하다 한다. 극한 상황에 자신도 모르게 내뱉는 엄마, 어머니 모태母胎의 연결은 종말 때까지 유효하다.

그 산속에 바다가 있고
바다에서 어머니는 배를 타셨다.

물결도 바람도 없는 가을날

어머니는
불붙는 단풍丹楓들을 울음으로 보시리.

순하던 구름
빗줄기 나래 접듯
시들어 간 그늘 스쳐 한 해를 보내고도
홀로이 홀로이 물 위에 떠 개신……

오늘도 산속엔 바다가 있고
나뭇잎들은 곱게 바다로 지고 있다

- 「어머니」 전문

  시집 첫 장에 "생사生死가 불명不明하신 어머님께 처음 이것(시집)을 드립니다." 육필의 현정은 천만 길의 깊이며 어머니의 정은 바다의 서정은 모정의 힘이다. 시집 발행하려 불과 물의 음양이 편의로 쓴 「서시」와 『청동의 관』 첫 시집 발행 못하고, 타오르던 열정과 혼돈의 불바다에, 피붙이의 둥지에 살기 위한 몸부림 넘실거린 바다 집어삼키는 불바다 바라본, 어머니 그리는 정이 단절의 고향 등진 가슴에 샘솟는 언어의 광맥에서 캐어낸 원석의 미美들…….

  89만 명 이상 인파人波에 일본인 공동 묘지에 움막을 짓고 임시 거처는 일제(1909) 때 소〔牛〕를 일본에 가져가기 위해 만든 우암동 189번지 150만 마리 소의 검역소로 함경도민들이 가장 많았고, 그 인원을 수용하지 못해 흥남을 떠나온 난민은 거제도 장승포로 향했다.

산은 깊어 별은 많고
물소리 서글퍼라.

하늘에 별똥이 지는 밤
지표指標도 없는 언 땅에

부푼 눈이 젖은 대로

먼곳에 살쩌지는
마음 어린 웃음의 얼골들!

연신 넋은 달아오리라
검은 흙 한 줌 뿌리어
가슴 위에 얹고는

아―이렇게 낯모른 땅에
홀로 누웠다

― 「진혼鎭魂 -냉령冷靈을 지키는 밤」

  8천 명을 학살되 반룡산 광산에 묻었고, 반도 밤을 지키며 추운 영혼의 진혼제, 낯선 언어에 낯익은 거리는 깊고 별은 같은데 잠 못 이루는 불면의 소리, 삶의 무상에 상처투성이 땅 위에 시대적 고민과 순환의 연대, 산 경험으로 홀로 옹알거리면 죽음이 내재된 자아 낯모른 땅에 동반자가 없어 고독도 잡지 못할 정을 나누고 산다면 덜 외롭다는 희망 있기에,
  1950년 10월 28일 함흥 임시 군정 민사 고문 현봉학은 미군 10군단장 통역, 발전소 전기는 흥남 공업 단지와 그 용량이 남아 38 이남으로 공급된 곳이 불바다로 폐허가 된 맥아더 라인을 버리고 떠난 날 두 달 안에 온다며 가슴에 새기며 발길 돌렸지만, 이정표 잃었다.

누구를 죽였던가.

얼을 만지며 얼을 씹으며
거꾸러진 너희들!

진혼가 꽃처럼
핀 하늘에

바람을 부르며
언덕을 거릴 때

아— 까풀처럼 남아야 할
형제의 피, 어머니의 피.

헤엄칠 수 없는 노을에……

- 「고향故鄕」 전문

　그리움의 산실을 그리며 끝날 줄 모르는 유랑流浪에 길 잃고 헤맬 때 떠오른 쉴 곳, 의식에서 혈맥을 이어 주는 심리적 외면에 삶은 조상의 얼을 곱씹어도 이상이 다른 자들의 영혼에 진혼과 꽃으로 핀 허공의 그리움 언덕에 서성이던 어머니의 눈꺼풀과 폐허가 된 함흥의 기억들 형제와 이산의 울음에 잠을 이룰 수 없고 낮달도 얼어붙은 장진호에 헤엄칠 수 없는 빙하에 수심愁心은 노을이 들어앉아 어머니의 속내를 토로吐露한다.

　성천강 버드나무의 군락에 늘어서 길 마중하는 곳. 지울 수 없고 소리 없는 메아리의 황초령 넘어 혹한과 잔인함이 자유를 수호할 의무도 없는 이들 7만 명의 진혼가,

강반江畔에 나서면
돌 깨는 소리가 가찹다

흐늘지며 따르는 물에는
피물 든 잎이 앉혀 간다.

　　　　목청도 없이
　　　　온 하늘을 부르면
　　　　쪼각쪼각 옛날이 나려오고

　　　　이슥한 산녘마다
　　　　머리를 푸는 저녁이 들 때

　　　　허연 백사장白沙場 우엔
　　　　내 그림자가 오래도록
　　　　귀를 막고 서 있다

　　　　　　　-「가을」전문

　실개천 물 흐르는 언덕을 걸으며 석수石手의 힘찬 망치와 정이 부딪치는 소리가 등잔불 아래 속삭임 같고, 물비늘 짓은 이미지에 수심은 피멍 든 동족의 상처로 낙엽 되어 밀려서 떠가는 이별에 품어 나오는 울림의 격변 속 세상에서 시의 열정과 순수의 뒤에 평문平文의 길로 들어서 고뇌로 피는 모래밭 위 귀 막고 서 있는 그림자는 살아 있음이며 가을의 질서 잃지 않으려는 장송葬送…….

4. 하품도 할 수 없는 영혼

　장진강 물을 24㎞의 터널을 급사면으로 역류시켜는 유역 변경식 발전은 흑림천이 흐르는 진흥리에 건설한 발전소 35만 2,300kW의 설비를 갖추고, 함흥과 장진선이 황초령역. 남쪽 30°의 급경사에는 7㎞의 인클라인과 함흥—장진을 오가는 주요 통로다. 장전호 전투는 미군 7사단도 패하고 미군 해병대 1사단장 스미스 장군은 많은 전사자를 내고 묘비명도 남기지 못하고 8천 1백 명의 동사로 진격하는 통분에

벙어리 사막(백설)의 고요함, 수송기 철수를 거부, 걸어서 퇴로로 진격하라는 사단장 명언으로 가는 빙판 사막 길…….

말 없는 사막砂漠에 섰다.

흘러간 죄요罪料에 나부끼며
아스름 피는 하늘이 멀어진다.

발 벗은 요술妖術의 나라로
까마득히 별들이 흐르는 저녁

연연히 잘 가는 꿈을 보내며
아무도 느끼지 않는 어둠에 젖은
파아란 그림자로 누워 보련다

지대地帶 없는 바람에 가슴을 소각燒却하고
풍화風化하는 육골肉骨에 미련未練 날리면

그 쌀쌀한 변방邊邦에서
마지막 표치標幟를
우러러 바라볼 것이었다

- 「묘명」 전문

원인의 핵심은 죽음 인식과 삶의 의지로 시인은 죽음을 인식하고 경건한 시심에 무의식적인 삶을 정위正位로, 말 없는 사막도 만물을 키우지 못한 속죄로 고운 모래의 횡포에 낮은 하늘은 멀고 맨발로 걸으면 묘함을 느끼며 먼 별의 흐름에 카라반의 꿈 희망을 삼는 푸른 그림자. 땅 위에 영혼과 가슴에 침전된 찌꺼기를 태워 육골을 쌓고 있는 미련은 이국이 되어 버린 변방 넘어서 신령처럼 바라본다, 나를 지우며.

흰 눈이 날리는 낯선 모자 위에 쌓이는 것을 털어내지 못하고, 떠나온 날로 희귀 어디서 와서 어디로 가는지, 물질 구성과 요소要所의 시간은 젊음을 훔치어 가는 무도無道한 것이다.

눈 나리는 북녘을 떠나온 날에
색다른 모자帽子 위에 흰 눈을 털었소.

하늘을 받아먹는 검푸른 바닷물에
울면서 참방이는 갈매기 소리 듣고

뱃고동 울리어 고기 굽는 어촌漁村에
어둠 치마폭 밤이 오며는

주막酒幕집 눈에 피는 한등寒燈 아래서
울면서 하직한 女子의 신세가 그립소

　　　　－「떠나온 날」 전문

1950년 12월 8일 유엔군이 맥아더 라인에서 철수를 완료, 한날 화자도 군에 입대해 속내를 감춘 바다에 우는 갈매기 마중받으며 아지랑이 속에 희미해져 어촌이 어둠을 끌고 갈 때까지 보았고, 주막집 냉기의 등불 아래 흐느끼는 여인은 고향이라 외롭지 않은지 매듭이 풀리고 바람과 살 섞는 동해의 여운 떠나온 날 회상에 눈雪발에 모자帽子에 쌓이는 무게로 꾹 눌러 쓴 곳 봄이면 고개 들어 영역 확장하는 생존 고독을 토하고 싶었던 시심의 욕구 그리움 갈구로 녹아내리는 시구 뒤 자과自過감 침전된 여운 의식을 차용借用해 갈증을 달랜다.

(1)
벌판에 흰 눈이 나리고
벌판에 헤어진 목소리 가고
봉오리는

찬 울음에 그대로 얼었다.

(2)
구슬 빛 하는 아래 숨이 타는고여
소리 없는 밤뜰의 울음을 삼키며
불꽃 일어 피는 환한 바람 속을
임자의 엷은 눈이 살아서 오는고요.

(3)
불 속에 당신이 계시옵니다
마른 입술이 내에 타며 떨어져 옵니다
눈에는 바람 없는 슬픔만 재 덮이여
불 속에 계시던 당신은 어디로 갑니까

-「영羚1. 2. 3.」 전문

  짐을 이고 지고서 걸어 4일 걸리는 흥남 피난에 눈 쌓이는 벌판에 헤어짐의 메아리 눈물방울이 얼어 고체固體가 되고, 구슬 빛 목마른 숨소리가 속울음에 불꽃 피우며 나직이 부르는 '임자'(아랫사람, 속살 본이의 2인칭) 엷고 영롱한 눈빛의 여운, 연약은 화마火魔에 타 버리고 마른 입술이 갈라지며 떠난 곳 동공에 감 잡을 수 없는 아픔을 감추려는지, 하얀 눈에 불꽃 불(전쟁터)에 두고 옴에 먹먹한 가슴에 당신當身(부부가 서로 부르는 2인칭) 어디로 가 있는지 묻는다.

  황초령은 신라 진흥왕이 순행 후 기념으로 세운 진흥왕 순수비眞興王巡狩碑가 있고 개마고원과 동해 사면을 조망할 수 있는 경승景勝의 요충지로, 인간은 애절한 생각으로 10분만 눈 감아도 열두 번 천리千里를 오고 갈 수 있다. 두고 온 고향을…….

바람에 식은 하늘가
무너져 간 노을 뒤
고향 산등성이에 걸음 놓으면

뉘엇거리는 성천강成川江 물
비단 얼골 부비며
저녁이 서러워 그늘 아래 떠갔고

초初사월 눈에 녹는
황초령黃草嶺 바라보는
눈자위가 옛말처럼 잠겼었다.

문안서 잔뼈 굵은
나의 어느 젊은 날
흰눈이 퍼붓는 칠흑漆黑한 밤에

어머님 방의 마지막 문을 닫고
낮은 발걸음이 쫓겨온 것을
한 줄기 피에 사는 아우들 얼러 두고
입술을 깨물며 쫓겨온 것을

아! 꿈엔들 내가 잊지 않으이

- 「고향산1~6연」 전문

1950년 10월 12일 북한 점령지에 「임시 행정 조치법」이 결의, 17일 원산 함흥에서 38선 이북에 군정을 실시하고 10월 25일 미군 10군단은 만주 국경 64Km 전 진격 제한을 취소 국경까지 진격을 발표하며, 11월 22일 장진호 진출한 해병 1사단은 함흥 북방을 점령 뒤, 11월 30일 철수하니 함흥 원산을 떠나지 못한 이는 내무서와 인민군이 부역자 색출해 인간의 한계 이상으로 처참하게 수많은 양민은 텅 빈 뒷산과 거리에서 무자비한 학살을 자행, 노을지는 성천강가서 목마름 적시던 산능선에 쉬고 있으면 황홀한 품을 열어 호젓이 반기며 잔설 쌓인 황초령(1,200m)은 나이테를 감추고 허허실실 살라고 덕담을 하던 곳, 달덩이 같은 얼굴이 그려져 노을은 더 서럽다. 집의 가시거리서 보낸 청소년기 흑과 백의 갈등, 어머니는 방문 닫고 아우들 타이르며 입술 깨물고 돌아선 발길 어찌 잊을 수 있을까,

> 바람에 자는 구천객九天客 기슭에
> 울녕스런 전설傳說을 엿듣고
>
> 텅 비인 하늘 아래 모다 살아 버린 터전에서
> 마른 눈을 뜨지 못할
> 모다 끝 맺힌 길들을 찾아가며
>
> 내가 걸음을 놓아 보는 날
> 내가 타는 노을에 다시 서는 날
>
> 거치른 세월歲月에 목놓아 울어
> 눈먼 희망처럼 불러볼거나
>
> ―「고향산」7~10연

 내면과 뇌에서 지우려 하면 끓어오르는 동사凍死로 구천으로 떠난 이를 위해 실눈 뜨고 울 수도 없어 인의 근본으로 삼은 전설은 붉다 못해 타오르는 정념情念은 가슴에 묻어 암흑의 벽 적막한 그때 상황 텅 빈 하늘 아래 가족이 살던 곳에, 노을은 쉬어서 갈 수 있지만, 실향민은 돌아갈 길로 걸어 보지만 휴전선이 가로막아 전후의 서러움 밀어내려 눈에 진물이 난 청맹과니의 희망은 떠도는 바람 되어 이정표 잃었다. 마음은 바람에 실려 고향 골목에서 노는 그림자 없는 그림자,
 시의 편마다 반응해 불규칙하게 자리 잡은 심박동이 저승 끈을 끄

는 조짐을 감파勘破함에 불안정을 암시해 바람의 호소呼訴. 내 몸에 세 들어 사는 나쁜 기운을 바람에 실어 보내려는 염원이 허공에서 먹이 찾는 철새 무리에 가까이 끼려고 한다.

    산은 깊어 별은 많고
    물소리 서글퍼라.

    하늘에 별똥이 지는 밤
    지표指標도 없는 언 땅에
    부풀은 눈이 젖은 대로

    먼곳에 살그러지는
    마음어린 울음의 들.

    연신 넋은 다가오리라
    검먼 흙 한 줌 뿌리어
    가슴 위에 얹고는

    아! 이렇게 모른 땅에
    나도 홀로 누웠다.

        –「죽음. 1」 전문

  물은 윤회輪回로 숨쉰다, 시차는 다르지만, 누구도 부정할 수 없는 진리란 수레에 끌려가야 하는데, 산이 깊어 별빛 아래 물소리는 애수哀愁를 자아내는 동토의 그리움에 부황 들어 우수에 찬 동공은 신기루 먼 곳 넋이 되어 올지만 한 줌 흙이 될 낯선 곳 지친 육신이 홀로 가리키는 손 니르바나nirvana.

5. 문학의 미로迷路을 걸어 나오며

필자는 김남석(1916), 안장현(1928), 정상구(1925) 시인 서예전에서 고석규 시집 『청동의 관』을 맡아, 책장에 끼워 두고 광화문 李氣鎭(1924)시인 관북문학회에서 문인들의 환담幻談을 귀동냥하는 기회가 있었다. 회원들은 철의 실크로드인 경원선—함흥선은 2, 30만 명이 이동하는 요지로 그 이야기는 소재도 많았다. 필자는 그 관심에 가르침을 주시던 시인들이 영면에 들어 희미해진 문인의 평과 휴전선 인근의 인문학을 발굴 정리하는 중이었다.

화자의 시 50년은 1, 2, 3의 연체시로 31연 시심에는 전장의 그림자는 발견되지 않으므로 6·25 전 작품으로 추정되어 중학교 당시 창작한 문학의 연대는 명료해졌다.

정전 후의 동인지는『신작품』,『서지』,『신지대新地帶』,『시영토詩領土』,『운석隕石』,『청문靑文』등이며, 참여 동인은 이석, 박지수, 노영란, 조유로, 박돈목, 조영서, 한찬식, 박철석, 이성환, 추영수 등이며, 1950년대 후반 중앙문단에 진출한 점에서 이 시기의 청년 동인은 지역 문학의 형성과 맥을 이었고, 1936년 좌천동에서 김말봉(1901년)은《동아일보》에 소설「밀림」연재 중 한무숙은 부산고등여학교(5년) 졸업 공백기에 청전 이상범 선생에 이어 삽화를 531회 그렸으며, 1940년 경기도 연천 출신 김진흥과 혼인, 해방 뒤 연천 고랑포 금융조합과 서울에서 근무하다 해방을 맞았으며. 이념과 성격의 상반은 정전 협정 이후 다양성을 확인하고 지역 문학의 전통이 새로운 이해를 할 수 있을 것이며, 한무숙이 1951년 1월 부산 피난 때 천상병은 식객이었고 1953년 3월 8일 귀경한다. 부산의 문학은 6·25 전쟁 와중에 전국에서 집합된 자료와 재원의 경험에서 꽃피었던, 일시적이나마 김상용, 한무숙, 모윤숙, 박희진, 윤모촌, 신동엽, 천상병 등이 국민방위군 또는 피난 왔고, 정재섭(1925)은 부산 육군병참학교 군속으로, 문화와 문학의 텃밭을 경작하며 광복동, 남포동의 다방과 거리를 중심으로 집결하나, 김상용은 부전동에서 의사의 오진 투약으로 6월 23일 사망, 朴寅煥(1926~1956), 김경린, 金東里(1913~1995) 등이 이 시절 활발한 문학 활동을 하였다. 한국전쟁 휴전 후 피난 온 작가들의 귀향과 수도의 서울 환도, 직장으로 돌아간 작가들은 정착의 씨를 뿌리며 서로의 길에서 서서히 정리되며, 역사는 희극으로 시작 비극의 연속을 반복하며 탐욕貪慾으로 인해 지구촌의 전운은 멈추지 않는다.

리차드 S. 위트컴 예비역 준장, 한묘숙(1917. 1. 1.)의 부군은 전역 후 부산에 살며, 장진호 전투 실종자 유해 송환과 전쟁 고아의 아버지로 평생을 살다 1982년 7월 23일 영면, 부산 유엔 묘지에 잠들었다. 그토록 염원했던 사명감은 한묘숙(소설가 한무숙, 한말숙, 수필가 한정숙 동생)으로 이어지나 북한의 비협조로 큰 성과를 이루지는 못했다.

부친은 해방 직후 월남, 개인 병원을 운영하였고, 화자도 1949년 홀로 월남하였다는 두 가지 고증이 있으나, 그러하면 거리가 생겨 발생할 함흥에서 군의관으로 현지 임용과 화자의 학교 이력과 동반 입대한 동년배들의 실명이 있음은 1950년 12월 24일 흥남 철수 시기가 유력하며. 일기에 전하는 가족 피난은 집에서 흥남까지 걸어서 4일 배에 오르기 전후로 추정된다. 1951년 부산 유일 동인『처녀지』를 송영택, 김재섭, 천상병과 창간, 3년 후에 소멸.

시인의 영면 19일 뒤에 유복녀 명진이 태어났다. 생과 사의 인연은 그렇게 엇갈렸다.

미망인과 고명진(금속 공예가)은 자료를 보관하다 정리한 것과, 부친과 숙부가 부산을 방문해 유고집 비용을 부담해 179편의 시는 긴 수면에서 깨어난 시향이 되어 아는 이의 안부를 물으며 세상 나들이 중 필자에게 전하여졌다. 추영수는 호 수인水仁. 경남 창원 출생. 1958년 부산대 교육학과 동인지『운석』을 발간하며 졸업.「꽃병」(『운석』 3집. 1956. 2),「창窓」(『운석』4집. 1956.4),「밤」(『운석』 5집. 56. 7), 61년 현대문학에 「꽃나무」,「해로성」,「바위에게」가 추천되어 등단. 중앙여자중고등학교, 전낙원이 개교해 전숙희 시인 이사장인 계원예술고 교감. 전숙희 국제 펜 회장 때 이사로 활동, 신혼에 밤을 새워 가며 글을 썼는데 쉬도록 해야 했었다는 게 시인의 후회다.

 고석규는 1957년「시인의 역설」이란 글로 문단에 등장, 1958년 부산대 국문학과 최초의 석사 취득자로 그해에 요절했다. 사후 1958년 6월에서 11월까지 유고 특집으로《현대문학》에 6회 연재, 1958년 7월 《사상계》에「비평가의 교양―모더니티의 탐색을 위한」이 게재, 시 연보 「명명命名」(『산호』 2. 1952. 10),「매혼埋魂」(1953),「영상映像」(1953),「울음」(1953),「파경破鏡」(1953),「반盤」(1953),「암역暗域에서」(1953),「침윤浸潤」(1953),「길」(1953),「11월」(1953) 시를 발표, 「지평선의 전달」『신작품』 8. 54.12),「구릉丘陵에는」(『嶺文』 1956. 11) 외 1952년 그해 4월 1일 『시조時潮』 1호 발간, 비평批評(부산), 11월 '부산대 문학회' 창립,

참고문헌

『이담문학』2020년 36집, 김경식 평론집 『깨어 있는 문향의 향연』, 2020. 7. 25.《흔맥문학》함흥 시지.
《흔맥문학》『청동의 관』고석규『6·25와 민간 항쟁』(1993 김유훈)

【평론】「모더니티에 대하여」(『신작품』7. 1954. 3), 「현대시現代詩의 심연深淵」(『예술집단』 2. 1955. 2), 「현대시의 전개」(『嶺文』. 1955. 11), 「문체文體의 방향」(『부산대연구』1. 1955. 12), 「현대시의 전개」(『시연구』 1. 1956. 5), 「시인의 역설逆說」(『문학예술』1957. 2~8), 「비평으로서의 문체론」(『한글문예』2. 1957. 5), 「비판적 모럴과 방법」(『嶺文』 15. 1957. 11), 「시적 상상력: 부副 시인의 역설逆說」(부산대학교 대학원 석사 학위 논문.1958), 「시적詩的 상상력」(《현대문학》1958. 6~11), 「비평가의 교양: 모더니티의 탐색을 위한」(《사상계》60.1958. 7), 「동주東柱와 시인의 역설」(유고 『크리스천문학』1973), 『초극超克』

유고 시집 『청동의 관』(도서출판 지평, 1992)

【번역】『시에 관한 서한書翰』(Francris, Scarfe『문학예술』1957. 9)
「엘리어트와 영국 교회」(에드먼드 윌슨 저. 『현대시』 1.1957.10)
【번역서】『실존주의實存主義』(Paul Foulquie 저. 보문당.1956)

고석규

금리 시인은 왜 간이역을 사랑했나

1. 들어가며 시인은 故 자를 붙이지 않는다

 이창년李昌年(1936년 4월 2일(음)~2021년 4월 30일 03시 24분. 본관 경원: 인천) 호는 금리錦里 시인, 경상남도 합천군 삼가면 백악산(286m) 바라보이는 금리에서 부 이원옥李元玉, 모 김순애金順愛의 4남매 중 장남으로 태어났다. 면사무소 뒤 큰길에서 골목으로 돌아서면 세 번째 감나무 두 그루 있는 기와집에서 출생. 9세에 삼가초등학교에 입학하나 일본어로 수업을 받았고, 2학년 여름방학 때 해방이 되었고, 12세인 4학년 감이 빨갛게 익은 가을날 어머니가 병석에 누우신 지 20일 12시 전에 침통한 외할아버지보다 먼저 영면에 들었다. 엄마가 그리우면 아버지 몰래 마을 당산 아래 외가外家집에 오고갔는데, 큰집 누나가 경북 경산군 초등학교 교사로 있었고, 삼가三嘉에는 중학교가 없고 마을에서 머리 좋은 수제로 중학교 진학을 위해 초등학교 6학년 1학기 때 큰집인 경산군 경산초교로 전학해 졸업한다. 대구공업중학교에 입학한 1학년 때 6·25 동란이 터지고, 7월 1일부터 경상북도 전역에 양곡 배급이 실시되어 고향으로 돌아왔는데, 7월 1일 일본에 주둔하던 미 제24사단이 부산에 도착, 7월 26일 합천에 사령부가 설치돼 합천경찰서와 관할 지서는 경찰을 편입하였고, 지리산 권역으로 인공 치하로 피난을 하다 돌아오나 집은 폭격으로 불타 버렸으며, 9월

26일 김종원 경남지구 계엄사령관(대령)은 야간 통행 금지 시간 연장을 발포하고, 9·28 수복 후 가세가 기울어 학업이 중단되었으나 경남지구계엄민사부장은 1951년 4월 8일 경남에 계엄을 해제하고, 경비계엄령을 실시하며 민간인 소유 지프차를 일체 회수한다고 발포하며, 장정壯丁등록 기피자 일제 검거를 시행, 경남지구병구사령부 미 제18군의 요청에 의한 일선 노무자 징집을 당하게 되었다. 친구 김창수와 진주을 오고가며 마을 기양루岐陽樓(조선시대 삼가현 관청의 출입문으로 사용된 외삼문外三門) 앞에서 노점 과자 장사, 성냥, 담배 장사를 했는데, 포장지가 부실해 긴 장마통에 재산이던 물건이 습기를 먹어 버리고 희망이 보이질 않아 학업도 더 하고 싶어서 가슴에 뜻을 품고 합천읍으로 가는 화물차를 얻어 타고 가출을 해서, 대구에서 중학교에 복학해 다니면서, 대구 포로수용소에서 반공 포로들이 대거 탈출했다는 소문을 접하면서 문학을 가까이하며 세계 명작을 읽으며 남녀 사랑의 주제를 탐구하며 졸업, 대구 대성고등학교에 진학해 재수하며 졸업했다. 1957년 샘터 동인 주재하며 서라벌예술대학 문학창작과에 진학해 처음 만난 이규호와 미아리 고개 부근 작은 방에서 자취 생활과 회화繪畵, 문학, 음악까지 심혈을 다하는 청년으로 1960년에 졸업한다. 동기생들은 1934년~1940년 생으로 「솔밭 동인」도 있었다. 1963~1964년 전남 광주의 공장으로 내려가 느릿재를 넘으며 직장 생활로 화순군 동면을 오고갔다. 서울 잠실 본동으로 상경해서 서울 백악산 〔이명 북악산〕 바라보다 직장을 그만두고, 코끼리 상표의 원창섬유를 설립, 공장은 양주군 회천면 덕계리 436-1번지(전화 : 265번)에 두었으며, 필자도 선물 받은 방석을 아직도 사용하고 있다. 금리 선생이 1950년 후반에서 1970년대를 넘어오며 시를 쓰는 것은 발표하기 위해 한 것이 아니고 詩 짓는 시간에는 위안과 보람, 즐거운 일이었다고 필자에게 토로吐露한 적 있었다. 문학의 발표를 미루며 예술인이나 문인들의 행사에 여유로운 후원으로 참여를 했으며, 우수에 젖은 외모에 고급 승용차를 몰고 다니면서 사업체 경영이 남달라 나름대로 재산도 많이 모았다고 했다.

그러나 시인은 사업가가 아니며 천성적으로 끼가 넘치는 예술인의 기질器質을 여지없이 담아낸 첫 시집 『바람의 門』(1980. 문예원)을 상제하고, 종로구 인의동 8-15번지 사무실을 오고가며 예술인들 뒤풀이에 후원을 아끼지 않았으며, 호탕한 성품은 좌중을 휘어잡고 그림과 시낭송, 담론, 노래, 육두문자에 그야말로 예술계 홍길동이었다. 공간 시 낭송회의 성찬경, 박희진 시인 이후, 보리수 동인을 모태로 1982년 12월 당시 DJ가 있던 충무로 1가 보리수 음악 다방에서 창립한 '보리수 시낭송회' 상임이사로, 매월 셋째 토요일 낭송회을 열며 낭송 문화 발전을 이끌었고, 서정주, 김규동, 정공채, 조병화, 성찬경, 홍윤숙, 이근배, 허영자, 김남조, 문정희, 신달자, 방미영 등이 매월 개최하는데, 그 주축은 황금찬, 최은하, 박현령이며, 또한 문학 지망생, 지인들, 문화에 목마른 이들이 많이 참여하여 성황을 이루기도 했으며, 서정적 이미지와 우수에 젖은 모습에 카리스마가 잔잔하게 배어 나왔다. 1983년 봄부터 문화 운동가 불이 채현국 선생과〔1986〕과 인연으로 한강이 바라보이는 아차산 배 과수원, 인사동, 의정부 3동 필자의 초가草家 무산당을 방문 지역 문화의 사랑방이라며 지붕에 기와를 올리고 입식 주방으로 수리를 해 주었다. 화자는 본의 아니게 사업을 접고 경제난으로 안동소주 총판에 발등이 부어오른 통풍痛風성 관절염의 고통에도 술을 멀리하지 못하고, 그 부진함에도 웃음과 기개를 잃지 않은 풍류 시인의 시심을 탐미해 들어가면서

2. 바람과 인생은 리허설을 준비하지 않는다

　미당 서정주 선생은 이창년 시인 첫 시집 『바람의 문』 서序에서 살아온 몸살의 대단했던 부피를 느끼는 것이다. 그리고 나는 우황牛黃든 소처럼 오래 두고 앓아야 하는 것이 바로 시인詩人에게 주어진 천부天賦의 것이 아닌가 했다.
　터를 잘못 잡았는지 시대를 못 만나서 기형의 나무로 변함을 관조觀照하며 침잠沈潛해 들어가 짓눌린 가슴으로 속앓이하던 내면의 정서, 만인의 가슴에 잠재되어 있는 고향의 그림자와 삶의 뒤안길에 스쳐 지나는 간이역에 남겨진 추억, 잊혀진 풍경들을 고스란히 되살려낸 그리움의 무게로 다가오는 자연과 인간 관계는 세월 저편에서 손짓하고 있었다.

　　　간밤에도 山자락을 끌고 기양루岐陽樓 쪽으로
　　　점잖게 가는데 山짐승이 많이 매달려서
　　　몇 번을 쉬더라

　　　불타 버린 옛 봉선관風仙館 자리에 돌아서서
　　　큰기침하고는
　　　마장이 정승政丞 묏골을 기웃거리는데
　　　나는 봉창 구멍으로 문고리 잡고 구경하고 있었다.

　　　몇 천 년을 두고 인심 대하던 깎아지른 암벽岩壁
　　　멍청한 듯 서 있고
　　　몇 만 년을 두고 모질게 살아온 바람은
　　　고향 뜰 수 없어 영영 울었다던데.

　　　　　　―「내 고향 백악산은」 1, 2, 3연

지워지지 않는 화산 자국처럼 진실은 무섭고 두렵다. 천진무구하고 순하고 순한 소년의 눈앞에 개선장군처럼 서 있어 권력의 흥망성쇠를 증언하는 기양루는 옛 삼가현 수령들의 연회장으로 쓰였던 건물로 이 정표로 서 있고, 고향을 떠날 수 없어 친구 김창수에게 3명의 동생을 돌보아달라는 부탁을 하고, 스스로 살아갈 빛이 있는 길을 찾아서 떠나온 기양루 그늘 저편 아래는 늘 그리운 사람의 그림자가 돌개바람으로 왔다가 횡하니 사라져 갔다.

> 임란王亂 때는 바람 안고 江을 성큼 뛰어넘어
> 심천深川 둑을 막아 서서
> 슬픈 의지로 팔짱을 꼈다지만
> 멀리 黃梅山을 바라보며 神靈들과 만난다.
>
> 기양루岐陽樓에 주안상 차려 놓고
> 한 모금 술에 취기 오르면
> 대밭에 곤히 잠든 참새 떼들 흔들어 깨우고
>
> 강물에 비친
> 외로운 당신 모습 보며
> 발을 담그고는 건너간다.
>
> 내 고향 百岳山은
> 가끔은 산책을 한다.
>
> ―「내 고향 白岳山은」 4, 5, 6연

임진년 때 왜장倭將을 유혹해 슬픈 의지로 팔짱을 끼고서 심천深川에 낙루한 논개에 비유한 처절함, 7백년의 역사를 이어 살아온 인주仁州 가문에 후손으로 유년이 피사체로 아롱진 고향 마을 금리에서 바라보이는 백악산(268m)을 가려면 양천강 건너가서 20분이면 오를 수 있다.

밤꽃 내음이 진동하는 마을 떨림의 조각들, 화자보다 두 살 위지만 소꿉동무며 시집마다 등장하는 계화는 놀이 중에는 부부였고, 홍시를 보면 어릴 때 친구 김창수(훗날 창수 형이 막내 이모부가 된다), 엄마가 생각나는 곳, 웅크리고 뒤척이면 그리움이 샘물 되어 퐁퐁거리며 솟아난다. 같은 반이지만 이모뻘인 두리, 순이, 연미, 모파상 단편 소설을 각색할 정도로 달달 외우고 하모니카를 입가가 헐 정도로 불었던 유년幼年은 당산 중턱에 외갓집이 있어서 외롭지 않던 곳이다. 황매산黃梅山(1,108m)을 바라보며 밀봉한 속내, 돌다리를 건너가면 해인사 일주문인데 무얼 그리 망설이었는지, 삶에 찌들어 추억을 잊어버린 고독한 사나이가 숱한 그리움 속에 탁구공처럼 튀어오르는 백악산 그림자는 영감을 흔들어 깨우며 울리는 시의 고향이었다.

아미산이 있는 연천군(전 마전군 군내면) 미산면 아미리는 고려 왕씨의 집성촌으로, 고려의 종묘인 숭의전崇義殿이 있으며, 동란 전에 38선 이북의 경계선이었고, 동란 때는 100만 명의 피를 김포 바다로 흘려 버린 강류江流로, 주인을 12번 바꾼 곳이다.

  까마귀 둥지는
  강 건너 아미산에 있나 봐
  그곳으로부터 날아와
  강가 아까시 숲에 머물며 울다가
  반대쪽으로 날아간다
  왜 가는지 몰라도
  한참을 울다가 간 다음
  돌아오는 것을 보지 못했다

  매양 그날이 아니란 걸을
  네가 떠난 그날이 아니란 것을

네가 떠난 다음에 알았고
네가 머물렀던 자리에
채울 수 있는 아무것도 없다는 것까지도

까욱 까욱 까욱
까마귀 둥지는 아미산에 있나 봐
내가 한 번도 가 본 일 없는
아미산 어디쯤에

― 「까마귀 둥지는」 전문

연천의 지형과 강심은 참으로 묘하다. 보개산 중심에서 흘러내려 철원이 지류인 차탄천 금강산 지류가 주상절리를 지나서 한탄강 두륜산 지류와 임진강이 하나 되어 아미산 종못에서 춤을 춘다. 부모님에게 효도를 한 번 하고 싶었는데 그 기회조차 주어지지 않는 현실 속에 그리움의 시, 까마귀는 조류 중에 유일하게 병든 어미에게 먹이를 물어다 주며 죽을 때까지 부모를 보살피기에 선조들은 반포지효反哺之孝을 행해서 효조孝鳥라 부른다. 가고 싶어도 가지 못하는 임진강 너머 분단의 땅 고려 왕조 종묘인 숭의전이 있는 잠두봉의 진산인 아미산, 자의든 타의든 두고 온 산 향기 그득한 아까시 숲에 머물러 울다가 반대쪽으로 가며 왜 가는지 모른다. 부모님의 유택이 있는 전설과 이상 속의 아미산인지, 그곳이 중천中天 어디인지 가물거리는 기억의 둥지 새벽 하늘을 빙그레 돌며 전하는 울음소리 까욱, 까욱, 까욱 효금도孝禽圖가 그려진다.

연천은 근대 문인들로 김상용, 박희진〔시〕, 김오남〔시조〕, 윤모촌〔수필〕, 곽하신·한무숙〔소설〕, 홍효민〔평론〕, 허목〔한시〕 중 예술원 회원 두 분이 나왔다. 금리 선생은 연천향토문학발굴위원회 편집위원장으로 창립에서 8권을 발간했으며, 2번의 구석기 축제 시화전과 표지 그림을 그렸고, 기황후연구회 고문으로 지역 문화 유산과 한국사 이야기 10권의 발간에 일조一助를 하였다.

> 연민의 꽃이 산야에 피어
> 꽃비를 뿌리고 있습니다
> 황홀한 삶의 숨결이 자지러질 듯이
> 찬란합니다
> 늘 미소를 잃지 않으시고 과묵하셨지만
> 나비처럼 종용하게 날갯짓하시기에
> 기도 드렸습니다
>
> 선생님의 부음을 뒤늦게 접했습니다
> 귀한 선생님과 시간들이었지만
> 40여 년이 흘렀습니다
> 고매하신 선생님의 시세계는
> 올연兀然하셨습니다
> 영원히 아름다운 시인이신 선생님
> 하늘에 무지개다리를 놓아 드린다는
> 추모의 정을 담아
> 명복을 빕니다
>
> ─ 「영원히 아름다운 시인, 박희진 선생님 영전에」 전문

시인은 자연으로 꽃으로부터 깨달음을 터득해야 시심이 거미 똥구멍에서 술술 나온다고 했다. 주머니 없는 옷을 입고 떠나는 저승길이 시원한 여름날 같으면 좋으련만 그동안 살아온 삶이 세월 따라 감수성이 분열하는 것을 종종 마주하며, 시인이 써 놓은 치열한 고투苦鬪 위에 성찰의 답신으로 귀로 길 연서 올연兀然의 길에 무지개다리를 놓아 정을 전하는 시인의 교감交感, 수연 선생과 만나 영성하는 시혼들이 인사동 사랑방 간이역에 잘 있는지를 묻고 답할 것만 같다.

소요산은 경기도 동두천에 있는 587.5m 오르려면 하백운대, 중백

운대, 상백운대, 의상대義湘臺, 공주봉이며, 백운암과 자재암이 다천茶泉을 품고 길손을 배웅하고 원효대사와 요석공주의 사랑 이야기가 전해 오며, 고승 대덕과 시인 묵객들이 소요 자재로 시를 노래하고 茶향에 취해 노닐던 명승지이다.

> 어슬렁어슬렁
> 호랑이 걸음으로 소요산에 오른다
> 빛나는 녹음의 숨결
> 은밀하게 흐르는 물소리
> 속진을 털어 버리고
> 어슬렁어슬렁
> 호랑이 걸음으로 소요산을 내려온다
> 휴식의 어둠이 대지를 덮을 때
> 산그늘 마을에 정겨운 등불이 켜지고
> 그날 밤
> 꿈속에서도
> 어슬렁어슬렁
> 소요산을 거닐고 있었다.
>
> ― 「소요산」 전문

소요산 시는 동두천시 30년사에 음각陰刻된 시심이다. 소요산 정상으로 오르는 길이 3곳이 있는데 동막골 등산로는 너무 낯설고, 안창말 능선으로 오르다 보면 화자와 인연이 있고, 극락교 건너면 아담한 초옥의 암자에서 승속에 고독을 톱질하는 곳이다. 배부른 호랑이 걸음인 어슬렁 걸음으로 오르면 30분의 거리며, 일주문 길로 30분 원만하게 오르면 약수터에서 목을 축이고 세심교에 다가서면 왼쪽에 원효폭포가 물비늘 날리며 수많은 인파를 다독인다. 녹음의 속삭임에 은밀한 물소리에 마음에 찌든 것 풀어헤치며 선문답하듯 반기고 마중한다. 백

팔 계단을 뒤로하고 어슬렁어슬렁 하산길이 너무 정겨워 꿈속에서도 거닌다고 시심에 담았다.

3. 내외적內外的 시의 영토에서

산야 들길에 불리지 않는 소외된 풀들은 강인하게 꽃을 피우지만 늘 가난한 향기로 외면되기에, 더 많은 꽃을 피워 놓고 잔바람만 불어도 어깨동무하고 춤 잔치로 영역을 과시하고 있다. 영화〈기생충〉에서 삶의 수준에 따라 쉽게 지우지 못하는 고유의 냄새가, 각자의 직업군과 식생활에 따라 날아드는 나비, 벌, 곤충은 취향대로 답하고 원하는 향기와 교통하는 이치이다.

> 그 찻집에서
> 네 무게와 네 그림자를 읽는다
> 너와 나란히 앉았던 자리는
> 낯선 이들이 차지했지만
> 너와 머문 시간은 영원하다
> 누구를 기다리는 것은 아닌데
> 혼자 식은 커피를 마신다
> 겨울 햇살이 스멀스멀 기는 창가에
> 시클라멘 화분이 노근하게 낮잠 자고
> 그 찻집에
> 다시 못 올 것 같다
>
> ―「회상回想」전문

뒤돌아보면 술벗과 다우茶友는 있어야 제맛이지만 차는 불면不眠의 벗인 그림자와 대작해 마시는 것이 최고 차茶의 자리라 한다. 팽주彭主(차 내리는 사람)과 팽객彭客의 자리는 다담茶談의 자리이며 기다림의 미학이다.

앵초과 시클라멘은 외래종이며, 꽃이 귀한 겨울에 피며 줄기도 하나 꽃도 하나만 피며, 보라, 분홍, 빨강, 흰색 등 색과 이미지가 다양하다. 화분은 노시인처럼 겨울 햇살이 따사롭게 치근덕거림을 좋아한다. 하트 모양의 독특한 화형을 오랫동안 감상할 수 있었는데, 오수午睡에 빠져 꽃 피울 것을 잊었는지 찻집에서 커피를 마시는 자유로움의 공간을 돌아보는 미적美的 정서가 아니라 유유자적하게 자화상과 마주 앉는다.

대학 재학 때 미아리고개 근방에서 자취를 할 때 술 심부름을 해 오던 이규호 시인이 연천과 영평천 경계인 주원리에서 창옥병 바라보며 요양 중인 1998년, 노을 자락에 끌려서 영면永眠에 든 친구의 유고 특집을 하려다가 가족과 연락이 두절되어 무산된 일이 있었다.

> 노을 자락에 끌려오는 어둠
> 먼 고향의 저녁 연기
> 한 잔 술 마시면
> 봄비 되어 내리는 잔인한 고독
> 사랑해야 하는 목숨의 처절함
> 아는 이 없는 낯선 거리
> 달래는 술잔
>
> ―「한 잔 술」 전문

노을이 넘어서 가기 싫어도 노을 자락이 목을 매면 다가오는 어둠에 등 떠밀려 점점 멀어져 가는 벗을 달래는 술잔이다. 피어오르는 고향 마을 밥 짓는 연기 뒤로하고, 독주를 마시는 봄날 잘 익어 향기로운 한 잔 술에 취하면 좋으련만, 잔인한 타향에서 고독을 사랑해야 하는 처절함을 아는 이 없는 낯선 거리에서, 무언가가 될 수 있기를 염원하며 꼭 잡은 술잔은 늘 비어 있어 춤추고 있는 노을이 얼비침에 자기 의식의 투영投影이다.

아래의 시는 종종거리던 노란 병아리만 같던 자식들도 꽃처럼 예쁜 마음으로 세상을 살아가기를 바라보며, 유년을 뒤돌아본 시인의 삶의 궤적 정서情緒라고 시작 메모에 남긴 시심이다.

  병아리야
  너는 어디서 태어났니
  봄볕 속에서 태어났단다
  병아리야
  너는 어디서 살아가니
  채송화 꽃밭에서 살아간단다
  병아리야
  너는 무얼 먹고 사니
  활활 타는 노을 먹고 산단다

    — 「병아리」 전문

자식은 품 안에 있을 때 가장 예쁘고 사랑스럽다고 했다. 서로에게 기쁨과 행복을 공유하지만, 품안을 벗어나면 새로운 환경에 적응하느라 가족은 서로에게 거리가 유지가 되었다.

우화寓話 같은 시 「병아리」는 말을 잘 듣는 상징이기에 유치원 옷이 노란색이 많고 병아리반 아이들은 정겹다. 어미 닭이 병아리 이끌고 나들이 나와 햇살 공부로 이어지는 풍경은 평화로운 시골의 정서로 도심에선 보기 힘들며 바라보는 이에게 미소를 짓게 한다. 알이 먼전지 닭이 먼전지 말장난에 상처받는 인간사의 생존 법칙, 엄마 말을 잘 들어야 꽃밭에서 벌레를 잡아먹고 물을 입에 물고 하늘을 바라보아야 튼튼한 벼슬 쓴 닭으로 성장할 수 있다는 부모의 마음으로 지난날을 형성형性形화시켜 주려는 시심이다.

　고개 한번 돌리면 지워지고 멀어지는 이치, 보이지 않는 희로애락의 물음표도 곁을 주어야지 보내고 마중하는 반복적 삶의 관조觀照의 명상瞑想이었다.

　　　　보내야 한다
　　　　등을 떠밀려서라도
　　　　보내고 돌아서서 훌쩍일지라도

　　　　사랑은 저문다고 했나
　　　　저물고 저물어도 남는다고 했나

　　　　먼빛으로 수수깡 허깨비를 본다
　　　　잡풀 속에서 반딧불이 나는 것을 본다

　　　　강가 주막 툇마루에서
　　　　마지막 잔을 비우고 일어선다

　　　　전생에 보았던 꽃이
　　　　무참하게 피어나고 있었다
　　　　달이 지는 것을 보았다

　　　　　　　― 「달이 지는 것을」 전문

　나그네의 애수哀愁인 달이 머리 위에 있어 다가가려고 노력하며 할수록 더 멀어진다. 잔잔한 물에 비쳐 금방이라도 뜰 수 있을 것 같은데, 일상에서 허덕이다 보면 달은 저만치 지면서 말이 없다. 수인사 없어도 서로의 길이 정반대이다가, 다시 만날 때 눈물을 보이지 않으려고 반벙어리가 되어 사랑이 저문다고 저물고 저물어도 그 흔적은 남는다고 하지만, 먼 옛날 오누이의 전설처럼 세월 따라 흔적이 아스라해 개똥벌레가 암컷을 유혹하려 불을 밝히고 있다. 나룻배 기다리는 선술집에서 장진주사將進酒辭를 부른다. 삼생三生의 인연도 짧다고 했는데 현생現生에서 달이 지는 것은 마지막 잔에 바닥을 보자고 교응交應을 하고 있다.

첫눈이 내리는 날이면 잊지 않고 경원선 열차 타고 종점에 내려도, 눈이 오지 않은 경험이 몇 번 있어 수락산에 눈이 오면 전화를 해 그곳에 눈이 내리는지 묻는다. 거리와 구름의 오차로 형성되는 기압골이다. 지식 넉넉하며 3마디의 말이 교감이 되고, 지식이 부족하면 30마디를 더해 설명해도 소귀에 경 읽기라고 했다.

> 시든 꽃잎에 말 붙여 볼까
> 지나던 구름에 눈빛 보내 볼까
> 어둠은 별빛조차 삼켜 버리고
> 흰 눈은 자꾸만 날리고 있다
> 휘휘 둥둥 날 수도 없고
> 몸 녹일 움막도 없는데
> 가슴은 조여들고
> 대추알만 한 꿈도 흐려진다
> 날갯죽지가 아프고 체온도 식어 간다
> 남향 언덕바지에 주저앉을까
> 시름 묻어 두고 주저앉을까
>
> ―「겨울 나비」전문

세월의 묘망渺茫 봄소식 처음 알리는 나비는 들녘에 너울거리는 배추흰나비다. 수명은 종마다 다르지만 보통 20여 일 정도다. 시인의 심미안으로 그린 겨울 나비, 아무것도 남기고 싶지 않은 노년 화자의 그리움 비유로 그려진다. 시든 꽃잎에 눈빛 보내며 어둠의 별빛도 사랑할 줄 아는 연륜, 백설이 덮고 간 들판에 춤추는 겨울 나비, 앙상한 가지에 꽃 피운 설화雪花, 몸 녹일 움막도 없지만 두근대는 가슴, 꿈이

작아도 꿈인 것처럼 시간의 서재에 보관 중에, 나비의 짧은 생애 사랑앓이로 식어가는 체온에 그려지는 남향, 따사한 햇살에 묻어 둔 시름을 피워 줄 정원의 그림자다.

4. 따뜻한 은유의 어둠

사랑은 모든 이들에게 희망과 희열喜悅을 주지만 모든 것을 파괴하는 불씨가 되기도 한다. 사랑이란 감정은 손에 잡히지 않아서 통제는 할 수 없어 외면하고 살아가는 길목이었다.

> 왜
> 별들은
> 날이 밝으면 숨어 버릴까
> 감쪽같이 숨어 버릴까
>
> 어둠 속에 숲이 있었다
> 숲속에 어둠이 있었다.
> 숲의 주술呪術에 걸린 밤
> 어둠에 매료된 나는 혼자였다
>
> 너는
> 비린내 나는 부끄러움으로 밤마다 태어나
> 나를 바보로 만들었다
>
> 산까치가 숲을 깨울 때까지
> 숲이 어둠을 밀어낼 때까지
> 캄캄한 밤은 내 안에 있었다
> 그러나
> 어둠은 흔적을 남기지 않았고
> 숲은 푸르르 어디론지 날아가 버렸다
>
> ―「나는 혼자였다」 전문

고독한 시인에게 별처럼 해가 뜨면 숨어 버리는 재주가 없고, 밤이면 그나마 어둠이란 숲이 있어 주술을 걸면 비린내에 바보가 되었다. 화장化粧 세계가 있다면 자주색 안개는 그 깊이와 속내를 잘 드러내지 않는다. 반가운 소식도 어둠의 흔적도 약속 없이 날아가는 냉정함의 밤.

늙어서 몸이 건강해야 변덕스럽게 남은 생을 버틴다고 했지만 기다림의 미학을 아는 사계절 기후 같고, 고요한 물이 그 깊이가 깊다 했다. 해가 지면 달이 뜨는 것이며 밤이 오면 번뇌 만상을 벗어던지고 목젖을 적셔 주는 감로수를 그린다.

> 눈이 펄펄 날고 있는
> 신탄리 철도 중단점 부근에는
> 까욱까욱 까마귀들이 따갑게 울더라
> 막힌 철길에 잠시 머물다가
> 눈에 묻힐 발자국만 남긴 채
> 한적한 풍경 속으로 파묻히며 걸었다
> 눈은 내리고
> 내려서 쌓이고
> 시간은 지체하지 않고
> 우리는 눈을 털며 시골 다방 연탄 난로 앞에서
> 따끈한 커피를 마신다
> 떨쳐 버릴 수 없는 허황한 적막감
> 서글픈 마음과 마음은
> 서러운 사랑 이야기는 하지 않았다.
>
> ― 「눈 내리는 신탄리에서」 전문

시배리아 횡단 길을 치달던 철마는 월정역을 눈앞에 두고 이 빠진 철길에 기적도 잊은 경원선 철도 중단점 신탄리역. '철마는 달리고 싶다.'는 입간판이 발목이 동강나서 길을 잃었고 통일의 염원을 잊었는지, 옛 선로 길로 20분 걸어가면 낯선 이정표로 긴장을 만들며 서 있었지만, 지금은 거꾸로 자라는 고드름으로 명소가 된 용담역, 폐쇄된 기차굴을 외면한 채 육교가 된 철길로 백마고지역으로 가고 있다. 성북역을 출발한 열차가 1시간 40분이면 닿는 거리에 20평 남짓한 역사驛舍는 한을 품은 듯 자리를 잡은 간이역에서 내려 옛 정서 고물거리는 다방 마담과 주고받는 농담 사이에 피어나는 적막감과 서글픈 사랑 이야기를 접어 두고 미래를 수놓는 국경보다 더한 실향민의 반주 없는 노랫소리를 듣는다.

초성리역 경원선 포천군 청산면 초성리 440-2번지로 처음 정거장이 된 것은 해방 후 남북 철로가 중단되고 미군이 주둔하면서 38선 남쪽 최북방 임시 하역장이며, 1950년 10월 5일 유엔 군수품 하역 장소로 사용하다 1952년 4월 8일 간이역으로 변경, 1953년 9월 10일 군정에서 철도청으로 이관, 1958년 12월 26일 역사 준공, 1959년 8월 10일 보통역으로 승격 이용되었고, 행정 구역은 연천군으로 변경되어 오다 경원선 연장 전철 공사로 폐쇄되었다.

> 너는 갔지만 너를 보내지 않았다
> 잠시 자리를 비웠을 뿐이다
> 너를 기다리는 시간이 길어지면
> 너와 함께했던
> 팔랑개비가 꽃으로 피어 있는 초성리역에 내려
> 어릴 적 소꿉장난 할 때처럼 혼자 놀다가
> 막차를 타고 어둠 속에 돌아온다
> 너는 갔지만 너를 보내지 못하는 나는 목마른 사슴
> 늘 멀리 바라본다
> 하마나 돌아올까
> 눈이 내리고 눈이 녹고 꽃이 피고
> 초성리역에 스산한 바람이 가랑잎을 흩날리고
> 팔랑개비는 돌아가는데

금리 시인은 왜 간이역을 사랑했나

번번이 서성이다가 고개 떨구고 돌아온다
또 봄이 오고 봄이 가고
문득 꽃잎 떨어지는 연못에 비친
조용히 흔들리는 나를 본다

— 「너를 보내지 않았다」 전문

 시인은 한 명의 독자만 있어도 시를 쓰며 고절孤節을 감수하며 전통의 틀에서 이별의 정서, 너를 보내지 않은 변방 역사의 풍광에 저승과 이승의 경계보다 더한 곳에서, 잠시 자리를 비웠을 뿐, 인생은 취중의 아침으로 너를 보내지 않았지만, 바람이 정분나 이별을 감내하는 초성리 간이역은 고향의 부재이며 세월의 아쉬움이다.
 세상에서 가장 큰일은 태어나서 죽는 일이다. 우리나라 사람의 정서와 감정은 그저 무표정하다 오랜 지기나 혈연 관계라도 눈인사가 다수다. 삶이 길에서 만나고 헤어지는 많은 인연 중에 옷깃만 스쳐도 억겁에 의해 이루어졌다고 했다. 우리네 민족은 한限을 사랑하며 늘 곁에 두고 생의 여정같이 가고 있는 특이함이 해 저무는 곳을 바라보는 허전함의 전주곡이라 했다.

너를 미워하지 않을래
너를 탓하지도 않을래
언제 우연히 만나거든
서러운 이야기는 하지 말자

봄비 내리면 젖어 주고
찬바람 불면 움츠리고
으스러지게 간절하여 못 견디면 허물어지마

너 알았음을 인연으로 할래
너 알았음을 고마움으로 할래

갈가마귀 날아가거든
내년에도 오라고 손짓하마
내후년에도 오라고 손짓하마
땅속에 묻혀서도 손짓하마

― 「땅속에 묻혀서도」 전문

이규호 시인은 「바람의 문」 발문跋文에서 토인비가 말한 성자의식聖者意識은 분명 하나의 빛을 일컫고 있는지도 모른다 했다. 감수성을 깨워 반응하게 하는 금리 시인이 가장 많이 낭송한 자작시 「땅속에 묻혀서도」 화자의 애송시로 스치고 지나간 모든 인연因緣에게 고마움으로 할래, 가는 인연 잡지 않고 오는 인연 막지 않아 가장 많은 독자와 문인들에게 사랑 받은 대표 시이다. 그 누구도 원망, 미움을 사랑으로 승화한 시심, 땅속에 묻혀서도 손짓하마, 봄비 오면 젖어 주고/ 찬바람 불면 움츠리고/ 으스러지게 간절하여 못 견디면 허물어지마, 백골이 되어 땅속에 묻혀서도 손짓하마. 은밀히 숨겨진 시인의 너그러움 속에 원초적 비통함에 모든 것을 사랑으로 승화한 시인의 니르바나 해법, 악연도 우리네 삶에서 귀한 인연이라는 것이다.

5. 이끼 꽃 투영한 시의 숲길을 나오며

기다리는 가족의 마중을 받으며 온 동네가 떠나갈 듯 소리를 치며 세상에 마실 와서 혼자가 아니지만 홀로라는 것을 느낄 때 세상이란 무서운 외로움의 바다에 암초인 것을 알 수 있다. 권일송, 금리 선생은 필자의 글에서 사랑이란 언어가 의도적으로 배제된 느낌을 수차례 지적했다. 사랑이란 보이지도 잡히지도 않아 느끼려 하면 신기루 같음을 감지하게 되지만, 지구가 멸망의 길을 걷기 전까지 그 마력魔力 같은 주술呪術의 힘이 있다고 하며, 차용借用하는 습習을 가지라는 덕담 교시敎示를 하였다. 누구를 사랑하며 사랑받는다는 착각 속에서 사는 것이 희망 가까이 있다고 했다.

자연 예찬과 서정 의식에 보고 느끼는 것은 개개인의 편향이며 남다른 관찰 명상으로 心眼으로 느끼면서, 스케치 노트가 들어있는 작은 가방을 메고 그림을 그리거나 시심을 담아내고, 문단의 선후학 구분 없었고, 1957년 '샘터 동인' 1집은 곽재헌, 박갑준, 이규선, 이창년, 최종명, 최태석이며, 2004년 후학 문인과 어울려서 풍경 소리같이 맑게 영혼의 소리를 내자며 창립한 '풍경 소리'는 이창년, 김보태, 윤철한, 이의웅, 최우재, 문성환, 오창근, 김효순, 김경식이며, 남녀노소와 걸걸한 와이담을 안주 삼아 술과 벗하며, '이한세상'이라는 동인들도 그의 해학諧謔적 입담과 더불어 포용의 정으로 끌어안는다.

'이한세상' 동인은 이창년에서 '이'를, 엄한정에서 '한'을, 변세화에서 '세'를, 그리고 송상욱에서 '상'으로 각자 이름에서 한 글자씩 골라내어 만들었다고 한다. 현재는 이창년, 신현득, 엄한정, 정송전, 이상규, 최재환, 변세화, 강우석, 황송문, 오만환, 정명섭 시인들이 합류하여 동인지 제18집(2018)을 간행하고, 상호 친목으로 문인들의 교류의 장으로 이어지고 있었다.

수락산 아래 상계동, 하계동 시절에도 고향의 백악산(268m)의 대리만족으로 인사동 누님 칼국수집, 피맛골 순풍, 무악동, 홍제동에서 동양화 강의에 심취해서 막차를 놓치면 택시로 꼭 1960~1980년 초까지 신혼여행 드라이브 코스인 북악스카이웨이 정상에 올라 맥주로 목을 적시며 도심을 굽어보았고, 백악산[이명 북악산 342m]에서 성북동으로 넘나들었으며, 백악산을 그리다가 마지막 시집 『세월 자락에서』 첫

장과 뒷장에 1979년 찍은 고향 마을 전경 사진으로 남기었다. 시인의 유택인 양주, 동두천 경계인 왕방산 5부 능선 여래원 가족유택 묘비의 시 「꽃처럼 필래 강물처럼 흐를래」를 남기고 니르바나로 시심을 탐미하는 긴 여행 중이다. 문단 이면사에 많은 뒷이야기 거리와 정을 남겨서 49재 끝나지 않았는데 추모追慕시 낭송 모임을 한다고들 한다.

이담문학회, 홍선문학회, 반야문학회 고문, 연천향토문학발굴위원회 창립, 편집위원장, 2007년~2008년 5월 5~9일, 전곡 아슐리앙 구석기 축제 시화전을 열었다.

지역의 정서 농익은 13수 시의 서평으로 시인을 기리고자 하니 회원 모두 탐독을 바라는 바람이다.

저서, 첫 시집 『바람의 門』(1980년 12월 15일, 문예원), 『겨울 나비』(1988년, 이수화 서평, 홍익출판), 『나의 빈 술잔에』(1991년 10월, 河洛圖書), 『아침이슬 저녁노을』(1996년, 대한), 『너가 울매 나는 산이 되리』(대한), 시화집 『동짓달 아흐레 달』(2001년, 대한), 『미워할 수 없는 사람아』(대한), 시화집 『바보야, 바보야』(대한), 『세월 자락에서』(흑맥문학) 등 외 다수와 강진원 철도청 공보 담당관, 월간 ≪한국철도≫ 편집 주간 시 연재한 것을 모은 에세이집 『간이역』(대한) 등이 있으며, 많은 문인들 시집, 동인지에 시 해설, 삽화, 시화, 표지 그림을 남겼다. 다수의 가곡과 노래가 된 시가 있으며, 필자와는 12단체의 모임에서 활동을 하였다.

변훈 작곡 이창년 시 〈달〉(1983년), 〈그대 한 자락의 바람일 수 있을까〉(이창년 작사, 강호중 곡, 3분 35초, 노래 심신 스님, 2007년) 등을 남겼다.

현생에서 주연主演의 역을 마무리하며 선학들이 남기고 간 시의 한 행이라도 우리들이 기억하고 암송하며 노래하니 시인에게는 고故 자를 쓰지를 않았다 했다.

몽땅 연필 삽화(揷話)가 스칠 때,

1. 달의 방향을 물으며

 한 권의 책으로 화자의 시심의 깊이를 가름 하기에는 부족함이 들지만 「삽화에 핀 운수의 발원」의 시 편, 편마다 바랑(背囊)을 지고 걷는 스님의 발자취에 반복되는 삶의 수레에 실린 윤회의 길목은 늘 시기(猜忌)와 질시(嫉視)에 허둥거림을 미소의 삼존불은 여유로움으로 알 듯 모를 듯한 봄을 기약하는 변곡점(變曲點) 꽃 뿌리에 감은 눈으로 낮달에게 방향을 묻고 있다.
 원을 세우고 수행자와 순례자가 하나가 되는 희열(喜悅) 뒤에 백사(百寺) 백경에서 느끼는 오묘함으로 반기는 산사 순례(巡禮) 중 가장 힘들고 어려운 설악산 봉정암을 오르는 과정의 관념(觀念)과 불심으로 자연과 선문답 한다.

> 인생의 굽이 같은
> 설악산에 오르며
> 자연의 소리와
> 뒤도 안보고
> 시원스레 흐르는
> 계곡물
>
> 아름다운 벗 삼아

한발 한발
무거운 걸음으로
절에 도착하니

사방에서 모여든
구름같은 불자들은
무슨 원이 그리 많은지
단주와 염주 속에
불심을 꼭꼭 심는다

- 「봉정암에서」 전문

 산사는 매 순간과 모든 행(行)은 의식에 연속이며 수행이다. 1연 인생 굽이 같은 물 건너 물, 능선 넘어 능선, 뒤도 안 보고 흐르는 계곡 물소리는 지난 세월이며, 자연을 벗 삼아 오른 가람, 원과 염을 위해 단주와 염주에 발원의 정경, 경이란 침묵보다 낮은 소리 간결하고 묵직함 봉정암 부처님 뇌 사리탑은 삼라만상(參羅萬像) 가르침, 동안거는 명산대찰의 선원에 방부(房付)을 드리고 겨울에 승려들이 한곳에 모여서 10월 16일~1월 15일까지 외출을 금하고 좌선하며 수행의 한 과정이다. 법망경에 고입난처(故入難處) 중에서 "불제자는 항상 두타행 하며 겨울과 여름에 좌선할 것이니라" 한데에서 기인함인 듯이 깊어 전승되어 이어진다고 한다.

한 해를 보내고
아쉬워 하듯
자연 만물은
아름다움의 옷
갈색으로 갈아입고
동안거(冬安居)에 든다

만추의 뒤안길
　　　홀로
　　　떨어져 뒹구는
　　　낙엽만큼이나
　　　쓸쓸히 보이는구나

　　　숙살(肅殺)을 당하고 있지만
　　　해빙기가 오려면
　　　천주를 얼마나 돌려야 할지

　　　　　-「동안거」 전문

　부처님 법력으로도 잡을 수 없는 사계의 오묘함 자연은 옷을 벗고 수자는 누더기 껴입으면
　연과 연 끊고 베이는 면벽과 선문답, 숙살(肅殺) 엄숙하게 받드는 공경(恭敬)으로 해빙기를 발원하며 굴리는 천주에 그 시작과 끝으로 이어지는 안거(安居), 법회 뒤에 고독이 찾아와 마주한 불도의 길이 풍요로움을 뜻했으나 필연적 불문에 귀의한 자의 몫이다.
　만행(萬行)은 배움의 연속이며 길은 끝이 있는 것 같지만 끝난 곳에 길을 이으며 닦아놓은 선지자가 반복적 걸음의 흔적에는 빈 벽이다. 여러 곳을 돌아보고 다니면서 닦는 온갖 수행(修行)의 지혜에 보고(寶庫)이다.

　　　선지식이
　　　지나간 길
　　　걷고 또 걷는다.

　　　발가락에
　　　까치 눈이 떠
　　　종종걸음이라도

성내지 않는
목탁의 미소로
복 짓는
길을 따라
불심을 두드리며…

  -「만행」전문

  불보살 발자취에 그 위에 떨어진 기화요초(琪花瑤草)의 꽃잎은 지고 난 후에도 향기가 멀고 높게 퍼진다 했다. 선지식의 법을 구하려 구도의 길에 인내란 참을 인(忍)은 눈감지 못하는 목탁 그 의미(意味)을 다할 때까지 입을 벌리고 북을 짓는 살신성인(殺身成仁) 만 가지 행동을 체험하고 안거(安居)에 들어 옳고 그름을 깨닫는 수행 길이 있기에 1만 2만을 돈다.

2. 풍경소리 그리며

  천진불 : 법신(法身)은 천연(天然)의 진리이고 우주의 본체라는 뜻, '법신불'을 달리 이르는 말.
  보시란 재시. 법시, 무외시, 또는 4종 5종 7종 8종으로 나누기도 한다. 6바라밀의 자비심 타인에게 아무 조건 없이 물건을 줌, 물질에만 있는 것이아니며 자비 사랑 정의 깊이와 무게를 느끼며 그 틀에서 윤회(輪回)을 반복하게 된다.

어린아이
목소리가
등 뒤에서 들려와
소리 나는 곳에

고개 돌리니
아이가 뛰어와
손 난로 쥐어주며
천진한 미소로
이야기 한다

손에
꼭 쥐고 있으면
따뜻해 져요
스님

고행(苦行) 길
어루만지는 아이에게
보살의 화신(化身)을 보았다

- 「천진불(天眞佛)」 전문

꽁꽁 언 손 살포시 잡아주었을 뿐인데 허기(虛氣)가 사라져 몸에 훈기가 도는 기운을 느낀다.

버려둔 화단에 사물의 음직임과 청아한 아이의 목소리 표현하는 의태법, 어린아이 손에서 피는 온기와 고행길 이끄는 참된 마음 구도자의 지순함과 묘사력과 주의 깊은 관찰력으로 자성주불성(自性住佛性 : 중생들이 본래 갖추고 있는 불성과 성 안내는 미소는 부처님의 마음),

아무리 급히 지더라도 꽃이 이슬을 품고 들어선 몸 안에 화기와 울 줄 모르는 출렁거리지 않는 선 탁한 물 속에 선정에 든 연(蓮)의 뿌리는 흐르는 물을 잡지 않으며 빈 몸속에 담지 두지 않듯이,

꽁꽁 얼어오는
몸을 녹이려
오체투지를 하니
화기가 몸을 감싸며

수행자의 길에
연꽃을 피워준다

연꽃은
꽃을 피우려
탁한 물 흙 속에서
정진을 하는데

　　-「정진」 전문

　실천수행법인 육바라밀 중 4 정진(忍辱)은 반문명적인 고행을 믿음이며 부정하는 이들에겐 자학이라고들 떠든다. 인체로 기를 모아 영하의 날씨에도 조화 무궁으로 깨닫는 인체의 구조
　*육바라밀　보시(布施)·지계(持戒)·인욕(忍辱)·정진(精進)·선정(禪定)·반야바라밀(般若波羅蜜)

고향이 있는지
불어오는 곳을
알 수가 없다

때로는
청정도량에
꽃씨를 뿌리고

고요한 마음을
흔들기도 하지만
가는 곳을
말하지 않는다.

　　-「바람」 전문

　바람은 보이지도, 잡히지도 않는 그 속내는 고요 속에 파란(波瀾)을

감춘 성냄은 오는 것도 가는 곳도 모르며 사계의 전령(傳令)으로 곁에 머문다.

청정도량에 풍파를 달래려 말없이 바람에게 꽃 공양 올리여 꽃씨를 심는 오묘함의 이치,

　　　삼라만상(森羅萬象)
　　　뛰어넘어서
　　　육신과 영혼이
　　　분리되면
　　　둘 다 자유로울까

　　　삼생(三生)
　　　인연에 붙잡혀
　　　실타래 푸는 업장(業障)에
　　　도량을 돈다.

　　　　　-「실타래」 전문

삶의 시간 얼마 남지 않은 고뇌의 바다에서 육신과 영혼이 분리되어도 자유롭지 못함에는 전생(부모), 현생(나), 내생(후손)이란 업장의 실타래 가슴으로 밀어내지 못함을 생각하면 삼생의 주인공들 희로애락(喜怒哀樂)에 얼키지 않는 거미줄 부러워한다.

거미는 오후에 어김없이 거미줄을 청소와 수리하며 기다림의 미학을 즐긴다.

3. 시룻변의 숨소리

시루는 크기에 따라서 그 용도는 삼대의 연결고리인 칠성님으로 구

명은 7개이다. 잔치, 제사 장례, 개업 생일 등 대소사에 팥을 대량으로 써서 만들며 길한 일이 있을 때, 복을 기원할 때, 이사 후 시루떡을 돌려먹고 돌, 백일 백설기가 있다.

   설익은 백설기
   구박덩어리
   축축한 눈처럼
   천덕꾸러기

   봄을 기다리며
   떡시루에
   뜸이 들기를 기다린다

   떡향기에
   어릴 적 엄마 품의
   포근함으로

     -「떡시루 보며」 전문

 스님이 잘할 수 있는 것이 시루떡을 만드는 것이며 여러가지 모양의 떡으로 보시행을 행하기에 필자도 그 비밀은 정성을 들인 뜸이라 했다. 화로(火爐)에 올려지는 순간 불, 물, 쌀 가루가 시루에서 서로의 기운을 공유하고 김이 새나가지 않 되도록 한 시룻변의 숨소리 교감의 도움은 모든 삶의 고행이며, 성장 뒤에 자리 잡는 구도처럼 독불장군은 장군이 아님을, 법정 스님은 그 누구도 믿지도 의심도 말고 의지하지도 맹신도 말라고 하셨다. 자동차의 비유는 서로의 목숨을 맡기지만 한 편에서 변하지 않으면 유지되는 것처럼,

추운 날씨
골목까지
자동차들이
줄을 서 있다

차들도 추운지
덜덜 떨면서
이야기 나눈다.

조금만 참아
주인이 출근 하면
금방
따뜻해지니까

- 「자동차도 춥다」 전문

누구를 의지하고 기대며 산다는 것은 불가피한 현실이고 삶에 기둥을 형성하는 모든 경계는 미지의 세계이기에 두려움의 바람이 웅성거리는 대화체. 인간 삶에 동반자로 들어앉아 꼭 필요한 자동차로 비유한 선문답 자연도 과학도 세상은 혼자서 살 수 없음에 상, 하 관계의 연계성 주인이 출근하면 금방 따뜻해지니까.

나오며

보이지 않고 만져지지 않는 종교의 깊이는 무한의 영험을 의지하며 이어지는 사회에 천태만상(千態萬象)의 세상사, 최초의 비구니(比丘尼), 필추니(苾蒭尼). 걸사녀(乞士女). 근사녀(勤事女), 석존(釋尊)의 이모인 대애도(大愛道)가 부처님의 허락을 얻어 중이 된 것이 비구니의 시초였다. 다운 스님은 토함산 기운이 산맥이 흐르는 속가를 정리하고 수행의 만행(萬行)과 정진(精進)으로 강산이 3번이 변하는 하 수상한 세월, 감악산, 천보산 칠봉산, 마차산 바라보았고, 거제 계룡산, 팔공산, 함양 지리산, 북한산 인연 따라 군자산, 칠봉산 등진 토굴에서 심신에 마(魔)가 끼어도 수행 정진으로 마음 다독이고 토로(吐露)하며 여러 지면에 발표한 글들로 묶은 한 권에 첫 운문(雲門)집「오방에 핀 삽화」을 엮어보려 한다며, 서평을 청하니 스님의 수행과 만행의 운수(雲水)행을 먼 발치에서 관조(觀照)하였고, 20번의 공저로서 문학 교류를 하였기에 발간을 축하를 드리는 마음으로 시집「운수(雲水)의 발원」 70여 편의 원고를 다시 한번 탐독해 12편을 선정해 시심에 들어가 시심의 영토을 탐미해보니, 스님의 시 전편에 수행과정에서 투영된 시어가 군말이 배제했으며 서툰 듯하면서 전개와 마무리에 무리가 없으며, 표지사진 수박에 피운 연꽃은 스님의 작품으로 삼보의 의미가 무언의 법문을 담고 있고, 외적에 머무르지 않고 스님의 비유와 은유에서 진일보해 나가 언어의 영토를 확장해 나가길 바라며, 문운이 깃들기 바라며 동인들과 축하를 드린다. 2008년 1월「방화굴의 묵향」에 봉정암에서 공저와 2011년 5월 월간 한맥문학 신인상으로 등단, 해동불교대학 수료, (사)한국문인협회 시 분과회원, 이담문학회 간사, 이사, 홍선문학회 간사, 편집위원 반야문학회 간사, 이사, 한맥문학가 협회 회원, 기황후 연구회 위원을 겸하며 정진 중이다.

수월 스님 시집에 핀
묘(妙)하고 묘한 화두에 부쳐

촛불의 시심에 들어가며

사람은 누구나 배우면서 늙어간다고 했다. 지천명에서 이순을 코앞에 두고서 솟대의 울음에 대나무 울음과 감이 떨어지는 곳, 금오산 바라보며 불편한 몸을 이끌고 수행(修行)중인 스님이 아뢰야연기(阿賴耶緣起) 설로 잉태한 옥동자로 시집 「목탁 속의 공염불」을 상제 한다고, 25년간 발표한 간결하고 담백한 문체와의 교감인 시 원고 1백여 편의 묶음을 보내며 군소리를 청해왔다. 불제자의 자비는 시들지 않는 진리와 걸어온 구도의 길에서 만나고 헤어진 인연이란 참으로 묘하고 묘한 것이다. 필자는 소요산 공주봉 아래 극락암의 연(連)으로 동인 활동을 하며 20여 권을 화자와 공저에 동참했고, 화자의 수행 처를 여러 번 가서 밤을 새우며 시문학의 이야기꽃을 피웠고 차담(茶啖)을 나누었으며 금오산下 선원은 1년에 서너 번은 오고 갔다. 화자는 속과 승은 둘이 아니며, 삶에 수례(手例)에 일부분이라고 했으니, 화자의 시심에 들어가 승(僧)과 속가(俗家)의 경계에 번뇌를 가름해 보려고 한다.

묵향의 촛불 아래 침묵을 깨우며 걸어온 길 돌아보는 구도(求道)가 아롱진 詩心에 들어서며, 참선하는 이는 선(禪)에 인연(因緣)에 미혹(迷惑)을 끊고 진여(眞如)를 본다 지만,

고독
구름에 날리고
법 방망이에서
방관하는 빛 금이
내면에 파고들어
힘자랑한다

산천에 도원 짓고
고사(古事)에
뜻을 둔 인기척
학이 모여드니
얼킨 실타래는
묵언 중

-「孤雲禪(고운선)」 전문

-「무릇 고독을 즐기는 자는 야수가 아니면 신(神)이다」라는 말을 한 철학자가 있었는데, 슬픔이 없는 곳에는 독한 삶에 희로애락(喜怒哀樂)의 시심이 솟대에 숨겨져 있다고 했다.
고독 또한 머물지 않고 선(禪)은 보이지 잡히지 않으며 그곳에도 도(道)와 길이 있고, 노파심(老婆心)이 있어 체벌이 있지만 외면하고 무시하는 이들은 서로가 저 잘났다고 하는 힘자랑들, 외진 곳에 암자를 짓고 옛이야기에 정겨움을 그리는 정이 모이면 꼬인 실타래 같은 세상사는 적절한 말의 소통(疏通)이 없어도 되며 꽃을 집어 들자 미소를 지었다는 염화미소(拈華微笑, Flower SermonZ)가 피는 집약적 선들의 반영인 고독, 구름(雲)의 참선(禪) 들…

부처님의 종경록 제3권에 내 마음을 믿지 말라, 또 한 마음으로 인해 경계를 비추나니, 모든 마음이 경계며 각각 자성(自性)이 없어 오로지 인연일 뿐이라 했다.

그리운 이 다 보내고
떠나는 먼 길
님은
아시겠지요

방황한 긴 날
이정표로 서 있어
핏 붙이 잃은 슬픔
님은
아시겠지요.

나침판 잃고
번뇌 바다에
떠도는 고독을
아시는지요

- 「님.2. 1. 2. 3연」

옷깃만 스치어도 그 연이 깊다고 했으며, 인연을 만들기도 어렵고 지우기는 더 어렵다 하며 스님들 인사 중 인연 있으면 다시 보고 못 만나며 인연이 다한 것이라 했다.

묵묵히 길을 가는
제 곁에도
늘
님의 그림자는 있지요

삶을 내려놓으며
걸어갈 때에도
님은 미소만 짓네…

- 「님2. 4. 5」연

속가에선 산이 그립고 산에 살면 도심이 그리운 건 인지상정의 순리로 요약하는 문장(文章)의 결속이다. 첫날밤 신부의 속을 아는 이는

없을 것이다. 타이든 자이인지 불안해 떨고 있는지,

취직 시험 면접 자리처럼 입술이 타들어 감을 느껴본 사람이 아는 이치처럼, 운명에 이끌려 지나온 길을 지우며 묻어두고 수행에 길로 들어서면, 독하고 냉정해야 부처님을 친견하고 바르게 모실 수 있는 것이며 그 품 안에서 안주(安住)할 수 있어 이정표를 바로 볼 수 있는데, 피난민 보따리 싸듯 바랑 두루 매고서 힘겹게 오른 곳에는 나침판 이정표가 없어 아픔 또한 가늠 할 수 없어 이제부터 화자가 만들고 지우며 삶을 벗어던지고 걸을 때 만 길이 보이고 가지 않으면 사막의 모래 길 바람이 불어와 흔적도 없이 지운다.

미물도 어울려 사는 작은 우주의 순응(順應)이 던지는 화두에 피어난 지혜의 바다.

2. 무리(無理)에서 밀려나 산에 오른 개미

1억년 이전부터 진화해 가장 오래된 곤충의 최대 종으로 살아 있는 화석,

필요에 따라 날개를 달고 하늘을 날며 암컷은 생식 능력 없게 만드는 여왕개미 독선으로 페로몬(pheromone) 분비로 영역의 숫놈을 독점하는, 숲속의 사냥꾼으로 수많은 종에 개미들은 공격성 방어성으로 자연재해 감지 반응하며 질서 있게 이동하는 광경은 숙연하게 하며 다른 곤충을 잡아 와 노예로 삼는 그 치밀함,

> 빈틈없이
> 행렬하는 개미
> 누가 선봉이고
> 꼴찌인지
> 알 수 없지만
>
> 저 무리 속에
> 묻혀 흐르고 싶다

바위틈 땅속이든
님이 가르쳐 준
잃어버린 길
외톨이 되어도
외롭지 않은

- 「개미」 전문

지하에 삶에 비밀을 간직한 보고이며 자연의 순리인 개미의 분화구는 질서와 지도자가 있음에도 그 누구도 뽐내지 않고 자기의 의무와 몫을 열심히 소화해내며 살아가고 있다.

하등 생물(生物)에 미물이라 하지만 미물로 볼 수 없는 친화력과 협동심에 개미의 질서들, 고독과 외로움을 느낄 수 없는 작은 영토지만 잘남도 못 남의 자대가 없는 평등인 자연과학의 질서 정도와 근면의 건축가로 수행의 비유임 외톨이 되어도 외롭지 않은 곳, 전문가로 직능에 개미의 1년 삶을 이미지 한 비유에 물질 만능의 허무한 일상이 얼 빚는 시심,

벗과 마시면 다담(茶談)이며, 둘이 마시면 다도이고 홀로 달과 별이 고독을 곰 삭이며 마주 앉아 망형(忘形)에 들어 다선과 소통한다.

달빛과 벗하면
잔 속 피어난
향기에
그리움 달랜다.

불어오는
그리움
바람마저 살가워
보고 싶다
미친 듯이
별들과 속닥거리던
밤이 그립다.

- 「차 향기」 전문

화자의 운명을 믿는 의식 속에 살고 있으며 표류(漂流)하는 것이 어느덧 팔자에 비유하지만, 지천명 고비에서 욱신거리는 육신(肉身)을 상한 과일 속살 파내듯 파내고 싶었지만

부산한 일상 속에서 달빛과 벗이 되는 산사에 노을 지면 삶이란 사람 사는 곳은 인식(認識)과 문만 다르고, 얼마나 올려다봐야 별에 닿을 수 있는지 알 수 없어 가슴에 담으려 해도 공염불이 되고, 부처님 진리를 바라볼 수 있지만 끓어 안고 만질 수 없는 그리움 같은 차향(茶香)기 그래도 님 만나려면 만월(滿月)의 밤을 그리는 것은 어둠은 빛의 어머니로 기다림의 미학이다.

3. 해학적인 언어의 우수에 그림자

가람에서 본이 아니게 지나치어 버리는 연민의 희비들은 승과 속의 갈림길 인데,

    옷깃에 머문
    바람을 머금고
    먼 산 바라본다.

    붉게 타 여민 심장
    찢어지는 아픔 아는지
    천상수(天上水) 내리고

    가슴 속에
    굳어버린 실우(失偶)
    아픔
    잉태하고 있다

        - 「실우」 전문

얼굴은 보고 마주할 수 있지만, 사람의 마음을 알지 못하는 삶에 감정을 추스르지 못할 때와 포기 할 수 없는 인연이란 끈의 실타래는 실

상(實相)에서 지나치며 일어나는 다반사요,

　마음에도 오방(五房)이 있다고 했으며 음양의 조화로 어둠을 밝히는 전등의 방광인 지난날을 벽장 속에 숨기고 일복과 오지랖이 넓어 희비(喜悲)가 엇갈려 아궁이에 군불을 지피며 눈물 훔치는 일상에 악연도 인연임을 떠 올릴 때면, 그놈의 정이 무엇이기에 뒤따라와 미행하는 애증에 그림자 육신을 사방에서 s o s을 전해도 불사를 위해 제 몸을 돌보지 않고 자세를 낮추며 오체투지(五體投地)를 하며 스치는 바람……

　약으로 치유(治癒)가 안 되면 미량의 독(毒)을 처방(處方)하는 선학(先學)의 지혜로 귀의시키는 개미, 전문직의 의무(義務)에 충실하며 마지막 한 걸음이라도 홀로 걷는 포행(布行 : 선방에서 50분 좌선에 10분 걷는 것)에 들지 못하면, 천적의 먹이가 되는 것을 막으려 남은 동료들이 개미 무덤을 만들어 배웅하는,
　　　가출이란

　　　　마음구석 방에서
　　　　숨죽인 그림자가
　　　　인사동으로 외출한
　　　　개미의 숨결을
　　　　느끼려 한다

　　　　잡힐 것 같으면서
　　　　보일 것 같으면서
　　　　보이지 않는 무리
　　　　흔들어야 튕겨져 나오려는지
　　　　소리치며
　　　　자유을 달라고 한다

　　　　내일은 멀고
　　　　오늘뿐 이라며

회색 숲에서 소리치고 있다

- 「개미의 가출」 전문

필요에 따라 날개를 달고서 하늘을 날며 암컷은 생식 능력을 없게 만들어 일만 시키는 여왕개미의 독선(獨善)에 페로몬(pheromone) 분비로 영역에 수놈을 독점한다. 숲속의 사냥꾼으로 수많은 종의 개미들은 공격성 방어성으로 자연재해에 감지해 반응하며 질서 있게 이동하는 광경은 특전사 행군은 저리 가서 숙연하게 하며 다른 곤충이나 동종을 잡아 와 노예로 삼는다. 무리와 질서 속에서 그 틀을 벗어나 생존하기를 적응해 보려 회색 숲에선 작게 더 작게 진화해 기둥을 흔들고 문명을 벗어나고 싶어 반복적으로 소리치는 메아리, 마음 한구석의 방에 숨죽인 앙금들은 늘 촉수가 더 많은 무리에게 다가가라 한다.

달
품은
들국화

첫 잔
향기에
그리움 달래고

달 속에 핀
연꽃향이
선원에
가득하다.

- 「마시다」 전문

울타리 대숲이 속살거리는 산기슭에서 화로에 물을 끓이며 기다리는 시간을 재며 화단에 분재를 가꾸며 오행을 탐구해 불자들의 애환(哀歡)에 주름을 잠재우는 자비, 달을 품은 가을에 서릿발을 견디는 국화를 보며 홀로 음미하는 다예(茶禮)로 첫 잔에 향에 그리움 달래고, 잔 표면의 안과 밖 달 속에 피어 절 마당엔 보이지 않는 연꽃 향기가 선원에 가득해 달님과 마주한 팽객(烹客)과 팽주(烹主)의 시심으로 망각의 텃밭에 인마의 바퀴를 굴리고 있는 정서, 마시자 몫 젓을 넘어간 모든 것은 재목을 다하니 어루만지고 사랑하자.

　인생이란 알 수 없이 다가와 여운을 남기며 멀어진다. 스치는 바람 되어서 금오산 품으로,

　　　고개 넘어
　　　선승(禪僧)처럼 굽어보며
　　　길 없는 길
　　　찾아 오르라 한다
　　　수십 년 찾아봐도
　　　길 아닌 길도
　　　나의 길임을 암시할 때

　　　물에 빠져 춤추는
　　　금오산 정상
　　　등 뒤에서
　　　그림자로 손잡아 주며
　　　가슴에 담으라 한다

　　　　　-「금오산」전문

　선원 산신각을 지나 맷돌계단을 밟고 잡석을 피해 오르며 정상에 다가서면 화자의 참선 자리가 있다. 다소곳이 앉으면 수원지 물 위에 투명하게 금오산이 들어앉아 춤을 춘다. 각박한 현실을 아는지 모르는지, 出家를 하면 속가의 인연은 칼로 무 베듯 동강 내야 하는데,

　그놈에 정 때문에 늘 죽음을 곁에 두고 살아도 땅속 개미들이 사는 분화구(噴火口)는 땅 위의 세상과 소통하는 길이며 지워지면 그 길도 없다. 비밀을 간직한 보고(寶庫)이다.

질서와 지도자가 있음에도 그 누구도 뽐내지 않으며 자기의 의무와 몫을 천직으로 살아가는 미물이지만 미물이라고 볼 수 없는 친화력과 협동심의 교과서적인 것은 남을 비방하기 일삼아 스스로 고독과 외로움을 키우는 영토의 영물들은 배우고 반성해야 함을 무시하고 업신여기거나 해서는 미물보다 못하게 잘남과 못남의 키 제기하는 도토리. 고독과 삼재팔난(三災八難) 업(業)처럼 지고서 살아간다. 자연과학은 평등의 스승이다. 정도(定道)와 근면의 건축가로 수행자(修行者)의 비유로서 차용(借用)은 시의 완성에 도달하는 묘미(妙味)이다.

구미의 외딴 섬 선기동의 연꽃이 핀 절 마당에 새들이 노래는 불전에 향공양처럼 향기로 가득 채우고 왔던 그때로 갈 수만 있다면 회향의 언저리는 불국토(佛國土)다.

꽃 지는
옛 절(寺)문
오래 닫혔고

봄
따라온 나그네
돌아갈 줄 모른다.

바람은
둥우리의
학 그림자 흔들고
구름은 앉은
중의 옷깃을 적신다.

-「회향」 전문

세월에 밀려 좁아진 길 헤치며 걸어온 길을 피할 곳 막다른 곳에서 뒤돌아본 일 있는지 묻고 있다. 회향(回向)이란 자신의 공덕을 많은 중생에게 돌리는 의식으로 기도 마지막 날 소찬(素饌)을 나눈다. 그 얼마나 아름다운 정경인가, 꽃피던 시절 반기던 곳 반기지 않는 변화의 이치(理致)에 남겨진 사람들의 희망이 산 넘어 남쪽에서 부는 봄바람은 토굴의 자화상으로 어둠 흔들고 하늘을 날아보라 밀고 있는 구름 수자의 장삼 자락 껴안고 적시는 별빛에 스치는 이슬 간결한 시의 의미는 사유(私有)로 피워내고 있다. 한 날의 괴로움은 그 순간 것으로 만족하고 넉넉히 마주하고 보내는 야단법석(惹端法席) 뒤에 생각의 꽃을 따서 모든 인연(因緣)에게 올린다.

4. 바람의 길을 나오며

득도(得道)에 이루는데 先, 後가 없으면 전능은 더 멀고 착을 벗어나지 못해 물질 만능의 허울이란 일에 취했다. 小天 하는 우리의 삶을 한눈 한번 팔지 않고 가치를 따지지 않는 무리의 세계는 중천이 아닌지, 고요할수록 맑아지는 야반삼경에 달님을 청해서 묵언의 茶談에 한과 고통을 달래주는 것은 영혼을 어루만지면 돌멩이를 물러지게 하는 지혜라 했다.

시인은 시란 무엇이냐는? 질문에 들어갔을 때 시인은 아무 대답하지 않아도 그 의무가 없다고 했다. 바로 화자가 쓴 글로서 이 물음에 답변을 보여줄 수 있고 시를 읽는 이의 정서(情緒)에 따라 해석과 의미가 다르기에 풀밭 위에 피고 지는 꽃들의 영역에 치열함을 읽고

시심으로 엮어내고 있는 관념(觀念)을 간파하는 정서(情緖)는 언어(言語)의 화원이다.

스님은 경북 영주시 부석면 봉황산 중턱에 있는 부석사 아래 동네에서 출생, 열두 고비의 고개에서 의상대사에 화엄의 큰 가르침을 베풀던 곳을 바라보며 성장하며 불가 인연 있었는 듯하다. 「호제동자 다라니경」 국역해서 가가호호(家家戶戶) 법 보시를 했으며,

속명은 이성대 법명 水月, 浮石, 폴리택 대학에서 음양의 원리인 전기 학도로 사회에서 활동을하다. 불문에 귀의(歸依)을 한다. 이담문학

회 편집위원, 기황후 연구회 위원

불교문학 경기지회 간사(역), 반야문학회 이사, 홍선문학회 편집위원, 한맥문학가협회 이사로 활동하며 글을 쓰며 틈틈이 발표하며 봉사활동을 하고 있다.

일출사, 원효사, 극락암 주지를 역임, 금오산 자락 수월선원에서 수행 정진 중이다.

저서

「天氣 손금의 秘法, 巫俗人과 공수」

「수선화를 기림」(공) 외 다수

편저 「장수경」 외 다수가 있으며, 「심우도와 法音」 외 20여 권의 동인지에 글을 싣고 있다.

평론 발표 지면 연월일

제 목	발표 연월일	문학지면	통권
김지장 보살696~796	25.7.20	흔맥사화집298-309	19호
진각해심1178-1234년	21-6-5	이담문학187-198	37집
익제 이제현1287-1367년	20-11-	연천문학222-226	18집
백운경한(1299~1375),	20-12-5	남해문단226-236	19집
태고보우1301~1382년	21-3-5	흔맥동인지276-288	21집
목은 이색 소요산 다시 1328년(충숙왕 15)~1396(태조 5)			
	16, 6, 27	시와창작21-36	5호
	18-12-15	홍선문학132-145	8집
	20-12-5	연천문학227-231	18집
함허기화 호불에 앞장선 시승의 다시	20-12-15	연천문학233-237	18집
영수각 서씨	2011-8-25	흔맥문학300-316	252호
	2016-6-25	이담문학147-170	32집
	22-12-5	남해문학232-253	21집
유한당 홍씨 서경에 핀 양주의 정서가 피워낸 詩脈			
	09-11-20	이담문학191-208	24집
	2011-12-8	흔맥 사화집317-334,	7호
	2012겨울호	스토리문학262-281	81호
	2013-12-24	반월문학18-26	5호
	15-11-30	홍선문학125-144	5집
김삿갓 서평, 몰락한 반가의 해학적 고절	08년6-25	이담문학184~198	21호
	08-12-20	흔맥사화집346-363	6호
임정희	23-2-25	한맥문학55-85	383호
	23-6-15	이담문학197-221	39집
	23-11-10	연천문학238-267	23집
심연수 시조에 집중된 조국의 정경	10-6-10	양천문학82-94	10호
정재섭 멍애를 지고 속앓이 한 실향시인	20-5-25	흔맥문학221-233	357호

제 목	발표 연월일	문학지면	통권
	20-7-25	이담문학175-190	36집
이창년	21-6-25	한맥문학123-153	370호
	21-6-5	이담문학76-81	37집
	21-12-10	흥선문학118-135	11집
신동엽	24-10-25	흔맥문학96-113	410호
고석규	23-7-25	흔맥문학231-254	395호
	23-12-25	남해문단230-250	22집
	15-5-30	이담문학200-220	41집
수월	24-12-14	연천문학267-272	22집
노봉 김극기 산림처사, 다인 시심	19-12-20	흥선문학123-143	9집
	20-7-25	깨어 있는 문향의 향연54-71	1평론집
	22-5-20	한맥사화집312-327	17집
김상용 서평, 망향 이후 시 평설	2007-11-25	흔맥문학246~263	206호
	2008-3-10	이담문학170~192	20집
	08-11-30	연천문학169-190	6호
	2009년	김상용 시전집212-239	연향 1집
	19-6-30	스토리문학301-324	103호
김오남 서평, 신여성의 허무의식	2007-10-가을호	시조문학210~221	164호
	2007-10-25	흔맥문학281-291	204호
	2007-11-5	연천문학236~248	5호
	2010-5	김오남 시조선집183-198	
	20-7-25	깨어 있는 문향의 향연270-281	1평론집
	2020	스토리문학310-322	105호
권환 서평, 깜박 잊어버린 이름	2008-6-10	통일과 문학150~17	2호
	2009-4-20	이담문학159~183	23집
	2010-12	흔맥문학 동인집281-302,	11호
	20-	스토리문학	104호
	20-7-25	깨어 있는 문향의 향연270-281	1평집
한하운 서평, 부활을 꿈꾸는 詩魂	99-5-2	흥선문학138-	창간호

제 목	발표 연월일	문학지면	통권
	2007-2-25	흔맥문학237~246	198호
	2007-4	이담문학212~244	19집
	2010-12-20	연천문학10-15-327	8호
	20-7-25	깨어 있는 문향의 향연220-232	1평론집
권일송 서평, 술 마시게 하는 세상을 버리고	09-2-25	흔맥문학296-306	222호
	10-4-20	이담문학187-199	25집
	2016-11-30	홍선문학113-127	6집
	20-2	스토리문학325-338	104호
	20-7-25	깨어있는 문향의 향연367-380	1평론집
김목랑 서평, 흰나비가 부르는 영가	2019-12-25	흔맥문학223-238	232호
	20-7-25	깨어 있는 문향의 향연201-219	1평론집
	20-4-15	흔맥동인 사화집372-389	20호
천상병 서평. 도태법을 꿈꾸는 보해미안	08-9-25	흔맥문학244~261	217호
	08-10-10	이담문학176~190	
	20-7-25	깨어 있는 문향의 향연399-420	1평론집
	24-12-17	남해문단254-274	23집
윤모촌	20-7-25	깨어있는 문향의 향연442-462	1평론집
	21-상반기	스토리문학333-355	106호
홍주희	20-7-25	깨어있는 문자의 향연283-307	
	21, 12,5	남해문학219-230	21집
	23-2-28	흔맥동인 사화집264-274	23집
이주원	20-7-25	깨어있는 문자의 향연308-322	
	21-12-28	흔맥문학 동인지264-274	23집

미수록

제 목	발표 연월일	문학지면	통권
원감충지1226.11~1293.	24-7-15	이담문학205-214	40집
매월당 편지 속 13수 시심에 핀 어유소	12, 9, 25	흔맥문학299-38	265호
	12, 9, 25	소요의 맥63-86	27집
허목 미수 기언에 미 수록 된 풍광을 노래한 6편 발굴 선집			
	20-6-25	흔맥문학206-222	358호
	21-12-5	연천문학178-206	19집
홍효민 론	11-10-1	문학저널96-114	97호
	11-9-15	상실과 혼돈시대 지식인 홍효민선집315-340	연향3호
	11-12-30	홍효민에 대한 심층 분석 연천문학211-238	9호
곽하신 실향과 귀향 그 언저리	15, 9	시와 창작29-50	4호
	15-11,10	연천문학192-213	13집
다운 견오	23-7-6	시집 오방에 핀 삽화	1시집
1집 이후 발표 된 미 수록			
곽하신 소설선집	15,8,15	연천향토문학 발굴 연구회	4집
	17-6-25	흔맥문학70-87	322호
	14-11-17	홍선문학98-115	4집
한무숙	19-6-30	단편 소설선집 392-411	연향 7집
여정에서 영면의 귀향	22-11-15	연천문학 213-232	20집

공명조共命鳥 사유事由

김경식 제2평론집

●
초판 인쇄 / 2025년 8월 15일
초판 발행 / 2025년 8월 25일
지은이 / 김경식
발행인 / 김영선
펴낸곳 / 흔맥문학출판부
　　　서울시 서대문구 통일로 479-5
　　　등록 1995년 9월 13일(제1-1927호)
　　　전화 02)725-0939, 725-0935
　　　팩스 02)732-8374
　　　이메일 hanmaekl@hanmail.net
●
값 / 23,000원
●
ⓒ 김경식, 2025

　ISBN 979-11-93702-24-6

　　예술인 복지재단 지원금 일부를 받았음.

　* 잘못된 책은 바꾸어 드립니다.